Mara Schnellbach

A place for YOURSELF
Chiron & Siwon

Mara Schnellbach

A place for Yourself
Chiron & Siwon

ROMAN

VAJONA

Dieser Artikel ist auch als E-Book erschienen.

A place for YOURSELF

Copyright
© 2023 VAJONA Verlag
Alle Rechte vorbehalten.
info@vajona.de

Das Werk darf – auch teilweise – nur mit Genehmigung des Verlags wiedergegeben werden.

KAdruk S.C.
Rapackiego 2
71-467, Szczecin

Gemeinsam mit unseren Partnern und Lieferanten setzt sich der VAJONA Verlag für eine klimaneutrale Buchproduktion ein.

Lektorat und Korrektorat: Emma Wolf
Umschlaggestaltung: Julia Gröchel unter Verwendung von Motiven von Rawpixel
Satz: VAJONA Verlag, Oelsnitz

ISBN: 978-3-987180-04-0

VAJONA Verlag

Für die verwischten *Namen* im Sand.

Und für *J*, für alles seit der Ampel.

Ich habe mein *Herz* und meine *Seele* in meine
Arbeit gesteckt und dabei meinen Verstand
verloren.
– *Vincent Van Gogh*

Chirons

Sturmblau-

Playlist

good at being broken – Keenan Te
Another Love – Tom Odell
You're Home Now – Munn
85% – Loote (feat. gnash)
Run Boy Run – Woodkid
Sky's Still Blue – Andrew Belle
Louder than Bombs – BTS
You Don't Care At All – KAYDEN
Take Me Home - ATEEZ
Pinwheel – SEVENTEEN
Wishes - Jamie Miller
LOST BOY – Troye Sivan
Midnight Blue (Donation Project) – B.I
The Edge of Tonight – All Time Low
Gone – Blake Rose
Nostalgic Night – VICTON
Destiny – Ong Seong Eun
LO$ER = LO♡ER – TOMORROW X TOGETHER
Grind - Suggi
Burn It – Golden Child
Perfectly Broken - BANNERS
False Art – Ben Kessler & Lizzy McAlpine
Run or Hide – Run River North
Snowdrop – Choe Jeong In
I'm Done – Keenan Te

미술
Kunst

Erstes Bild
Novemberkälte

Prolog

In der Zukunft

Chiron

Puma drückte meine Schulter.

Wie ein Ertrinkender klammerte ich mich an ihrer Stimme fest. An Worte, die mich zu heilen versuchten und mich gleichzeitig zerrissen.

Weil Wahrheit wehtat.

»Es gibt so Lebensmomente, da ist alles schief und verkehrt. Aber es gibt auch Momente, da sind wir gerade und richtig. Und ihr beide werdet das auch sein.«

Vielleicht ertrank ich gerade wirklich in meinen Gefühlen, trotz ihrer Stimme.

»Was, wenn ich niemals gerade bin?«

»Dann gib ihm dein krummes Herz.«

»Wie kann ich …«

»Gib ihm alles, Chiron. Alle Scherben und Farben und deine Art, deine Gedanken.«

Puma drückte wieder meine Schulter, ich starrte in den Schneeregen. Kalt, nass und wild. Ich wollte ihr sagen, dass er schon alles hatte. Dass ich ihm einfach *alles* geben würde, wenn er mich tief ansah und dann lächelte.

Aber ich brachte es nicht über die Lippen.

»Wie viel Prozent macht er von deinen Herzschlägen aus?«

»Achtundachtzig Prozent«, flüsterte ich.

Und mein Herz zersprang wieder und wieder. Immer dann, wenn die Wünsche mehr Kraft und Hoffnung hatten als die Angst.

Puma drückte noch einmal meine Schulter.

88%. Was, wenn es nicht reichte?

Kapitel 1

Heute
Und er sah mich noch immer an

Siwon

Das mit uns fing im November an. Als ich mit gebrochenem Herzen vor seiner Tür saß und an mein Kaktusleben dachte. Weil alles so spitz, unförmig und seltsam war. Und jeden Tag versuchte ich, mein Kaktusleben zu retten, obwohl es mir mit Stacheln weh, so wehtat.

»Wenn du noch einmal klopfst, schmeiß ich dich raus, bevor du überhaupt eingezogen bist!«, brüllte eine Männerstimme aus dem Inneren der Wohnung und ich ließ meine Hand herabfallen. Erschöpft setzte ich mich auf meinen Koffer und er wackelte – es fehlte ein Rad. Seufzend sah ich nach unten und schluckte. Der Anblick erinnerte mich an alles, was ich verloren hatte. Daran, dass in meinem Leben etwas fehlte. Mit blinzelndem Blick fokussierte ich die Tür vor mir und wartete, wartete und wartete, bis sich Lim Chiron dazu entschließen würde, mir zu öffnen. Ich war gewarnt worden vor ihm, auch das Bewerbungsgespräch über den Chat bei *KakaoTalk* hatte mir bewiesen, dass er Höflichkeit kleinschrieb. Größtenteils schrieb er es gar nicht. Aber er hatte ein Zimmer für mich. Einen Ort, den ich Zuhause würde nennen können und das war vielleicht eines meiner tiefsten Bedürfnisse seit Wochen.

»Ich hasse pünktliche Menschen!« Seine Stimme klang gedämpft, tief und aufgebracht.

Ich fühlte mich nicht einmal schlecht, weil ich um die ausgemachte Uhrzeit vor seiner Tür stand. Leicht zitternd sah ich mich in dem Flur um. Gegenüber wohnte Taemin, der Freund meiner Schwester. Eine zweite Wohnung lag am Ende des Flurs und vor mir die von Chiron. Auch wenn das hier der zwölfte Stock war und der Aufzug unerträglich langsam fuhr, mochte ich es. Vor allem die Gegend, gleich um die Ecke gab es einen Park und einen Spielplatz. Dort würde ich hingehen, um durchatmen zu können, wenn die Luft im Haus zu stickig wurde. Ich wollte noch einmal klopfen, als sich Schritte näherten, wie festgefroren blieb ich sitzen. Mit Schwung zog er die Tür auf und sein stürmischer Blick traf meinen.

Lim Chiron sah wild zu mir hinunter.

Und ich verzweifelt zu ihm auf.

Wir starrten uns gewitter-mäßig an.

»Hey«, sagte ich und bekam keine Antwort. Sein Blick war intensiv, seine Iriden graubraun. Ich dachte an meine Pinterest-aesthetic-Wände, ein Foto von ihm würde perfekt dazu passen. Wir sagten nichts, wie in einem Theaterstück, ganz unangenehm, und beinahe versank ich in seinem Blick.

Er trug schwarze Hosen, einen schwarzen Pullover, schwarze Socken, alles war so dunkel. Chiron war ungefähr zehn Zentimeter größer als ich, also einen Meter fünfundachtzig. Und er sah mich noch immer an. Dann zog er seine linke Augenbraue hoch.

Ich stand langsam auf und lächelte gezwungen.

»Ich bin Siwon«, stellte ich mich vor und streckte ihm meine Hand entgegen. Er sah auf meine Finger, ich hatte sie nie als komisch empfunden. Doch als er sie gelangweilt musterte, nahm ich die Narbe an meinem Zeigefinger wahr, auch meinen krummen, kleinen Finger und meine Hand musste eiskalt sein. Ich zog sie zurück, bevor er sie ergreifen konnte.

»Chiron«, erwiderte er endlich. Seine Stimme passte perfekt zu seiner Art, seiner Kleidung, seiner Haltung.
Nicht zu seinen Augen.
Die Schattierungen von Schmerz darin, verraten ihn.
Ich schüttelte den Kopf, um meine Gedanken loszuwerden und griff hinter mich nach meinem Koffer. Es klackerte, als ich ihn zu mir heranzog – ich hasste das fehlende Rad.
»Kann ich reinkommen? Mir ist kalt.«
Chiron blinzelte, sah auf den Koffer und trat von der Wohnungstür zurück. Einmal atmete ich durch und folgte ihm dann.
Seine Wohnung war einsam.
Weißgraue Wände, dunkler Fußboden, Küchen-und Wohnbereich ohne Bilder, Schmuck oder Dekorationen. Zwei Sofas, ein Fernseher, ein großer Esstisch in der Mitte. Auf der Kommode stand eine Anlage und ich fragte mich, welche Musik er wohl am liebsten hörte. Meine Schuhe und den Mantel ließ ich bei der Chaos-Garderobe. Überall lagen seine Stiefel herum, Regale und Fächer benutzte er kaum. Die Küche sah ähnlich durcheinander aus und ich mochte es, weil ich aufräumen für überbewertet hielt.
»Entweder wir teilen unser Essen oder es gibt getrennte Fächer im Kühlschrank«, sagte er gerade und sah mich fragend an.
Ich war überfordert. Mein Hals kratzte.
»Teilen?« Ich ließ es wie eine Frage klingen, irgendwie verwirrte er mich. Lim Chiron nickte.
»Gut, diese Woche habe ich eingekauft, du bist nächste dran. Am Kühlschrank hängt ein Einkaufszettel, schreib darauf, wenn du etwas brauchst.« Kurz starrte er mich kritisch an. »Irgendwas dagegen?«
Ich ignorierte, dass wir Samstag hatten und diese Woche also nicht für ihn als Einkaufswoche zählte.
»Nope«, murmelte ich einfach.
Er lief weiter in den Raum hinein. Vor der ersten Couch war eine Plastikfolie ausgelegt, sie knisterte unruhig, als wir darüber liefen.
Warum hast du Plastikfolie ausgelegt?, wollte ich fragen, aber sein Rücken schien mir kein guter Gesprächspartner.

Wir gingen um die Sofas herum und Chiron führte mich nach hinten in einen Flur, er öffnete die erste Tür.

»Es gibt nur ein Bad. Rechter Wandschrank meiner, linker deiner.« Er drehte sich zu mir und ich nickte schnell.

»Die Dusche wurde erst letzte Woche repariert, versuch sie einfach nicht kaputt zu machen.«

Ich hatte jetzt schon Angst, zu duschen.

»Mein Zimmer«, nuschelte Chiron und zeigte undeutlich auf eine verschlossene Tür, dem Bad schräg gegenüber. Als solle ich mich damit nicht länger beschäftigen. Dann ging er auf ein weiteres, geschlossenes Zimmer zu und stieß dieses auf.

In mir zog sich etwas zusammen. Das Bedürfnis nach einem Zuhause, die Sehnsucht auf Liebe, das Vermissen von Ruhe verknotete sich in meinem Herz. Und als Chiron mir die Tür aufhielt, ich an ihm vorbei in den Raum ging, da explodierte der Knoten.

Das Zimmer war groß und hell und schön und bereits möbliert. Ein Doppelbett stand links von mir in das Zimmer herein, da war ein Schreibtisch, gleich neben der Tür ein Kleiderschrank mit Spiegeltüren.

»Bleiben die Möbel?«, fragte ich und drehte mich zu meinem neuen Mitbewohner um. Er nickte.

»Sind von Anfang an in dieser Wohnung gewesen. Kannst sie behalten oder nicht. Mir egal.«

»Alles klar.« Ich legte meinen Koffer auf den Boden, dann drehte ich mich einmal im Kreis. Die Wände waren kahl. Ich brauchte Bilder, Fotos, eine Pinnwand für meine gesammelten Postkarten.

»Also dann«, sagte ich. Nur um *irgendwas* zu sagen.

»Alles Weitere klären wir später. Ich habe keine Zeit mehr«, brachte er schließlich hervor und ging zurück zur Tür.

Ich räusperte mich. »Danke, Chiron. Für … für das hier.« Mit der linken Hand machte ich eine allumfassende Handbewegung.

Danke für einen Platz zum Bleiben.

Chiron öffnete den Mund, ich wartete, er klappte ihn wieder zu und zuckte die Schultern. Dann ging er einfach und die Tür fiel hinter ihm ins Schloss.

Wir bekommen das hin, flüsterte ich ein ums andere Mal in meinem Kopf. Wie ein Mantra vor einem Wettkampf.

Ich packte meine Bettwäsche aus und bezog die Daunendecke und das große Kissen mit dem flauschigen Bezug meiner Schwester. Anschließend stellte ich meinen Laptop auf den weißen Schreibtisch und fand einen Zettel vor. Die Schrift war schön, schwungvoll, perfekte Schriftzeichen.

WLAN-Passwort: ichhasseesmirpasswörterauszudenken

Automatisch musste ich grinsen. Daneben lagen außerdem zwei Karten und ein Schlüssel.

Schlüsselkarte 1: Wohnhaustür

Schlüsselkarte 2: Wohnungstür

Schlüssel 3: Briefkasten im Erdgeschoss

Schlüsselkarte 1 passt auch für die Tiefgarage, aber da ist nie zugesperrt und ich habe kein Auto, also ist sie mir egal. Kümmere dich selbst darum, falls es dir wichtig ist.

Wenn du deine Karte vergisst, hier der Code für die Tür: 2678#12

Ich las, was er geschrieben hatte, und beschloss, dass mir die Tiefgarage auch egal war. Weil ich wie er kein Auto besaß. Nicht mehr.

Am letzten Tag des Monats bekomme ich das Geld für dein Zimmer, und das war es auch schon.

Also Herzlich willkommen oder so.

Herzlich war es nicht gewesen, aber schön, dass er sich wenigstens in diesem Brief bemüht hatte.

Dann nahm ich mein Handy und legte mich mit meiner Kleidung ins Bett, weil ich zu müde für alles war. Ich wollte einfach nur ankommen. Wenigstens körperlich. Sofort steckte ich mir meine Kopfhörer in die Ohren – ja ich benutzte noch immer Kabelohrstöpsel. Öffnete die Musik-App und scrollte durch meine Playlists. Für jeden Monat eine. *Januar, Februar, März, April und Mai, Juni ...*

Für den November gab es noch keine, weil er erst begonnen hatte, also klickte ich auf *Oktober*. In meiner Oktoberplaylist befanden sich dreiundvierzig Lieder, alle davon hatte ich rauf und runter gehört. Alle davon waren schmerzhaft. Alle davon stachen in mein Herz.

Die letzten Monate waren viel zu viele Teile von mir zerbrochen, in ihre kleinsten Teile. Denn als meine Drillingsschwester an diesem Septembernachmittag gestorben war, hatte sich auch ein Teil von mir verabschiedet. Dann die Trennung von meiner Exfreundin, mein Studienabbruch, die ganze Verzweiflung. Ich dachte daran und bekam kaum Luft, wollte meine Leben zurückspulen.

Die Musik verdrängte diese Gedanken für mich.

Also drückte ich auch jetzt auf *Play* und die ersten Töne erklangen. Schnell stellte ich lauter. Für immer laut.

In Limbo – Munn.

In diesem Lied fand ich mich wieder. Fühlte mich verstanden, fühlte mich wie in einem Schwebezustand. An keinem Ort festgehalten, gefangen im Dazwischen und in meinem eigenen Herz, überall und nirgends.

Irgendwann schrieb ich meiner Schwester eine Nachricht.

Ich: Rette mich. Chiron macht mir Angst.

Daydream-Ahri: Halte noch etwas durch, Nightmare!!!

Ich ließ den Handybildschirm schwarz werden und starrte an die weiße Zimmerdecke. Und dann schloss ich die Augen, um innere Ruhe zu finden. Ein Start war immer schwierig. Meistens. Es konnte nur besser werden – immerhin hatten wir keine getrennten Fächer im Kühlschrank. Kleine Schritte, sagte Ahri immer.

Während die Musik für mich dachte, atmete ich ein und aus.

Diese Wohnung roch nach Farbe. War unordentlich wie mein Herz. Der Mann ein Zimmer weiter ging mir nicht aus dem Kopf. Ich fuhr seine Gesichtszüge in Gedanken nach, bis es in meiner Brust seltsam ungewohnt zuckte.

Scheiße, ich hasse meine Schmerzblick-attraktive-Pinterest-aesthetic-Gedanken.

Chiron

Stolpernd kam ich in meinem Zimmer an und schlug die Tür hinter mir mit voller Wucht ins Schloss. Schwer atmend lehnte ich mich dagegen und starrte auf das Chaos vor mir. Ein Eimer Farbe. Pinsel, die nicht sauber gemacht worden waren. Eine Leinwand, die zur Hälfte schwarz angemalt, zur anderen Hälfte weiß geblieben war. Kunst für sich, dachte ich.

Wie hatte ich die verdammte Zeit vergessen können?

Als es geklingelt hatte, war ich gehetzt in mein Zimmer gelaufen, um alles zu verstecken. Meine Kunst. Meine Bilder. Die Farben. Vielleicht zu Teilen auch mich selbst. Zurückgelblieben war die Folie auf dem Boden, wahrscheinlich hielt er mich jetzt für einen Serienkiller, der in seinem Wohnzimmer Leichen in Plastik einwickelte.

Verdammt, es war alles so beschissen.

So beschissen!

Ich raufte mir die Haare und stieß mich von der geschlossenen Tür ab, lief im Zimmer umher. Viel gab es da nicht zu laufen, überall lag etwas herum. Klamotten. Papier, durchblätterte Kunstbände. Eine alte Gitarre, die ich noch nie benutzt hatte. Sie sah trotzdem cool aus, wenn sie irgendwo herumstand und so tat, als würde sie von mir gespielt werden. Mein Schreibtisch blieb vor aller Augen verborgen. Hefte, Bücher. Alles lag darauf, er diente wohl als Regal. Ich hatte eine Kleiderstange, aber Kleider waren dazu gemacht, um von den Bügeln zu rutschen. Ganz einfach. Über meinem Doppelbett hatte ich eine Fotowand und alle Bilder zeigten Taemin und mich.

Mehr gab es da auch nicht. Nur mich und meinen besten Freund. Und Puma aus dem Geschäft, in dem ich meist abends arbeitete. Die alte Dame war neben Taemin meine einzige Freundin, aber das gestand ich mir nicht ein. Das war nur traurig. Mein bester Freund, eine alte Dame und ich.

Du bist so einsam.

Ich warf mich auf mein Bett, natürlich war es schwarz bezogen. Alles, was schwarz war, fand ich gut. Weil mich Farben an Glück und Liebe erinnerten und ich sowas im Leben zu selten erlebt hatte.

Mein neuer Mitbewohner hatte schwarze Haare.

Sie waren so dunkel, so dunkel und wellig und fielen ihm bis in die Stirn. Und dann war da diese Brille, ein goldenes Gestell, saß verwegen auf seiner geraden Nase und verbarg nicht einmal das Braun seiner Augen.

Ich hätte es nicht zulassen dürfen. Wenn ich auch nur eine Sekunde darüber nachgedacht hätte, wäre er jetzt nicht im Zimmer gegenüber und mein Mitbewohner für die nächste Zeit. Ich könnte ihn wieder rauswerfen. So leicht, es wäre so leicht.

Er braucht die Wohnung wirklich.

Taemins Stimme grub sich in meinen Kopf, als säße er neben mir und würde mich ein ums andere Mal daran erinnern, in welcher Situation ich steckte. Ich hätte es wissen müssen, dass ein Mann in dieser Wohnung keine gute Idee für mich war. Niemals. Aber jetzt war er hier. Mit seinem klackernden Koffer, an dem ein Rad fehlte, und zu viel Selbstbewusstsein. Er hatte nicht einmal mit der Wimper gezuckt, als ich ihm kalt und desinteressiert die Fakten geliefert hatte. Er war höflich geblieben. Und dann war da dieser friedliche Gesichtsausdruck auf seinem Gesicht gewesen, als ich die Tür zu seinem Zimmer geöffnet hatte. Da war es, als wäre er kurz glücklich gewesen.

Fuck, ich konnte ihn nicht wieder rauswerfen. Ich würde damit klarkommen müssen, mit ihm, seinen Blicken, seiner Höflichkeit.

Und seiner Brille unter schwarzen Haaren.

Blind griff ich neben mich und tastete nach der Snackpackung, die dort liegen musste. Es knisterte, raschelte, meine Finger erlangten zwei Ringe und ich steckte mir die letzten Karamell-Ahorn-Mais-Kekse in den Mund. Kauend öffnete ich die Augen und starrte an die Decke, wollte nie wieder dieses Zimmer verlassen und gleichzeitig nicht hier sein.

Der süßsalzige Geschmack breitete sich auf meiner Zunge aus und ich stellte fest, dass es die letzte Packung an Snacks war.

Schwankend stand ich auf und fiel beinahe über einen Ordner, der vor meinem Bett auf dem Boden lag. Ich wusste nicht einmal, was ich da abgeheftet hatte. Bilder? Schulkram von vergangenen Jahren? Mein einsames Leben auf weißen Blättern?

Draußen auf dem Flur blieb ich stehen. Lauschte wie ein Stalker. Hörte nichts, blieb noch etwas länger stehen. Seon Siwons Zimmer blieb ruhig, keine Ahnung, vielleicht schlief er. Und eigentlich sollte es mir egal sein, was er tat.

Ich dachte trotzdem darüber nach.

Im Wohnzimmer fing ich an, die Folie aufzuräumen. Pulte die Klebestreifen vom Boden ab und knüllte das Plastik so klein wie möglich zusammen. Es faltete sich wieder auf. Ich knüllte fester. Es half nichts. Geschlagen legte ich den Plastikschutz schön sorgfältig zusammen und rollte ihn letztendlich zu einer Rolle. Von mir selbst genervt, steckte ich das Ding in die Kommode und schmiss die Schranktür laut zu. Dann ging ich in die Küche und nahm ein Post-it vom Tresen. Neongelb. Leuchtend, nicht zu übersehen.

Mit einem roten Stift schrieb ich:

~~Einkaufsliste~~
KARAMELL-AHORN-MAIS-KEKSE! WICHTIG!

Und dann stand ich in meiner Wohnung und wusste nicht, was ich tun sollte. Es war jetzt so was wie *unsere* Wohnung und ich hasste dieses Gefühl. Ich war nicht mehr allein und für mich.

Normalerweise hing ich im Wohnzimmer ab, denn mein Zimmer war zu voll. Da war zu viel Kunst, ich verbrachte wenig Zeit zwischen diesen vier Wänden. Oder ich war im Bad. Manchmal saß ich dort auf dem Boden vor der Heizung und sah einen

Film auf meinem Handy. Nur das. Als wäre ich wieder klein und traurig und versteckte mich vor meinen Ängsten. Badezimmerminuten waren meine Rettung. Wenn ich mich jetzt dorthin setzen würde, wäre es komisch. Was, wenn Siwon ins Bad musste?

Frustriert fuhr ich mir durch die Haare.

Ich wollte hier im Wohnzimmer auf dem Sofa liegen, malen, laut Musik aufdrehen. So laut, dass sich die Teenie-Mutter von nebenan beim Hausmeister beschweren würde und ich die fünfte Mahnung erhielt. Ich lief auf die Musikanlage zu und verband sie mit meinem Handy. Scrollte in meiner Playlist – ich hatte nur diese eine. Und in dieser befanden sich über tausend Lieder. Ich drückte auf *Zufallswiedergabe*, dann auf *plus, plus, plus,* bis die Musik in der Wohnung laut und meine Gedanken leiser wurden. Weil es mir verflucht egal war, was Siwon wollte oder von mir hielt. Also saß ich jetzt im Wohnzimmer und mein Herz schlug den Rhythmus von wilder Musik.

Sky's still blue – Andrew Belle.

Da ich furchtbar in Englisch war, wusste ich die ganzen Lyrics des Liedes nicht mehr. Aber ich wusste, dass es um einen Himmel ging. Dass der Himmel noch immer blau war. Würde er immer sein und dann malte ich ihn am liebsten. Wenn man das Gefühl hatte, man würde vor lauter Blautönen ertrinken, weil es wie ein Meer über dem Kopf war. Nachts fühlte ich mich auch so. Und deswegen war die Welt nachts am erträglichsten.

Ich setzte mich auf die Couch und legte meine Füße auf den Beistelltisch. Wenn ich nachts lebte, würden wir zurechtkommen. Siwon könnte tagsüber die Wohnung haben, ich dann, wenn es dunkel wurde. Da ich oft spät arbeitete, würde das funktionieren.

Mein Handy blinkte auf.

Taemin: Alles klar?

Ich: Immer.

Taemin: Vom Lügen wächst die Nase.

Ich: Ich glaube nicht an Märchen.

Taemin: Dann erzähl keine. Wie geht's dir?

Ich: Es geht schon. Wann kommt ihr wieder?

Ich wartete auf die Antwort meines besten Freundes und starrte unseren Chat an. Taemin gönnte ich alles Glück der Welt. Ihm und Ahri, sie hatten so viel zusammen durchgestanden und jetzt waren sie endlich am Meer, wie sie es sich gewünscht hatte. Scheiße, ich wünschte ihnen mehr als alles Glück.

Taemin: Vermisst du uns etwa?

Ich: Kann man Vermissen essen? Was ist das?

Taemin: Jaja, ich dich auch. Morgen früh sind wir da.

Ich: Wie verliebt seid ihr? Ist es auszuhalten?

Taemin: Sei nicht eifersüchtig.

Ich: Ertappt.

Er antwortete nicht mehr und ich sah auf die Uhrzeit.
15:18 Uhr.
Noch drei Stunden, bis ich mich in Pumas Laden würde flüchten können. Vielleicht könnte ich heute Überstunden machen. Auch wenn sie es nicht erlauben würde, musste ich es versuchen.
Gerade, als ich nur noch die Musik fühlen und meine Augen schließen wollte, öffnete sich seine Tür hinten im Flur. Meine Hand schoss zu meinem Handy und ich drückte reflexartig auf Pause.
Sekundenstille.
Und in diese Stille trat Siwon. Er sah müde aus. Verwuscheltes

Haar, schmales Lächeln auf den Lippen. Goldenes Gestell auf der Nase – trug er das verdammte Ding etwa die ganze Zeit?

Sieh mich nicht so direkt an, sonst falle ich in deinen Blick und komme nicht mehr heraus, Siwon.

Ich vermied es, nervös zu schlucken, zog eine Augenbraue hoch, war unnahbar, war nicht wirklich ich.

Haha. Du bist erbärmlich, Chiron.

Kapitel 2

Glücksmenschen treffen

Simon

Er starrte mich an und ich wünschte, ich wäre im Zimmer geblieben. Bis ich verhungert wäre. Es war hier zu leise und mein Bauch fühlte sich an, als würde er gleich anfangen, knurrende Geräusche von sich zu geben und …

Ich lächelte schmal.

Warum hatte er die Musik nicht angelassen, für immer und ewig, damit wir nicht reden mussten? Dass ich mich schon vorhin aus dem Zimmer geschlichen hatte, um das Lied einzuscannen, behielt ich für mich. Ich hatte einfach wissen müssen, was er da hörte. Für gute Lieder tat ich beinahe alles – auch lauschen und mich anschleichen.

»Gibt's ein Problem?«, fragte Chiron plötzlich und ich starrte ihm ebenfalls entgegen.

Ich schluckte und trat etwas weiter in den Raum. Es machte mich nervös, wenn er mich mit diesem grauen Gewitterblick ansah. In mir polterte es dann voller Verwirrung.

»Nope. Wollte nur spazieren gehen«, antwortete ich schließlich und er nickte, während er den Blick von mir abließ und auf sein

Handy starrte. Okay. Meine Zeit zu gehen. Als ich den gelben Zettel am Kühlschrank heften sah, trat ich näher.

Einkaufsliste:
KARAMELL-AHORN-MAIS-KEKSE! WICHTIG!

Um nicht noch länger einfach herumzustehen, machte ich mich auf den Weg in den Eingangsbereich und zu meinen Schuhen. Fühlte in meine Jackentasche. Schlüsselkarte und Handy, Geldbeutel – alles dabei.

Kurz sah ich noch einmal zu ihm zurück. Zu ihm und seinen Silberhaaren in einer grauen Wohnung, ohne Bilder oder Schmuck. Ich würde Ahri bitten müssen, mit mir in ein Möbelgeschäft zu gehen. Dieser Wohnung fehlte es ein bisschen an Persönlichkeit. Meinem Zimmer zumindest. Über das Wohnzimmer würde ich mit ihm verhandeln müssen und das ging erst, wenn wir ein besseres Verhältnis hatten. Chiron starrte noch immer auf sein Handy. Und mir wurde klar: Wir hatten überhaupt kein Verhältnis. Weder ein gutes noch ein schlechtes noch irgendwas anderes. Da war einfach gar nichts und ich glaubte, er wollte, dass es so blieb. Ich irgendwie auch. Oder nicht?

Mit gerunzelter Stirn drehte ich mich in Richtung Tür und verließ die Wohnung. Das würde eine Herausforderung werden, aber ich nahm sie an. Wenn ich es nicht tun würde, säße ich da wie vor drei Wochen. Einsam und gebrochen und so unendlich mutlos. Diesmal musste ich mich selbst aufstellen, weitermachen, mich durchkämpfen. Lim Chiron war meine kleinste Hürde.

Dachte ich.

Der Park vor unserer Straße wurde zu meinem Lieblingsort in dieser Stadt. Ich saß auf einer Schaukel, schwang vorsichtig hin und her, beobachtete die Menschen um mich herum. Meine Hände waren vorhin fast an meiner Waffel festgefroren, bevor ich sie mir in den Mund hatte stecken können. Doch die warme Schokoladenfüllung war es wert gewesen. Schokoladenfüllung war immer alles wert.

Die Novemberkälte kroch weiter unter meinen Mantel und legte sich wie eine starre Decke um meine Glieder, aber ich blieb sitzen. Was hätte ich schon in der Wohnung gemacht? In der nicht gesprochen wurde, schlechte Stimmung flimmerte und Musik laut aus den Boxen schallte.

Letzteres magst du, Siwon.

Kinder rutschten rechts von mir, eine Mutter mit Kinderwagen betrachtete sie lächelnd, eine graue Katze sprang hinter einem Baum hervor. Der Park war nicht sehr groß, ein breiter Kiesweg führte einmal hindurch, der Rest war Grünfläche, Spielplatz und am Rand einige Bänke. Vereinzelte Laternen, die abends Licht spenden würden, uns den Weg zeigten.

Daegu bestand aus acht Bezirken, dieser hier war der Zentralbezirk. Jung-gu war modern, groß, laut, man konnte perfekt in der Masse untergehen. Zwischen Werbebildschirmen, K-Pop-Anzeigen, Kakao-Friends-Figuren und Bussen verschwinden. Neonanzeigen flackerten von überall her, ein riesiges Straßennetz schlängelte sich durch die Stadt und manchmal kam mir alles nur noch chaotisch vor. Aber das war es nicht, irgendwie fand doch alles seine Ordnung. Nicht weit von hier gab es einen Nachtmarkt, der voll besucht sein musste. Jeder liebte den Seomun-Markt, weil es dort das beste Essen gab, schönste Textilwaren und Kunst über Kunst. Früher war ich manchmal mit Ahri und Sun dort gewesen und jetzt gerade vermisste ich das.

Als es Abend wurde, stand ich auf und ging quer durch den Park zu einer Reihe an Geschäften. Ich trat in den Laden, der den Grünflächen am nächsten lag und wurde eingehüllt in einen süßen Duft. Frisch gemahlener Kaffee und etwas Blumiges.

»Guten Tag«, grüßte eine ältere Dame in lila und ich neigte lächelnd den Kopf. Sie saß hinter der Theke und stand auf, um mich höflich willkommen zu heißen.

Das Geschäft war nicht groß, also fand ich schnell, was ich brauchte, und griff nach zwei Packungen Karamell-Ahorn-Mais-Keksen. Die Ringe ließen mich die Nase krausziehen.

Ahorn und Mais. Wie sollte so etwas denn schmecken?

Sun-Nyu hätte es geliebt. Sunnie hätte sie packungsweise gegessen, sie hatte jegliche Süßigkeiten geliebt. Ich glaube, es gab keine, die sie nicht wenigstens probiert hätte. Das Plastik raschelte in meiner Hand und ich starrte die gelb-orangefarbene Packung an. Und während ich weiter durch die Reihen ging, ignorierte ich den leisen Stich in meinem Herzen und hoffte, er würde nicht lauter werden. Das Knistern des Plastiks erinnerte mich dumpf an mein Innerstes, vielleicht war es mit genau so einem Geräusch zerbröselt.

Mit den Maisringen und Instant Nudeln trat ich an die Kasse und suchte die Kreditkarte in meinem Geldbeutel.

Aus einem Lautsprecher über uns drang leise Musik eines Senders, den alle hörten und der nicht wirklich gute Lieder spielte, aber wir tanzten und sangen dennoch dazu, wenn wir glücklich waren.

Früher.

Früher hatten wir das getan.

»Sie zahlen mit Karte?«, fragte die Dame vor mir sachte, als hätte sie es schon mehrmals gefragt und ich schüttelte mich kurz, weil meine Gedanken so fern waren.

Entschuldigend nickend, legte ich die Karte auf das Kartenterminal.

»Haben Sie einen schönen Abend.« Sie lächelte mir zu und reichte mir meine Tüte mit den Einkäufen. Ich versuchte, auch ihr einen freundlichen Gesichtsausdruck zu schenken und verbeugte mich beim Rausgehen. »Wünsche ich auch«, sagte ich noch und trat dann auf die Straße.

Der Himmel wurde dunkler, Wolken zogen zusammen über meinem Kopf und versperrten die Sicht auf Sterne oder den Mond. Wirre Stimmen ließen mich aufblicken. Links von mir strahlten Neonscheinwerfer auf einen Parkplatz, von dem Autos davonfuhren, und das Lachen junger Menschen hallte zu mir herüber. Fröhlich. Frei. Auch federleicht. Ich sah zu der Halle und dem Platz davor und meine Beine trugen mich wie von selbst dorthin. Dieser Ort war wie ein Magnet, an dem sich all das Glück sammelte, nach dem ich mich sehnte. Ich trat auf den Parkplatz und suchte das Gebäude nach einem Eingang ab oder einer Information, für was dieser Ort bestimmt war. Sah aus wie ein Gebäude für irgendeinen Club. Oder Sportaktivitäten. Mehr Jugendliche und Leute in meinem Alter strömten an mir vorbei und ich fand endlich den Eingang.

Rock 'n' Roll, stand auf der Tür. In neongrün, darunter Öffnungszeiten. Wenn es etwas mit Musik zu tun hatte, verstand ich warum die Menschen so ausgelassen schienen. Vielleicht gab es hier Konzerte. Gute Sänger und Sängerinnen, denen man bei ihrem Talent zusehen konnte. Kurzerhand ging ich näher auf die Eingangstür zu und sie schob sich automatisch auf.

Innen roch es nach Popcorn. Und es war bunt. Der Eingangsbereich war groß. Mit einem Boden, der aussah wie ein Schachfeld. Ich war aus dem ruhigen, nebeligen Abend in eine leuchtende Welt getreten, Musik spielte. Sie war gut. Wohl kein Sender, sondern ausgewählte Lieder. Schräg rechts ein Empfangstresen, links ein Bistro, in dem ein Pärchen noch etwas trank. Am Tresen des Empfangs sah ich einen *Rock 'n' Roll* Flyer, interessiert ging ich darauf zu und nahm mir einen. Hier am Empfang stand niemand, vielleicht war es schon zu spät und sie erwarteten niemanden mehr. Der Zettel in meiner Hand war genauso knallig wie alles andere hier und zeigte mir Rollschuhe. Menschen, die Rollschuhe trugen, sie lächelnd in die Kamera hielten, mit ihnen fuhren. Verwirrt drehte ich das Blatt um und wollte lesen, was dort stand, als mich eine helle Stimme zusammenzucken ließ.

»Oh! Mussten Sie lange warten?« Ich sah auf und begegnete leuchtenden Augen. Braun, hell, goldbraun.

Mai.

Vor mir stand Rhee Mai. Mit ihren langen Haaren, die von

einem Band gehalten wurden, auffällig viele Ketten um das Handgelenk, manche klimperten, als sie die Hand hob und mich verwirrt musterte.

»Siwon?«, krächzte Mai.

»Ich habe eigentlichen nicht gewartet«, sagte ich verlegen und steckte den Flyer zurück zu den anderen in den Halter.

»Was machst du hier?«, fragte sie mich, ihr Blick über den Tresen war noch immer verwirrt und auch ein wenig erschüttert.

»Ich wollte wissen, was diese Halle verbirgt«, murmelte ich.

»Und du arbeitest hier? Nicht mehr im Café Zeitvergessen?«

Sie zu sehen, riss schnell Wunden auf und darunter lagen offene Erinnerungen. Mai war nicht sehr groß und früher hatte ich sie damit aufgezogen und sie hatte immer erwidert, ich sei nicht viel größer. *Früher* ... Es war nicht mal ein halbes Jahr her.

»Nein ... nein, doch schon noch im Café«, stotterte sie und ich zog die Brauen hoch. Weil ich sie noch nie stottern gehört hatte. »Alles okay?«, fragte ich also vorsichtig, steckte meine Hände in die Taschen meiner Jacke.

»Nein.« Sie sah sich um. »Du ... du hast mich überrumpelt.«

»Spazieren hier nicht öfter Menschen herein?«

»Aber fremde. Dich *kenne* ich. Und hier war noch nie jemand, den ich *kenne*.« Sie betonte das Wort so stark, als könnte es ihre Welt aus den Angeln heben.

»Okay«, murmelte ich und verstand es dennoch nicht. »Dann bin ich wohl der erste. Also, was machst du hier?«, fragte ich noch mal. »Ach, was soll's«, nuschelte sie und kam um den Ladentisch herum. Mais Beine steckten in Skates.

»Das hier ist eine Rollerskatehalle«, erklärte sie und lehnte sich seitlich an den Tresen.

Rollerskaten.

Ich sah mich um und es erschien mir gleich viel auffälliger. Die Rollen an der Wand, auf dem Aushang, den ich eben angesehen hatte. Der Gang dort hinten führte vermutlich zu den Laufbahnen.

»Du fährst?«

»Ja«, sie wackelte mit einem Fuß. Weiße Schuhe. Orangefarbene Rollen und orangefarbene Schriftzüge, irgendwelche Formen. Wie schön sie bei der Fahrt aussehen mussten, verschwommen und wie Feuerschuhe.

Ich bekam Lust, mich hier in dieses Bistro zu setzen. Einfach die freie Stimmung genießen, auch wenn ich keine Ahnung vom Rollschuhfahren hatte.

»Fährst du nur oder arbeitest du hier auch?«, fragte ich neugierig. Wenn Mai lächelte, bildeten sich Grübchen in ihren Wangen.

»Ich fahre selbst oft und manchmal helfe ich hier an der Rezeption aus.« Sie war also oft hier, war sie dann auch oft glücklich? Dieser Ort lud dazu ein, glücklich zu sein.

Und dann sahen wir uns an, wussten den anderen nichts mehr zu fragen. Ich wippte auf meinen Sohlen. »Irgendwann komme ich bestimmt mal wieder, ist schön hier«, sagte ich noch und dann ging ich in Richtung Ausgang. Es war seltsam zwischen uns.

Wo war unsere Leichtigkeit?

»Siwon«, rief sie mir mit heller Stimme hinterher.

Ich drehte mich um.

»Kannst … kannst du für dich behalten, dass ich hier arbeite und fahre?«

Mein Kopf spann Erklärungen dafür, Mai selbst gab mir keine, aber ich nickte. »Wem sollte ich es schon erzählen?« Ich lachte. Ihre Augen musterten mich abschätzend.

»Eun-Mi zum Beispiel.«

Der Name durchzuckte mich wie glühendes Feuer und ich hob abwehrend die Hände. Ich wollte und konnte noch nicht an sie denken, geschweige denn mich allem stellen.

So weit war ich nicht.

»Wir sprechen nicht über sie und ich sage niemandem etwas«, erklärte ich und sie lächelte schief.

»War schön, dich mal wieder zu sehen, Siwon. Beim nächsten Mal erzähl mir, wie es dir geht, deine Geschichten fehlen mir.«

»Ich habe dir nie welche erzählt.«

Sie feixte. »Na, dein Schweigen war auch ganz interessant.«

»Wenn mir langweilig ist, komme ich vorbei. Also vermutlich ziemlich bald.« Ich sagte es lachend, obwohl mir nicht danach zumute war.

»Suchst du zufällig nach einem Job?«

Verdattert sah ich sie an. Einen Job? Arbeiten? Etwas Neues anfangen? Sie fuhr weiter auf mich zu und ich starrte die Rollschuhe an ihren Füßen an.

»Ich ... Also ... Was denn für einen Job?«, fragte ich verwirrt und Mai zuckte mit den Schultern.

»Naja, wir bräuchten jemanden hinter dem Empfang. Bürozeugs, Sachen abheften, Kundenkarten aufnehmen, Rollschuhe ausleihen, Telefonate entgegennehmen ...« Sie stockte und verschränkte die Arme hinter dem Rücken. Mai wirkte plötzlich, als wäre ich ihre letzte Hoffnung.

Und ich brauchte einen Job. Geld. Irgendwas zu tun. Einen verdammten Neuanfang. Also war ich spontan, obwohl mir das sonst nicht lag. Aber vielleicht war das eine Sache, die mir meine Drillingsschwester hinterlassen hatte.

»Gibt's ein Vorstellungsgespräch?«

»Nein«, sagte sie schnell. Dann: »Also nicht wirklich. Ich frage den Chef, wir bräuchten nur den Lebenslauf und eine Unterschrift und dann solltest du eingestellt sein. Außerdem kenne ich dich und ich weiß, dass du gut arbeitest.«

»Einfach so?«

»Japp. Einfach so.«

»Ich ... Okay. Wie oft die Woche?«

»Vermutlich viermal. Im Moment bin ich allein und ich schaffe es nicht mehr. Nam ist froh, wenn ich jemanden finde, der das gern übernimmt.«

»Nam?«

»Der Chef.«

»Ah, okay.«

Sie grinste breit, als hätte sie gerade einen großen Gewinn gemacht. Ich war noch immer verwirrt über meine Entscheidung.

»Ich ruf dich an, wenn ich mehr weiß«, sagte Mai und winkte mit dem Handy.

»Diese Situation ist seltsam, Rhee Mai. Einfach seltsam. Aber ich bin froh, dir heute über den Weg gelaufen zu sein.«

Sie wedelte weiter mit der Hand. »Jaja, ich habe dich auch vermisst.« Und dann: »Verschwinde schon! Du weißt, wie sehr ich Verabschiedungen hasse.«

Ich winkte ihr, als ich zur Tür ging und hinaus in die kalte Luft trat. Schnappend atmete ich ein und konnte nicht fassen, was gerade passiert war. Ein Job. Ein verdammter Job!

Ich. Hatte. Eine. Fast. Arbeit.

Und vielleicht konnte das *fast* in den nächsten Tagen zu einem *ganz* werden. Unauffällig ballte ich die rechte Hand zur Faust und stieß sie in den kalten November.

Wir hatten uns gemocht. Mai und ich. Die Schichten mit ihr im Café waren die besten gewesen, manchmal hatte mein Kopf dann auf Pause gedrückt. Sie jetzt zu sehen, hinterließ auch etwas Bitteres. Weil es mich an jene Zeit erinnerte.

Aber vielleicht konnte ich Mai auch ganz neu begegnen, hier im *Rock 'n' Roll* zwischen Babyblau und Rosahell und musste gar nicht an früher denken.

Ich lief über den Parkplatz, noch immer die Einkäufe in der Hand, die hellen Scheinwerfer hinter mir.

Mein Herz zitterte.

Weil ich etwas für mich geschafft hatte. Und weil ich Hoffnung schöpfte, in einer dunklen Wolkennacht. Mit frierenden Fingern tippte ich einen Text für *Instagram*, rannte fast in eine Hecke am Wegrand, postete auf dem Blog meiner Schwester einen weiteren Beitrag.

@piecesofthesun: Das Leben ist so weird und strange un-ugh, keine Ahnung. Wenn jemand von euch einen Lebensplan hat, erzählt ihr mir davon?

Mein feiger Plan: Jedes Herzzittern überstehen.

Kommentar von @hea.like.healing: Dieser Plan ist eigentlich ziemlich mutig, Sun. Das ugh fühle ich am meisten. Du bist nicht allein. <3

Mein Herz zitterte den ganzen Weg zurück zur Wohnung.

Kapitel 3

Symphysodon-aequifasciatus-Fische

Chiron

Puma trug Lila. Ein malvenfarbenes Kleid und darüber eine Strickjacke. Selbstgemacht. Natürlich. Es war ihre Lieblingsfarbe und immer, wenn ich malte und Violett meinen Pinsel streifte, musste ich an sie denken. Seit zwei Stunden saß ich hinter dem Verkaufstisch und lächelte die Kunden falsch an. Manche hatten weniger Glück und bekamen nicht mal einen versuchten, freundlichen Gesichtsausdruck. Puma schenkte ihren Kunden dann mein fehlendes Lächeln und wünschte allen einen schönen Abend – so wie immer.

Ich fragte mich, wann ihre Frage kommen würde – so wie immer. Ob sie überhaupt fragte und was ich ihr dann antworten würde. Ich wusste, ich würde antworten – so wie immer eben. Seit einigen Monaten arbeitete ich nun hier, für manche mochte das eine lange Zeit sein. Ich hätte lieber schon mein ganzes Leben in diesem Laden verbracht. Nicht groß, aber Platz genug für all das gute Essen und die wichtigsten Überlebensartikel. Und ein bisschen Unnötiges. Sachen, die man schön fand, aber nicht brauchte. Das Geschäft hatte eine Fensterfront, in die der Ein– und Ausgang eingebaut war, draußen standen am Tag zwei Tische, an denen man einen Kaffee trinken oder Ramen essen konnte. Auch hier drinnen gab es einen langen Tisch vor dem Fenster. Gerade stand ein Mann auf und bedankte sich für das Essen, verließ das Geschäft. Puma goss den Kunden heißes Wasser in ihre Suppen, Instant Nudeln, für was auch immer sie sich entschieden.

Puma kam auf mich zu, als der Mann nach draußen verschwunden war. Die Falten in ihrem Gesicht wurden stärker, sorgenvoller. Immer dann, wenn ich ihren Blick mürrisch erwiderte. Sie war mein Glücksmensch auf Erden, wirklich.

Ich sagte es ihr nie. Vielleicht irgendwann, wenn ich mutiger wäre. Nach vorn lehnend, stützte ich meine Arme neben der Kasse ab, hielt meinen müden Körper irgendwie aufrecht. Und sie stellte ihre immer-Frage: »Wie sieht es in deinem Kopf aus?«

»Keine Ahnung. Lass ihn uns aufmachen und nachsehen.«

Puma trug keine Brille, obwohl man es in ihrem Alter vermutet hätte. Ihre Augen waren die eines Adlers. Und sie sah alles. Auch Gefühle, dachte ich manchmal. Nein, eigentlich dachte ich es die ganze Zeit, wenn sie mich ansah wie jetzt.

»Was ist passiert?«, fragte sie und wischte mit einem Tuch über die Tischplatte, an der gegessen worden war. Ihre grauen, langen Haare schwangen dabei hin und her. Weiße Strähnen zogen mit dem Grau einher. Ich mochte ihre Haarfarbe.

»Mein neuer Mitbewohner ist eingezogen.«

»Mag er denn keine laute Kunst?«

Oh, sie kannte mich zu gut. Manchmal beängstigend.

»Ich habe ihn nicht danach gefragt.«

»Versteckst du dich?«

»Nein, ich habe ihm ja schließlich die Tür aufgemacht und ihm sein neues Zimmer gezeigt.«

»Ja, das hast du.« Sie richtete sich auf und stellte sich mir gegenüber, ich war froh um den Tresen zwischen uns. Sonst hätte sie mir wahrscheinlich eine Hand auf die Schulter gelegt und das machte mich traurig.

»Aber du hast dich trotzdem versteckt. Deine Art.«

Ich lachte hart auf. »Ich glaube, die hat noch niemand zu sehen bekommen. Meine Art.« Ein hartes Schlucken und Magenschmerzen. Ich hasste Bauchweh, das war bei mir ein Zeichen der Angst und Schwäche. Unsicherheit. »Vielleicht kenne ich sie selbst nicht.«

Pumas Blick war offen und ich dankte ihr still. Sie war schon lange das Auffangbecken für mein Chaos.

»Die wenigsten Menschen auf der Welt wissen, was ihre Art ist. Wir verändern uns, suchen danach, manchmal finden wir auch. Lass Neues zu.« Sie war auch mein Lebensrat.

»Es könnte doch sein, dass dein Mitbewohner ein neuer Freund für dich wird. Wer weiß.« Sie lächelte geheimnisvoll. »Vielleicht liebt er laute Kunst, Chiron.«

Sie wusste zu viel, viel zu viel. Seit unserer ersten Begegnung schon. Vor Monaten war ich an ihrem Geschäft vorbei gestolpert, mit Farbe an den Händen und Tränen auf den Wangen. Ich war gegen das Schild gestoßen, auf dem Rabatte für irgendwelche Snacks gestanden hatten. Puma war nach draußen gekommen, sie hatte mich offen-tief angesehen, sie hatte gesagt: »Dieses Schild kann Ihnen den Schmerz nicht nehmen. Sie sollten Ihre Wut nicht daran verschwenden.«

Dann hatte sie mir Ramen aufgebrüht und ich hatte drinnen an dem Tisch Nudeln in mich geschlungen, während draußen die Welt im Frühlingsregen untergegangen war.

»Darf ich Ihnen eine ehrliche Frage stellen?«

Darauf hatte ich die Schultern gezuckt, nicht vorbereitet auf ihre nächsten Worte.

»Sind Sie wütend, weil die Liebe nicht perfekt ist?«

»Was?«, hatte ich ausgestoßen. Sie angestarrt, weil diese alte Dame mitten in meine Wahrheit, ihre Fragen gebohrt hatte.

»Sie verlieben sich in Männer und die Liebe ist nicht so perfekt, wie es sich erzählt wird. Sie kaufen bei mir immer nur schwarze Farbe. Wollen Sie mir erzählen, weswegen Sie wütend sind? Dann muss mein Schild nicht mehr unter Ihren Tritten leiden.«

Sie hatte schon im letzten Frühling zu viel gewusst. Und seit ich angefangen hatte, für sie zu arbeiten, da stellte sie mir jeden Tag diese tiefgründigen Fragen. Und ehrlich? Ich hörte seit diesem Regenabend nicht auf, ihr von mir zu erzählen. Und ich könnte auch ihren Gedanken für eine kleine Ewigkeit zuhören.

Gerade fing Puma an, aus einem Karton frische Lebensmittel in ein Regal einzusortieren. Ich wandte mich der Kasse zu, fragte nach einiger Zeit doch noch: »Puma?«

»Hm?«

»Wie sieht es in deinem Kopf aus?«

Sie stützte eine Hand in ihren Rücken, als würde meine Frage auf ihr Alter treffen. »Oh, mein Kopf beschäftigt sich heute mit dem Sinn. Über das Leben, mich, die Vergangenheit. Zukunft.«

»Macht das traurig?«

»Nein. Eher wärmen die Gedanken mich.«

Ich musste an meinen besten Freund Taemin denken. Er sagte immer wieder, Erinnerungen seien wie Wärmflaschen für unsere Herzen. Und irgendwo musste es wahr sein. Wenn Puma auch so fühlte. Aber vielleicht war ich einfach anders. Und es wurde eiskalter Winter in mir, wenn ich an früher dachte. Erinnerungen, so kalt und trüb, froren mich ein.

Blinzelnd machte ich meine Arbeit weiter und schrie meinen Kopf innerlich an, endlich still zu sein. Zu viele Gedanken machten mich müde. Überforderten mich. Also konzentrierte ich mich auf die Musik über mir, leise kam sie aus den Lautsprechern an der Decke. Ich fixierte mich auf die Melodie, die Stimme.

Den Text.

Run boy run! This world is not made for you ...

Puma schmiss mich um Punkt zehn Uhr aus ihrem Laden. Verdammt. Um 23:00 Uhr schloss sie, auch so spät verdiente man noch gutes Geld von Kunden, die hungrig waren und Fertigzeug kauften. Ich hatte ihr weiter aufräumen und einsortieren helfen wollen, aber Überstunden waren einfach kein Diskussionsthema gewesen. Blieb nur zu hoffen, dass Siwon ein Frühschläfer war.

Die Luft war kalt, ich ging mit schnellen Schritten durch die Nacht, den Park, bog in unsere Straße und steuerte auf das Wohnhaus zu. Eine Katze streifte meinen Weg und ich blieb stehen. Starrte sie an. Sie gab ein leises Katzengeräusch von sich, als ich mich zu ihr kniete, um ihren weichen Kopf zu streicheln. Graues Fell leuchtete unter schwarzem Nachthimmel. Eigentlich war es eher ein Dunkelblau, nur stellte ich mir vor, der Himmel wäre schwarz. Dann fühlte ich mich besser. Dann fühlte man sich nicht von Blau umgeben, nicht so ertrunken. Dann war die Welt ein bisschen okay.

Die Katze reckte mir ihren Kopf entgegen. Sie war nicht so räudig wie die meisten anderen. Vielleicht gehörte sie jemandem und war keine einsame Straßenkatze, obwohl ich mich mit denen am besten identifizieren konnte. Ich stand wieder auf und wünschte ihr eine schöne Nacht. Sie schnurrte und miaute. Ich mochte Tiere. Mit ihnen konnte man sich am besten unterhalten.

Energisch und mit viel Wucht stieß ich die Wohnhaustür auf, nachdem ich den Code dreimal falsch eingegeben hatte. Warum zur Hölle hatte ich auch meine Schlüsselkarte vergessen? Die ganze Fahrt mit dem Aufzug überlegte ich, wie die Zahlen für meine eigene Wohnungstür waren. Sie fielen mir beim besten Willen nicht richtig ein.

2367#12?

3276#12?

7326#12?

#12 musste stimmen, ich wohnte schließlich im zwölften Stock. So viel konnte ich mir merken. Ich probierte alle Varianten, aber die verdammte Tür surrte nicht und öffnete sich auch nicht. Geschlagen setzte ich mich auf den Teppichboden und lehnte meinen Rücken an die Wand. Mit tauben Fingern holte ich mein Handy aus der Jackentasche. Ich mochte Winterfarben, aber die Winterkälte dazu nicht. Meine Finger bewegten sich sehr langsam über den Bildschirm, ich *hasste* gerade Winterkälte.

Ich: Mach die Wohnungstür auf!

Keine Antwort. Also klopfte ich und hoffte, das ganze Haus würde aufwachen, damit ich nicht allein leiden musste. Außerdem: Wer schlief bitte schon um 22:15 Uhr?

Ich klopfte, schepperte, zum Rufen war ich mir dann doch zu blöd. Genervt lehnte ich mich stehend an die eisige Wand.

Ich: Hör auf, dich schlafend zu stellen!

Sonst hätte ich Taemin gebeten, mir mit der Ersatzschlüsselkarte zu helfen. Aber er war nicht da. Also tat ich das, was mir am meisten gegen den Strich ging. Ich rief *ihn* an.

Piep. Tut. Piep. Tut. Zu langer Piep. Tut.

»Ja?«

Ich zuckte zusammen. Uh, schlief er tatsächlich schon?

»Willst du mir vielleicht aufmachen?«

»Was?«

Seine Stimme war zu tief und zu verwirrt, das machte komische Dinge mit mir.

»Ich stehe vor der Wohnungstür.«

»Aha.«

Was zur Hölle? Wollte er mich auf den Arm nehmen? Mir lag noch etwas auf der Zunge, als es plötzlich lang piepte. Hatte mich Siwon gerade weggedrückt? Ich fixierte meinen Handydisplay und zuckte erneut zusammen, als die Tür surrte und aufgezogen wurde. Ich starrte ihn an.

»Der Code ist 2678#12.«

Seon Siwon drehte sich schon wieder um und verschwand im Inneren der Wohnung. Sein Bild prangte mir noch direkt vor Augen, als hätte man es dort hin genagelt.

Rabenschwarzes, verwuscheltes Haar. Etwas lockig. Brille schief, vermutlich beim Aufwachen unordentlich aufgesetzt. Müde Augen auf halbmast. Und ein Schlafanzug mit Symphysodon-aequifasciatus-Fischen darauf.

Symphysodon-aequifasciatus-Fische!
»Drück mich nicht einfach weg!«, maulte ich und folgte ihm in die Wohnung, zog meine Stiefel aus, ließ sie einfach liegen, räumte nicht auf. Meine Jacke folgte auf den Boden.

»Ach so, du wolltest ein Gespräch führen?«, fragte Siwon spitz.

In welchem Film waren wir denn jetzt gelandet? Ich fuhr mir durch meine Haare. Sie hingen herab wie trauriges, nasses Gras. Großartig.

»Eine Antwort wäre nett gewesen.«

»Nächstes Mal«, sagte er und drehte sich dann zu mir um. Er schüttelte den Kopf. »Nein, es wird kein nächstes Mal geben. Du merkst dir diesen Code. Einfache Sache.«

Wer war dieser Mann? Ein Doppelgänger? Ich zog meine linke Augenbraue hoch, es provozierte die Menschen immer.

»Was ist in dich gefahr- ...«

»Du hast meinen Schlaf gestört!«

Ich hob verteidigend die Hände und wandte mich von ihm ab. Die Wohnung roch nach Ramen. Ich bekam Hunger, obwohl ich bei Puma schon zwei Becher Nudeln in mich hineingestopft hatte. Siwon stand an den Esstisch gelehnt und musterte mich.

Ich fühlte mich unwohl. Siwon starrte noch immer. Es hinterließ ein Kribbeln in mir, sein Blick war so intensiv, dass er mich beinahe tief traf.

Schnell ging ich in die Küche und machte mich an der Kaffeemaschine zu schaffen. Ignorierte ihn. Versuchte es zumindest. So hatte ich mich noch nie gefühlt. So nervös, so geladen in der Nähe eines Mannes. Und ich kannte ihn nicht einmal wirklich.

»Was hältst du von Pflanzen?« Siwon verschränkte die Arme vor seinen Fischen und ich wollte plötzlich in das Alive-Aquarium in Daegu.

»Pflanzen?« Was für Pflanzen? Was hatte er gefragt?

Siwon nickte. »Was hältst du von ihnen?«

Ich hörte auf das warme Sprudeln der Kaffeemaschine und entschied mich für die kalte Antwort: »Ich mag Pflanzen.« Dabei lächelte ich schief. »Die reden nicht.«

Siwon zog die Brauen hoch und sagte scheinbar desinteressiert: »Okay. Gute Nacht.«

Und dann ging er einfach.

Seltsamstes Gespräch meines Lebens. Obwohl, das Kennenlernen mit Taemin war komischer gewesen. Im Aufzug dieses Wohnhauses waren wir nach oben gefahren, draußen waren es dreißig Grad gewesen, wir hatten geschwitzt, die Atmosphäre war unangenehm gewesen.

»Bist du neu?«, hatte ich gefragt. Er hatte neu ausgesehen.

»Ja, ich bin vorgestern eingezogen. Im zwölften Stock.«

»Wohne da auch. Nachbarn also.«

»Cool.«

»Mhm.«

Der Aufzug war damals noch langsamer gewesen als momentan.

»Kann man es planen, spontan zu sein?« Diese Frage war so seltsam gewesen, aber Taemin war einfach so.

Ich hatte nicht geantwortet und Taemin hatte seine Frage eindeutig bereut. Doch dann war ich zwei Tage später zu seiner Wohnung gegangen, hatte geklingelt und gefragt: »Wenn jeder Mensch einzigartig ist, was ist daran noch einzigartig?«

Also: Siwons Pflanzenfrage war nicht die seltsamste. Aber seltsam genug, um mich kopfschüttelnd in mein Zimmer gehen zu lassen. Als ich hineingehen wollte, stolperte ich und es knisterte unter mir. Etwas zerbrach und zerbröselte. Ich fixierte die zwei Karamell-Ahorn-Mais-Cracker-Packungen zu meinen Füßen. Sah mich um. Fühlte mich wieder beobachtet. Ich ergriff sie und stürzte in mein Zimmer, bevor sie mir jemand nehmen konnte. Auf der einen Packung, in der wohl alle Ringe von meinem Fuß zertreten worden waren, klebte ein Zettel.

Hier deine WICHTIGEN Karamell-Ahorn-Mais-Kekse.

Mexikanische Chips mit scharfer Salsa sind allerdings 1000x besser.

Nur so.

Siwon

Ich verdrehte die Augen und warf die Packungen auf mein Bett. Mehr Ringe brachen im Inneren. Dann sah ich mich um. Zwei Leinwände standen noch unbemalt herum. Und wäre ich jetzt ein Charakter aus einer Romanze, hätte ich mich hingesetzt und eine goldene Brille unter schwarzen Haaren gemalt. Ganz unbewusst natürlich. Aber ich war kein solcher Charakter und ich malte keine Menschen, also verdrängte ich diese Gedanken einfach. Ich sah zu meiner Kleiderstange. Unentschlossen, was ich tun sollte. Rastlos. Ich war so unendlich rastlos und erstickte fast vor lauter Kunst in diesem Zimmer. Also entschied ich, Badezimmerminuten einzulegen. Ich kehrte in den Flur zurück und blieb wie angewurzelt stehen. Die Wände waren wirklich dünn. Ich lauschte, obwohl ich wusste, dass man so etwas nicht tat. Aber so war ich halt.

»Nein, Ahri. Das hat überhaupt nichts gebracht!«
Stille.
»Ich kann einfach nicht arrogant sein!«
Pause.
»Mit den eigenen Waffen schlagen ist ein nerviger Spruch. Ich kann nicht so überheblich sein wie er.«
Stille.
»Wir werden schon klarkommen. Sonst schmuggle ich halt bei einer Nacht und Nebel Aktion die Pflanzen herein.«
Pause.
»Jaja, ich liebe dich dafür. Wann kommt ihr morgen an?«
Ich zog die Augenbrauen nach oben. Beide. Ganz weit. Hatte er versucht, arrogant zu sein, weil ich es zu ihm war? Und Ahri hatte ihm dazu geraten?

Er hatte mich damit verwirrt, so schlecht war er also gar nicht gewesen. Vielleicht war es sogar leichter, wenn er so war. Denn wenn er freundlich war, mich schief angrinste, dann fühlte ich zu viel. Das hatte ich seit Wochen versucht, zu vermeiden, Gefühle machten uns so verletzlich. Ich wusste, wie sich ein verletztes Herz anfühlte, ich wollte es nicht noch einmal erleben. Also musste ich Siwon und seinen intensiven Blick vergessen. Am besten jetzt.

Auf dem Weg ins Badezimmer roch ich Kaffee.
Mein Kaffee!
Ich lief mehr, als dass ich ging in die Küche und meine Gedanken klarten schon bei dem Gedanken an dieses Gebräu auf. Kaffee war göttliche Existenz auf Erden und ich würde für immer das Wort Kaffee denken. Kaffee so oft es ging.
Schwarzer Kaffee. Kaffee in der Nacht. Kaffee.
Nur, um nicht *Siwon, Siwon, Siwon* zu denken.

Siwan

Am späten Vormittag beendete ich mein Frühstück. Reis und eingelegte, schwarze Bohnen, die ich im Kühlschrank gefunden hatte. Für Chiron hatte ich eine Portion übriggelassen. Er schlief noch, oder war frühmorgens aus der Wohnung gegangen, so genau wusste ich es nicht. Ich fühlte mich deshalb ein wenig unsicher, als würde ich jeden Moment etwas Falsches tun.

Mein Tagesplan für heute:
Auf Mais Nachricht warten, die wahrscheinlich erst in den nächsten Tagen eintraf.
Ignorieren, dass ich mich mit einem neuen Studiengang auseinandersetzen sollte.
Mama anrufen.
Mit Ahri den Shinsegae Department Store unsicher machen.

Das wusste meine Schwester noch nicht, aber sie würde sich über einen Stadtausflug freuen, außerdem musste sie mir alles von ihrem Meertrip erzählen. Ich räumte ab, füllte die Spülmaschine und wischte sorgfältig über die dunkle Holztischplatte, obwohl ich aufräumen hasste. Aber es war erst mein zweiter Tag hier, ich konnte nicht gleich Unordnung hinterlassen. Mein Blick schweifte zu seinen Schuhen und seiner Jacke, die er gestern unachtsam auf dem Boden liegengelassen hatte. Vielleicht kamen wir beim Thema Aufräumen gut miteinander klar.

Gestern war es seltsam gewesen. Ich war seltsam gewesen. Kalt und abweisend zu sein wie er, hatte sich so falsch angefühlt, gar nicht nach mir.

Es klopfte und ich konnte nicht weiter über gestern nachdenken, denn ich fixierte die Tür und fragte mich, ob Chiron Besuch bekam. Die Außenkamera funktionierte nicht mehr, also gab ich den Code für das Schloss ein und zog die Eingangstür auf.

Eine quietschende Ahri sprang in meine Arme, überrannte

mich fast, taumelnd hielt ich sie fest, ihre braunen Haare versperrten mir die Sicht. Ihre Umarmung trieb mir beinahe Tränen in die Augen.

Als sie sich löste, fragte ich: »Ihr seid schon zurück?«

Ihr eifriges Nicken brachte mich zum Lachen.

»Wie ist es?«, fragte sie sofort. Ahri lugte um mich herum in das Innere der Wohnung. Ich ging zwei Schritte zur Seite. »Es geht gut. Alles bestens. Hab gerade erst gefrühstückt.«

»Das wundert mich nicht. Langschläfer.«

»Hey, ich war um sieben wach!« Das war gelogen. Ich war um sieben aufgewacht, hatte meinen guten Willen beiseitegeschoben und bis zehn weitergeschlafen.

Sie folgte mir ein, zwei Schritte in die Wohnung.

»Oh. Ziemlich leer«, stellte sie fest, als sie den Wohnbereich in Augenschein nahm. Ich nickte. »Sagte ich doch.«

»Hast du mit ihm schon über mögliche Dekorationen gesprochen?«

Ich zog eine Augenbraue hoch.

»Okay, hab verstanden. Aber das wird noch, *Nightmare*!«

Ich versuchte, auf ihren Optimismus zu hören, hielt mich daran fest, dachte immer wieder: Alles wird gut. *Alles wird gut!*

Irgendwann glaubte man sich selbst, man trichterte dem Kopf Worte ein und stellte sein Herz auf stumm. Weil, *alles wird gut.*

Ich betrachtete meine Drillingsschwester genauer, sie sah erholt aus, als hätte sie drei Wochen Urlaub gehabt und nicht nur drei Tage. Ihre dunklen Haare wellten sich von der Meeresluft, ihre Augen glitzerten ein kleines bisschen, sie lächelte ehrlich. Ahri trug eine schwarze Jeans und einen übergroßen, blauen Pullover. Es sah süß aus. Ich wünschte mir jeden Tag so sehr, dass es ihr gut ging. Dass sie einen guten Tag, gute Momente hatte. Die schlechten gab es in unserem Leben seit einiger Zeit viel zu oft.

Bei mir sogar schon länger als bei ihr.

»Wie war es bei euch?«, fragte ich sie.

»Es war wirklich schön. Ich wünschte, du hättest die hohen Wellen sehen können. Aber ich habe Fotos gemacht.«

»Das kann ich mir vorstellen! Tausend über Tausend?«
»Ach, hör auf!«

Wir lachten ein wenig. Seit es nur noch uns beide gab, war unser Verhältnis enger. Wir schrieben beinahe jeden Tag, telefonierten, erzählten uns vom Leben. Es war, als hätte ich den Platz von Sunnie eingenommen und irgendwie brauchte ich diese Rolle auch. Vielleicht hatte ich sie immer gebraucht, nur ich hatte sie nicht bekommen. Weil nicht zwei Menschen eine Rolle gleichzeitig spielen konnten.

»Was habt ihr heute vor?«, fragte meine Drillingsschwester und setzte sich an den Küchentisch. Ich räusperte mich.

»Wir?«

»Ja ... also du.« Kurzes Schweigen. Dann: »Ist er da?«

Ich zuckte die Schultern. »Weiß nicht genau, habe ihn noch nicht gesehen. Kann sein, dass er früh das Haus verlassen hat.«

Ahri schüttelte sofort den Kopf.

»Nein, denke ich nicht. Er ist ein Langschläfer, wie du. Lass uns doch etwas zusammen unternehmen! Bevor morgen wieder die Uni losgeht.«

»Ich will in ein Möbelhaus.«

»Taemin wollte sowieso in die Stadt.« Sie grinste geheimnisvoll. »Etwas besorgen!« Sie ließ ihre Finger in der Luft tanzen, als wäre das besonders.

»Aha?«

»Ich glaube, er braucht noch ein Geburtstagsgeschenk.«

Oh. Warte. Am Mittwoch hatten wir Geburtstag, das war in drei Tagen. Und ich hatte auch noch nichts für Ahri.

Eilig lächelte ich es beiseite.

»Gut, also dann müssen wir heute wohl ganz dringend in die Stadt«, sagte ich und sie knuffte mich.

»Tu nicht so scheinheilig! Du hast auch noch kein Geschenk!«

Ich tat verwundert. Sie lachte und stand auf, drückte kurz meine Schulter. »Also dann. Um zwölf geht's los. Frag doch Chiron, ob er auch mitkommen will.« Ich lächelte ihr ironisch entgegen. Das würde lustig werden. Aber warum nicht? Vielleicht war es in der Gruppe einfacher, einander kennenzulernen und miteinander zu reden.

»Gut, bis gleich.«

Sie winkte. »Ich habe übrigens auch noch kein Geschenk!«, rief sie und verließ die Wohnung.

Sollte ich bei ihm klopfen? Was, wenn er tatsächlich noch schlief? Gerade als ich meine innere Debatte führte, nahm mir Chiron die Entscheidung ab und trat ins Wohnzimmer.

Ich schluckte. Er trug ein Tanktop und dazu schwarze Shorts. Zerwühltes, silbernes Haar. Er blieb stehen, als er mich am Küchentisch sitzen sah.

Kein Hallo. Guten Morgen. Oder Hey.

»Wer war das?«

»Ahri.«

»Sie sind schon zurück?«

»Ja.«

Sein Blick flog zur Wohnungstür, als wäre er kurz davor, zu Ahri und Taemin hinüberzustürmen. Dann schüttelte er den Kopf.

»Aha.«

Ich beschloss es kurz und spontan werden zu lassen. Einfach hinter mich zu bringen. »Wir gehen in die Stadt. Kommst du mit?«

Er starrte mich an. Seine hellen Augen glitzerten im Tageslicht. Das Frühstück wirbelte in meinem Magen und mein Herz schlug mir bis zum Hals.

»Taemin, Ahri und du?«

»Ja.«

Er zuckte die Schultern. »Wann?«

»Um zwölf.«

Er nickte und ich war verwirrt. Er würde einfach so mitkommen? Taemin war dabei, sein bester Freund. Vielleicht deshalb.

»Okay. Ich bin im Bad«, murmelte ich.

»Schön für dich«, murmelte er zurück. Ich stand auf und trat vom Esstisch weg. »Wie schlimm verliebt sind sie?« Er überraschte mich wieder und wieder. Mit seltsamen Fragen, arroganten Aussagen, neutralen Worten. Ich grinste schief und richtete meine Brille auf meinem Nasenrücken gerade.

»Ahri trägt einen übergroßen, blauen Pullover und strahlt.«

»Na, das wird lustig.«

Er drehte sich zur Kaffeemaschine um, ich fragte mich, ob er jemals etwas anderes trank. Dann machte ich mich in Richtung Badezimmer auf, bevor mein Herz noch einen ganzen Überschlag machen konnte. Denn so fühlte es sich an, wenn wir miteinander sprachen, und das war sowas von neu für mich.

»Bald bin ich ein Eis am Stiel«, sagte meine Schwester und Taemin zog sie noch näher zu sich heran. Das Wetter war kalt, so kalt. November eben. Wir waren schon in unzähligen Geschäften gewesen, Taemin hatte noch nicht gefunden, was er suchte und ich ebenfalls nicht. Ich hatte nicht mal etwas Bestimmtes im Sinn. Ahri sah ziemlich glücklich aus, mit ihrer Tüte in der Hand, in der mein Geburtstagsgeschenk wartete. Sie hatte es gleich im ersten Geschäft gekauft.

»Essen wir etwas?«, fragte sie gerade und blieb vor einem Restaurant stehen.

»Die beste Idee des heutigen Tages«, antwortete Chiron und steuerte auf die Türen des Restaurants zu. Er war den ganzen Trip ziemlich still gewesen, scherzte nur ab und zu mit meiner Schwester. Die beiden schienen sich gut zu verstehen. Im letzten Store hatte er sich zwei Lollis gekauft und einer davon steckte seit einer Weile in seinem Mund. Gelangweilt drehte er ihn hin und her. Ahri folgte ihm zum Eingang, konnte vermutlich nicht schnell genug ins Warme kommen.

»Ich komme gleich nach, ich gehe noch schnell in den Laden dort drüben«, sagte ich und zeigte auf das entsprechende Gebäude. Es sah aus, als könne es tatsächlich etwas für meine Schwester bereithalten – was ich aus dem überaus bunt gestalteten

Eingang schloss.

Ahri nickte. Chiron war schon drinnen.

»Ich geh da auch noch mit«, sagte Taemin und die Gruppe teilte sich. Taemin und ich joggten zu dem Geschäft und traten in den beheizten Eingang. Meinen beigefarbenen Mantel hatte man mir als doppelt kälteschützend verkauft, ich sollte solchen Werbeanzeigen nicht mehr glauben.

»Nach was suchst du denn?«, fragte ich und Taemin sah sich im Inneren um.

»Nach etwas Kleinem.« Er drehte sich wieder zu mir und zuckte die Schultern. »Etwas, das sie in die Hand nehmen kann, wenn sie Mut braucht. Ein kleiner Mutmacher sozusagen.«

Ahri und Taemin waren so, wie man sich Liebe vorstellte. Wie ich es mir vorstellte. Sie teilten einen Blick, wenn sie sich ansahen, waren superkitschig, aber meistens genau richtig. Wenn man die beiden zusammen sah, dann wünschte man sich auch jemanden zum Blicke verfangen.

Taemin nahm gerade einen Kaffeebecher aus dem Regal. Er war blasslila mit einem weißen Deckel und etwas stand in geschwungener Schrift darauf. Ich konnte es nicht lesen, also trat ich näher.

Ich geh' leben. Kommst du mit?

»Das ist gut, Taemin. Wirklich gut.«

»Meinst du?«

»Ja. Und sag ihr, sie soll sich jeden Morgen Mut in diesen Becher füllen. Und dann kann sie Mut trinken und ihre Herausforderungen meistern.« Ein Lächeln erschien auf seinen Lippen. Ich ging an dem Regal weiter.

»Und du?«, fragte er. Ich zuckte die Schultern. Am Ende der Regalfläche blieb ich stehen und drehte mich zu Taemin um.

»Gibt's hier Bilderrahmen?«

»Denk schon.«

Wir suchten alle zwei Stockwerke ab und fanden schließlich die Regale in denen große, kleine, dicke, dünne, breite und schmale Rahmen standen.

»Ein Bild?«, fragte er mich.

Ich schüttelte den Kopf. »Ein bisschen anders. Bilder kommen aber vor.« Ich grinste schief und richtete meine Brille, bevor ich mich lang streckte und einen verpackten Rahmen von weiter oben nahm. Er schien mir ziemlich groß, aber für mein Vorhaben perfekt.

»Erzähl schon.« Taemin beäugte den Bilderrahmen in meinem Arm und zog die Brauen zusammen.

»Nope. Überraschung.«

»Hey, vertraust du mir nicht?«

»Man weiß nie, was du Ahri alles so erzählst!«, erwiderte ich.

»Also nur den Bilderrahmen?«

»Nein. Ich brauche noch Klammern, eine Lichterkette, eine braune Schnur, Aufkleber, schöne Stifte, und Tape.«

Taemin hob seine Brauen. »Hast du einen Job im Kindergarten angenommen?«

»Ja, wusstest du das noch nicht?«

Grinsend machten wir uns auf den Weg, um mein restliches Zeug zu besorgen. Wir lachten über gruselige Puppen, wollten Chiron eine davon mitnehmen, sprachen über die neuesten DVDs, die sowieso niemand sah, weil alle auf *Netflix* & Co umstiegen. Zwei Frauen sprachen uns in der Babyabteilung an, ob wir schon Väter wären und wir antworteten: »Ja, ganz frisch.« Ihre Blicke waren unbezahlbar. Der Nachmittag war wie durchatmen für mich, ich sog die Wärme ein und atmete die Vergangenheit, die Trauer und das Schwere aus.

Alles wird gut.

Kapitel 4

Falsches Bild

Chiron

Mit vollen Bäuchen verließen wir das Restaurant und ich bereute, auch noch den Rest Bibimbap von Ahri gegessen zu haben. Jetzt wollte ich nur noch liegen und nicht weiterlaufen.

Draußen in der Kälte, sah sich Ahri um. Wie schüchtern ich sie kennengelernt hatte. Ziemlich still und leise. Aber jetzt, da ich sie besser kannte war sie lauter, offener und vielleicht ein bisschen lebendiger. Ich mochte sie.

»Als Nächstes das Möbelhaus?«, fragte sie jetzt und sah in die Runde. Siwon lehnte sich gegen eine Straßenlaterne, schüttelte dabei den Kopf. »Ich kann nicht mehr. Ich brauche eine Pause.«

»*Nightmare*, wir haben gerade eine Stunde gegessen.«

Sie nannte ihn immer *Nightmare*. Und Ahri war *Daydream*. Keine Ahnung, was das bedeutete.

»Ich bin jetzt aber komplett überfordert«, beteuerte er. Ich war seiner Meinung. Sagte ich aber nicht.

»Ich geh mit dir«, bot Taemin an und zeigte in Richtung der großen Shoppingmall. Sie sah zu ihm auf.

»Wirklich?«

Er nickte und sie sah so glücklich aus.

»*Nightmare*? Willst du ehrlich nicht?« Siwon hatte die Augen geschlossen und stand noch immer an den Stempen gelehnt.

»Das holen wir nach. Aber jetzt kann ich nirgendwo mehr hin.«

Die Blicke der beiden richteten sich nun auf mich. Ich zog meine linke Braue hoch.

»Und du?«, fragte mich Taemin. Wir verhielten uns komisch. Wir redeten kaum. Ich machte keine blöden Witze über ihn. Und so kannte ich uns nicht.

»Möbelhaus und ich? Das lassen wir lieber sein.«

»Okay«, sagten sie aus einem Munde. Hölle waren die süß.

»Also dann, wir treffen uns später zu Hause.« Sie winkten und gingen die Straße entlang.

Wir standen noch da und starrten uns an. Dass wir zu zweit übriggeblieben waren, wurde mir erst jetzt richtig bewusst.

Wie wunderbar.

»Scheiße, Mann«, sagte Siwon und blinzelte. Waren seine Brillengläser überhaupt echt. Oder nur ein Accessoire? Interessierte mich nicht. Tat es eigentlich doch. Fuck.

»Was?«

Er zuckte die Schultern und stieß sich von seiner Lehne ab, ging die Straße entlang, während ich weiter stehen blieb. Er drehte sich um.

»Gehen wir?«

»Wohin denn?« Er sah erschöpft aus, als wäre all seine Energie verbraucht. Man müsste bald ein Schild für ihn aushängen: *Batterie für Menschen gesucht! Bitte melden!*

»Nach Hause? Oder willst du noch bleiben?«

Ich wollte noch bleiben, damit wir nicht zusammen gehen mussten. Aber was sollte ich hier? Im November. Mit zu vollem Magen und schweren Gliedern. Ich atmete laut aus, marschierte los und ging einfach an ihm vorbei in Richtung Bushaltestelle. Ich hörte ihn hinter mir, als ich an der Haltestelle ankam und versuchte, ihn zu ignorieren. Ich wusste einfach verdammt noch mal nicht, was wir miteinander reden sollten.

Ach, scheiß drauf.

»Du hast am Mittwoch Geburtstag?« Das wusste ich eigentlich schon, wusste auch, dass er einundzwanzig wurde, weil Ahri seine Drillingsschwester war und sie es mir gesagt hatte.

»Ja. Genau.«

»Irgendwas geplant?«

»Nope.«

Dieses Wort würde mich für immer an ihn erinnern. Nope für Siwon. Ich sah ihn von der Seite an. Mochte seinen beigefarbenen Mantel. Mochte eigentlich alles, nur gestand ich mir das nicht ein.

Er sagte nichts weiter. Ich zuckte an seiner Stelle mit den Schultern. Dann halt nicht, immerhin hatte ich es versucht.

Im Bus setzte ich mich gezwungenermaßen neben ihn und wir starrten nur geradeaus. Ein Kind drei Reihen weiter vorne drehte sich zu uns um und hielt sich mit kleinen Patschhänden an der Rückenlehne des Sitzes fest. Sie strahlte mich an. Ihre dünnen Zöpfe schwangen dabei umher.

Ich lächelte zurück. Ehrlich.

Kleine, lächelnde Kinder waren etwas Wundervolles auf unserer Welt. Sie steckten einen mit Fröhlichkeit an. Sie waren frei und leicht und ihre kleinen Herzen schlugen doppelt so schnell in ihrer Brust, weil das Leben noch aufregend und neu war.

»Wann hast du Geburtstag und wie alt bist du?«

Mein Lächeln gefror und ich wandte den Blick von dem Kindergesicht und dem Glücksmädchen ab. Ich hatte keine Lust mehr auf Smalltalk. Trotzdem gab ich ihm seine Antwort, hoffte, er würde dann aufhören zu fragen. »Achter Oktober, dreiundzwanzig.« Ich sah ihn schräg an. »Du musst nicht höflich sein, weil ich älter bin. Oder sowas. Diese ganzen formellen Dinge sind mir nicht wichtig.«

Siwon spielte an der Hülle seines Handys herum, das in seiner rechten Hand lag. Ich sah es nur aus dem Augenwinkel, aber es machte mich nervös, wenn andere Menschen unruhig waren. Dieses Verhalten war ansteckend, genau wie Kinderlachen. Als ich dachte, er würde wirklich nichts weiter fragen, sagte er doch noch etwas: »Wird es immer so sein?«

»Was?«

»Dass wir solche gezwungenen Gespräche führen?«

Wir hatten beide schon verloren im Thema *Gespräche führen*. Aber dass er es so offen aussprach, überraschte mich. Und es machte ihn interessant. Ich wollte wissen, was er noch dachte.

»Keine Ahnung. Sag du es mir.« Meine Antwort war unfair. Ich wusste das.

»Was glaubst du, bin ich für ein Typ, Chiron?« Wieso hasste ich seine Fragen, während ich sie mochte? Das passte nicht zusammen, funktionierte nicht. Machte keinen Sinn.

Das Leben macht generell wenig Sinn. Hast du das vergessen?

Ich antwortete ihm nicht, der Bus blieb stehen, wir stiegen am Park aus und ich ging schnellen Schrittes in Richtung unserer Straße. Er folgte mir problemlos.

»Du willst darauf wirklich eine Antwort?«

Er nickte.

»Beliebt, intelligent, ehrlich.«

»So denkst du über mich?«

»Ja, sagte ich doch.«

Er sah mich von der Seite an, sein schwarzes Haar wehte im Wind, leicht, frei. Wir bogen in unsere Wohnhausstraße ein und drängten uns auf eine Seite, als ein weißer Van vorbeifuhr. Ich streifte seine Schulter.

Und er sagte leise: »Dein Bild von mir ist ziemlich falsch.« Dieser Satz setzte sich in meinem Kopf fest, wie eine Zecke, saugte all meine Gedanken aus.

»Und wie bist du dann?«

»Ich denke nicht, dass es dich wirklich interessiert.«

»Dann haben wir wohl beide ein falsches Bild.«

Wir schwiegen wieder.

Er gab den Code in das Tastenfeld ein und ich betrat hinter ihm das Wohngebäude. Siwon ging auf den Aufzug zu und ich beschloss, beschissene zwölf Stockwerke zu laufen. Weil ich mich nicht mit ihm in eine winzige Aufzugskabine quetschen würde. Was, wenn ich wieder dieses kribbelnde Gefühl in der Brust bekommen würde? Er schien es auszulösen und davor musste ich mich schützen.

»Du läufst doch jetzt nicht«, sagte er prompt und betrat die Kabine. Ich drehte mich um. Er hielt einen Arm in die offenen Türen, damit sie sich nicht schlossen.

Ich legte den Kopf in den Nacken. »Verdammt.«

Siwon zog die Augenbrauen zusammen und ich wandte mich ihm ganz zu, stellte mich mit in den Aufzug und lehnte mich an die Wand.

Ich verabscheute langsame Aufzüge.

Und attraktive Männer.

Stille Momente auch. Unangenehm stille zumindest.

Ich atmete aus, wir sahen uns nicht an.

Stockwerk 5.
Stockwerk 6.
Stock...

Der Aufzug blieb stehen und die Türen öffneten sich. Wir starrten einen Mann in glänzendem Anzug an, er war kurz davor einzusteigen. Ich schüttelte den Kopf und bedeutete ihm stumm, dass wir weiter nach oben mussten und nicht runterfuhren. Er würde warten müssen. Oder sieben Stockwerke laufen. Aber in diesen Kasten kam er nicht auch noch hinein, ich würde Platzangst vortäuschen, mir egal, ob das kindisch war.

Ich lächelte ihm auffällig falsch entgegen und drückte so oft auf den *Türen schließen*-Knopf, bis sie endlich das taten, was sie sollten. Gemächlich setzte der Aufzug seinen Weg nach oben fort.

Diesmal war es Siwon, der laut ausatmete.

»Nicht mal das *ehrlich* hat gestimmt«, sagte er leise und lehnte sich mir gegenüber an die metallene Silberwand.

»Was denkst du von mir?«, platzte ich heraus. Selbstkontrolle hatte ich mal besser gekonnt, aber die war wohl im siebten Stock bei dem Anzugmann geblieben. Verflucht.

Siwon steckte seine schlanken Finger in die Taschen seines

Mantels. Schade. Seine Hände waren schön.

»Du bist einsam. Traurig. Mutig. Das denke ich.«

Ich sah ihm direkt in die Augen. Braune Schattierungen, wie wenn man Rot, Gelb und Blau vermischte. Ich schluckte hart. Seine Antwort traf mich irgendwo zwischen meinem Herzen und meinem Kopf und da tat es jetzt weh. Ins Schwarze. Seine Worte hatten in meine Lieblingsfarbe getroffen. Schnell schloss ich meine brennenden Augen. Und ich sagte gar nichts mehr. Bis wir oben waren.

Als Erster verließ ich den Fahrstuhl, trat mit dem Fuß gegen den Kinderwagen, der dort immer in unserem Flur im Weg stand und steuerte auf die Wohnungstür zu. Mit bebenden Händen gab ich den Code ein. Gab ihn falsch ein. Nochmal. Wieder Rot. Ich atmete nicht, als sich Siwon dicht hinter mich stellte und das Passwort richtig eingab. Zwischen seinem Körper und der Wand gefangen, erinnerte sich mein Innerstes daran, dass man wegen Menschen zu fühlen begann. Nervös wurde. Und empfindlich. Man wurde wirklich durchschimmernd.

Diesmal leuchtete die Anzeigetafel Grün.

Eilig betrat ich die Wohnung, zog nichts aus, wollte einfach allein sein. Schluckte wieder, raufte mir die Haare.

»Tut mir leid. Das war nicht fair«, hörte ich seine Stimme, als ich gerade gehen wollte. Es klang so tief, ob er sang? Würde sich bestimmt schön anhören. Eine Melodie aus dunkler Tonfarbe oder so. Ich blickte noch einmal über die Schulter. Er sah betroffen und niedergeschlagen aus. Und verdammt, verdammt wahrhaftig.

»Tut mir leid, Chiron. Ich wollte nicht ...«

»Du solltest dich nicht für die Wahrheit entschuldigen.«

Ich ging.

Mein Zimmer schrie mir Farbe entgegen. Ich brüllte zurück.

Braun traf eine weiße Leinwand. Bronzebraun. Gemischt mit Weiß. Mattbraun. Striche und Kreise, dazwischen Augen. Angst schwamm zwischen Pinsel und Anstrich, Furcht in den Iriden, Verzweiflung hing an den schwarzen Wimpern.

Mein Pinsel flog in tiefbraunen Schwüngen. Und dabei dachte ich an mein verschlossenes Herz, das aufbrach, wenn Siwon mir ehrliche Fragen stellte.

Mit Hell über das Dunkel, schrieb ich zittrig: *Falsches Bild.*

Kapitel 5

@realityodersowas

Siwan

Zwei Tage später und ich hatte noch immer ein schlechtes Gewissen. Zeit zurückdrehen wäre schön, aber unmöglich. Manchmal war ich kurz davor, bei ihm zu klopfen und mich noch einmal für das Gesagte zu entschuldigen.

Einsam. Traurig. Mutig.

Wie unbedacht war ich eigentlich? Es hatte ihn getroffen und er hatte es nicht geschafft, dieses Detail rechtzeitig vor mir zu verstecken. Wenn ich morgens aufwachte, war er nicht da. Ich glaubte, er ging früh raus oder schlief tagsüber. Abends war er arbeiten. Wir trafen kaum aufeinander.

Ich akzeptierte es. Wir mussten nicht reden. Ich hatte eine Grenze überschritten, er war wütend. Gedanken über ihn waren nutzlos, es würde sich dadurch nichts ändern. Und doch dachte ich ständig über ihn nach. An Silbergrau. Ich hatte diese Farbe nie gemocht, jetzt dachte ich darüber nach, wie seltsam spannend ich alles daran fand, sobald ich in seine Augen sah.

Es ging mir nicht gut, wenn ich über Chiron nachdachte. Weil es mich daran erinnerte, was ich vor meiner Schwester verbarg.

Was ich ihr schon lange hätte sagen sollen. Auch Mama oder meiner Ex-Freundin, sie hätte es am allermeisten verdient. Aber ich trug es wie ein hässliches Geheimnis mit mir herum, zu feige es aus meinem Dunkeln in das Licht der Welt zu lassen. *Irgendwann*, sagte ich mir dann jedes Mal. Irgendwann würde ich es ihnen sagen.

Ich stand von meinem Schreibtischstuhl auf, sah mich in meinem Zimmer um. Es war ziemlich leer. Noch war ich in keinem Möbelhaus gewesen. Keine Ahnung, was ich die letzten zwei Tage gemacht hatte. Sie waren verflogen wie ein Traum. Ich hatte eine neue Playlist erstellt, endlich für den November.

Erster Song der Playlist: *Grind* von *Suggi*. Seit mein Mitbewohner diesen Künstler im Wohnzimmer laut durch die Boxen hatte singen lassen, wollte ich mehr von ihm hören. Er war gut. Die Texte fühlte ich viel zu sehr und genau diese Art von Musik wollte ich für immer und ewig hören.

Mit Ohrstöpseln in den Ohren lag ich eine lange Zeit einfach auf dem Boden meines Zimmers, scrollte durch weitere Songs und fügte den nächsten zu *November* hinzu. Irgendwann landete ich auf Pinterest, der einzigen App, die mein Geheimnis lüften könnte. Bilder von Wolkenhimmeln, Mode. Designerhosen. Weiten Sweaters, ausgefallenen Boots. Ein Foto von einer Moosstab-Pflanze und daneben zwei Männer, die sich küssten. Darunter eine Zeichnung mit einer Sonnenblume, die sich dem Himmel zuwendete.

Ich lud es zitternd herunter.

Wechselte von *Pinterest* auf *Instagram*, verschloss mein Herz, als ich auf *ihren* Account starrte. Ein Blog, der jetzt meiner war. Mein letzter Post zeigte Hosen mit schnörkeligen Mustern. Die Menschen kommentierten, wie schön dieser Schnitt sei. Ich verschloss mein Herz noch fester, nichts durfte ihm entrinnen. Mit bebenden Fingern gab ich einen Text ein, postete das Bild mit der Sonnenblume.

@piecesofthesun: Manchmal frage ich mich, ob Sonnenblumen heruntergefallene Stücke der Sonne sind. Was sagt ihr?

Ich ließ meinen Handybildschirm schwarz werden und fixierte die Zimmerdecke. Heller Gips. Da war nur Weiß, eine einzige Sache, die nicht abwich und auf die ich mich konzentrieren konnte. So wie ich es immer tat, nachdem ich etwas gepostet hatte. Ich sollte mit dem Blog aufhören, aber ich konnte nicht. Wie eine Sucht, die mich niemals wieder losließ, wie ein Ertrinkender, der niemals starb.

@realityodersowas: Sie sind heruntergefallen und dabei nicht zerbrochen. Daran sollten wir festhalten, Sun-Nyu.

Fast hätte ich angefangen, die Mauer herunterzufahren. Beinahe hätte ich mir erlaubt, länger als wenige Minuten über meine Schwester nachzudenken. Und ich konnte nicht sagen, was dann passiert wäre. Vielleicht wäre ich dann wirklich ertrunken, in Tränen und Schmerz und so viel Wut. Zorn auf mich, auf die Welt. Und mein Glücksmensch rettete mich mit einem Anruf vor alldem, nur wusste ich da noch nicht, dass ich sie einmal so nennen würde.

»Ja, hallo?«

»Hi Siwon! Ich bin's, Mai.«

»Oh, hey«, sagte ich überrascht und hielt mir mein Telefon fest an mein Ohr, atmete flach. Auf dem Boden. Wie ein Käfer, der ohne Hilfe nicht aufstehen konnte.

Noch dazu war ich nervös.

»Ich habe eine gute und eine schlechte Nachricht«, fing Mai an und ich spannte jeden Muskel meines Körpers an. *Vielleicht.* Vielleicht gab es jetzt ein weiter-im-Leben.

»Bitte die schlechte zuerst.«

Sie lachte. »Nein, ich bin erst für die gute. Nam braucht dich. Du bist sozusagen eingestellt.«

Ich stieß wie schon vor vier Tagen die Hand in die Luft. Mein Herz hüpfte ein klein wenig, aber für mich war das ein Riesensprung. Mein Herz sprang nicht mehr so oft, seit Sunnie gestorben war.

»Und die schlechte?«, fragte ich.

»Es fängt übermorgen an. Also… Ich weiß, das ist kurzfristig und Nam bräuchte noch heute das letzte Papierzeug und …«

»Ich bin übermorgen da.«

»Ehrlich?«

Keine Ahnung, was ich hier tat. »Ja, ehrlich.«

»O Siwon! Du rettest uns!«

»Dito, Mai!« Ich glaube, sie wusste nicht, was sie mir wirklich schenkte. Ein bisschen Leben zurück.

»Dienstag, Donnerstag, Samstag und Sonntag. Von sechzehn bis einundzwanzig Uhr. Am Vormittag ist meistens nichts los, den Nachmittag übernehmen Nams Frau und ich. Also du bist nur abends. Okay?«

Viermal die Woche. Diese Zahl wurde gerade zu meiner Lieblingszahl. Auch wenn diese in unserem Land als Unglückszahl betrachtet wurde, jetzt gerade war mir das egal. Und ich würde das hinbekommen.

»Mehr als okay, Mai.«

»Aaaah, du bist der Ritter in goldener Rüstung«, sagte sie scherzend. Ich lächelte ein wenig. Ein Mundwinkelzucken.

»Ich schicke dir gleich noch Nams E-Mail-Adresse, damit du ihm das Papierzeug schicken und den Rest regeln kannst. Er wird am Donnerstag auch da sein, um dich einzuführen.«

»Danke.« Es knisterte kurz durch den Hörer, ich hörte Wind und Motorgeräusche. »Gerne. Sehen wir uns dann übermorgen?«

»Ja! Bis dann.«

Ich ließ mein Telefon sinken und starrte schon wieder vor mich hin. Ich wollte mich freuen. So sehr. Hatte ich auch kurz. Aber die Freude ließ genauso schnell nach, wie sie gekommen war.

Es war nur ein Job. Da war noch viel mehr zu meistern.

So unglaublich viel.

»Ja, ich habe den Job«, sagte ich und rührte das Kimchi zu dem klebrigen Reis in die Pfanne. Es brutzelte und zischte und ich versuchte, es schneller unterzurühren, während mein Handy zwischen Ohr und Schulter klemmte. Mama seufzte am anderen Ende erleichtert auf, bestimmt presste sie sich ihre Hand aufs Herz und ihr Kopf war voller Stolz. Man hörte es ihr beinahe an.

»Siwon, das ist so ein großer Schritt! Nach diesem kommen weitere«, munterte sie mich mit heller, klarer Stimme auf. Ich war es gewesen, der sie angerufen hatte, um ihr die Neuigkeiten zu erzählen. Ich glaubte, es war für sie von Bedeutung, dass ich mich eigenständig meldete. Nach dem Unfall war ich abgetaucht und ihre Anrufe waren ein ums andere Mal auf der Mailbox gelandet. Es musste hart gewesen sein. Also bemühte ich mich jetzt darum, sie nicht immer wegzustoßen. Ein Kind zu verlieren war schlimm genug, sie musste nicht auch noch mich vermissen. Oder Ahri.

»Habt ihr Morgen etwas Besonderes vor?«, erkundigte sie sich und ich stellte die Hitze des Herdes herunter, damit mir nicht gleich alles verbrannte.

»Ich fahre zu Ahri und wir feiern den Tag zusammen, vielleicht ist Taemin auch da. Alles ganz spontan, nichts Großes«, antwortete ich und lehnte mich mit der Hüfte an die Küchenzeile. Sah in den Wohnbereich, an die grauen Wände und den Holzboden.

»Das klingt gut. Ich würde euch ja besuchen ...«

»Mama, das ist schon okay. Mach dir nur wegen unseres Geburtstages keinen Stress. Wir kommen dich besuchen, sobald es Ahris Studium möglich macht. Okay?«

Sie seufzte erneut, diesmal weniger erleichtert.

»Das weiß ich. Aber ich weiß auch, wie schwierig der morgige Tag wird. Siwon, für uns alle. Es ist *nicht nur* Ahris und dein Geburtstag. Ich will einfach, dass es euch okay geht.«

Ja, für uns alle war es schwierig. Und wir schafften es doch immer, irgendwie weiterzumachen. Nur ein paar von uns blieben auf dem Weg stehen, kehrten um, gingen niemals weiter. Und das zu wissen, schmerzte jeden Moment.

»Schwierige Tage gehören dazu. Wird morgen also schon

funktionieren.« Sie wollte gerade etwas sagen, als ich Schritte im Flur hörte. »Mama, ich muss jetzt Schluss machen. Wir hören uns, ja?« Ich redete schnell.

»Oh, okay. Schön, dass du angerufen hast. Bis dann, Siwon«, antwortete Mama und ich legte auf, als Chiron um die Ecke bog und sich auf eines der Sofas warf. Als wäre ich nicht da. Er ignorierte mich noch immer. Sah mich nicht einmal für eine Sekunde an. Ich musterte seine silbernen Haare, glänzend im Licht des Tages, wellig, geschwungen. Er trug eine karierte Jacke in Braunschwarz. Und eine schwarze Sporthose. Schwarze Ohrringe, wahrscheinlich auch Socken in der gleichen Farbe.

Ich wollte mich entschuldigen. Noch mal und noch mal, meine gemeine Aussage rückgängig machen, obwohl das nicht ging. Verdammt. Ich drehte mich wieder zum Herd um und schaltete ihn aus, schaufelte mir Essen in eine Schüssel und nahm Stäbchen aus der Schublade. Ich stocherte darin herum, aber mir war der Appetit vergangen. Also ließ ich mein Essen einfach auf der Arbeitsfläche stehen und drehte mich zu meinem Mitbewohner um, eine Entschuldigung auf der Zunge.

»Chiron, können wir kurz red-«

Musik dröhnte plötzlich aus den Lautsprechern, die auf der Kommode an der Wand standen. Ich schnappte mitten im Satz nach Luft. Chiron tippte auf seinem Handy und ich wurde wütend. Ich war eigentlich ein ruhiger Mensch. Nein, stimmte nicht. *Eigentlich* war ich laut und lebensfroh, lustig und lachte, aber Sun hatte diese Eigenschaften mit sich genommen. Also war ich still und ruhig und traurig und einsam geworden. In diesem Moment kam mein lebendiges Ich heraus, weil ich es satthatte. Ihn. Seine Manieren, seine Arroganz. Musik pulsierte mit meiner Wut. Im Takt der Melodie ging ich auf die Boxen zu, kniete mich neben die Kommode und zog alle Stecker heraus.
Stille.

Stille.

Stille.

Lautes Ausatmen.

Ich drehte mich in Richtung Sofa, Chiron saß da, die Augen zu schmalen Schlitzen gekniffen. Er starrte mich entgeistert an.

»Du hast drei Sekunden.«

Ich würde diese Stecker im Leben nicht mehr einstecken, nur damit er mir mit lauter Musik die Entschuldigung abschneiden konnte. Ich hasste das. »Okay. Und diese drei Sekunden nutze ich, um mich zu entschuldigen. Weil es nicht fair war, dich als einsam zu bezeichnen. Oder als traurig. Ich habe keine Ahnung, also tut's mir leid.«

Chiron stand langsam von der Couch auf und kam in meine Richtung. Zehn Zentimeter war er größer als ich und zehn Schritte, vielleicht weniger und er wäre direkt vor mir. Mein Herz wummerte. Musik wäre jetzt doch ganz gut, dann könnte ich das Vibrieren meiner Brust auf den Bass schieben. In Wahrheit schlug es wegen ihm so schnell. Wenn er mir nah kam, tat dieses verdammte Organ seltsam, verwirrende Sprünge. Und ich konnte rein gar nichts dagegen tun.

»Weißt du, warum wir Menschen uns entschuldigen?«, fragte er und blieb vor mir stehen. Zwei Männer mit hängenden Armen und verknoteten Blicken, so waren wir einfach.

»Damit wir uns besser fühlen.«

Er schien überrascht, hatte wohl nicht mit dieser Antwort gerechnet. »Richtig. *Du* fühlst dich jetzt besser. Aber ich? Ich kann verdammt nochmal nichts mit deiner Entschuldigung anfangen.«

Keine Ahnung, warum ich einen Schritt in seine Richtung machte. »Und weißt du, warum wir uns noch entschuldigen?« fragte ich ihn jetzt, sein Adamsapfel hüpfte. »Damit *du* die Chance hast, mir zu verzeihen. Damit wir es Vergangenheit werden lassen können. Wir entschuldigen uns, weil wir Fehler machen und weil das normal ist!«

»Ich hasse diese Gespräche.«

»Welche Gespräche, Chiron?«

»Alle. Aber vor allem die, in denen du mich anstarrst und so tust, als könntest du Gedankenlesen.«

Jetzt waren es zehn Zentimeter, er war wirklich nah und ich

konnte kaum atmen. Es brachte mich durcheinander, mein Herz polterte.

Ich habe vielleicht ein Saltoherz, es überschlägt sich die ganze Zeit.

Chiron legte den Kopf leicht schief, ich sah an ihm vorbei aus dem Fenster in einen blauhellen Himmel. Nur um nicht in seinem Blick gefangen zu sein, voller Graubraun.

»Ich werde es immer hassen.«

»Wegen mir? Oder wegen dir?«

Als ich ihn jetzt doch wieder ansah, war sein Gesichtsausdruck abermals überrascht. Als hätte ich genau das gesagt, was er dachte. Ich trat einen Schritt zurück und atmete aus.

»Wegen uns beiden. Gespräche zwischen uns funktionieren nicht. *Wir* funktionieren nicht.« Ich hatte keine verdammte Ahnung, von was er da sprach. Wir kannten uns eine halbe Woche.

»Weil ich nicht gut genug bin, um mit dir zu reden?«

Seine Augenbraue zuckte. Noch ein Schritt zurück.

»Nein. Du bist ein Mann. Deshalb.«

Und er ging. Wie immer ging er, mit einem Satz der mich zweifeln, grübeln, innehalten ließ. Wie ein Cliffhanger am Ende einer Serie.

Sein Satz wiederholte sich den ganzen Tag in meinem Kopf, wie eine Endlosschleife. Ließ sich nicht abschalten. Nicht, als ich abends noch einen Spaziergang an der kühlen Luft machte, nicht, als ich später Ahris Geschenk fertig verpackte.

Du bist ein Mann.

Vielleicht war an diesem Satz mehr dran und vielleicht hatte ich doch eine Ahnung, was er da gesagt hatte. Weil Chiron auch ein Mann war. Und ich war ein Mann. Und wir passten in meinem Kopf zusammen.

Ich verdrängte diesen Gedanken sofort. Wenn ich länger darüber nachdenken würde, wäre es schmerzhaft. Nie hatte ich etwas anderes getan, als meine Gefühle zurückzustecken und zu unterdrücken. Ich würde auch jetzt nicht anfangen, sie freizulassen.

Ich: Morgen um zehn Uhr bei dir. Passt das?

Daydream-Ahri: Passt perfekt.

Ich: Hast du Angst vor morgen?

Meine Schwester tippte und tippte. Ich glaubte, sie löschte und tippte wieder, irgendwann kam eine Nachricht und ich schickte ihr stumm eine Umarmung, weil ich genauso dachte.

Daydream-Ahri: Ich habe Angst, weil ich mich frage, wie glücklich ich sein darf. Ohne sie. Und wie es mit ihr gewesen wäre. Was wir zusammen gemacht hätten. Ich habe Angst, weil es der erste Geburtstag zu zweit ist, Siwon. Aber wir sind noch da.
Wir zwei gebrochene Herzhälften ergeben zusammen ein ganzes Herz, weißt du noch?

Ich werde es niemals vergessen.

Kapitel 6

Dann dachte ich an ihn

Chiron

Weil ich heute Abend nicht arbeiten musste, entschied ich mich für Badezimmerminuten.

Ich saß an der Heizung und sah *Soul*. Ich hatte den Film schon oft gesehen, denn seit einem Monat lief er immer und immer wieder, wenn ich Musik und Seelen brauchte. Ich mochte Joe, weil er Jazz liebte und weil er Künstler war. Lebenskünstler sozusagen. Und dann war da diese Seele, die in ihrem Nebel wandelte, die Sudokus liebte. Die verloren war. Vielleicht war ich auch ein bisschen so.

Fragst du dich auch manchmal, wieso du so bist, wie du bist?

Die Heizung an meinem Rücken spendete Wärme, es war mir egal, dass Dusche und Toilette neben mir waren. Ich hatte kein Licht angemacht, also saß ich im Dunkeln und nur das Weiß des Waschbeckens konnte ich ausmachen, wenn ich den Blick vom Bildschirm abwandte.

Kopfhörer in den Ohren, Film im Kopf, den ganzen Abend. Damit ich an nichts anderes denken musste.

Als ich die Hälfte gesehen hatte, tauchte eine Nachricht von

Taemin am oberen Bildschirmrand auf.

Taemin: Lebst du noch?

Ich drückte auf Pause und wechselte die App von *Disney+* auf *KakaoTalk*, tippte auf unseren Chat.

Ich: Ich schaue Soul. Nicht stören.

Taemin: Komm schon, Chiron.

Ich: ?

Taemin: Hast du mich satt? Oder warum lässt du dich nicht mehr sehen?

Ich: Dachte, ich lass dir Zeit mit Ahri.

Taemin: Wir wissen beide, dass das nicht stimmt.

Fuck. Er wusste mal wieder, dass etwas nicht in Ordnung war. Also war es eigentlich doch, aber irgendwie auch nicht und ich hatte keine Ahnung, was ich denken sollte.

Ich: Vermisst du mich etwa so sehr?

Taemin: Ich vermisse deine seltsame Art, ja.

Taemin: Und gerade bist du viel zu still und redest kaum mit mir.

Ich: Weiß grad auch nicht, was los ist.

Taemin: Irgendwas mit Siwon?

Ich: Warum?

Taemin: Weil du dich zurückziehst, seit er eingezogen ist.

Ich: Hat mit ihm nichts zu tun.

Wie gut man über Nachrichten lügen konnte. Denn diese Unruhe in mir hatte definitiv etwas mit dem schwarzhaarigen Mann nebenan zu tun. Nur konnte ich nicht sagen, was genau es war. Ein bisschen viel nervöses Herzklopfen vielleicht.
Ich war so erbärmlich.

Taemin: Wenn du reden willst, komm rüber. Ich bin da.

Ich: Warum sagst du so was Seltsames?

Taemin: Weil du Soul anschaust, wenn es dir nicht gutgeht.

Taemin: Deswegen.

Ich: War eigentlich auch gar nicht so seltsam.

Taemin tippt ...

Die Badezimmertür wurde aufgestoßen und ich fuhr zusammen, als schaute ich einen Horrorfilm und keine harmlose Animation. Ich sperrte mein Handy reflexartig und hatte keine Zeit aufzustehen. Also saß ich am Boden, als Siwon hereinkam. Ich hatte vergessen abzuschließen. Ich schloss nie ab, weil ich noch nie das Bad hatte teilen müssen. Oder diese ganze Wohnung.
Siwon stand am Waschbecken und zuckte heftig zusammen, als er mich am Boden sitzen sah. Seine Hand fuhr zu seiner Brust, mit der anderen hielt er sich am Waschbeckenrand fest.
»Scheiße, Mann.«
Ich sah ihm stumm entgegen.

»Alles okay?«, fragte er.

Nein. »Ja.«

Er zeigte auf den Wandschrank, sah von mir zum Regal, wieder zurück. »Ich hole nur kurz was.«

Ich nahm mein Handy, drückte auf Play und sah einfach den Film weiter. Einen Ohrstöpsel ließ ich draußen. War vielleicht gut, denn plötzlich sagte er wieder etwas.

»Was schaust du?«

»Soul.«

Stille, Stille.

»Kann ... kann ich mitschauen?«

Ich war wie vor den Kopf gestoßen. Drückte wieder auf Pause, sah zu ihm nach oben. Seine Haare standen ab, er hatte keine Brille auf. Schade. »Was?«, fragte ich verwirrt.

»Also ... also ich weiß nicht, könnte ich vielleicht den Film mitansehen?«

Ja, das hatte ich verstanden. Aber irgendwie auch nicht. Den Film mitansehen? Hier? Im Bad?

»Okay, sorry. Komischer Vorschlag von mir, viel Spaß noch.«

Er hatte eine Tube in der Hand, irgendeine Creme und wollte gehen. Was auch immer mich antrieb, hatte zur Folge, dass er blieb.

»Ich habe schon die Hälfte durch.«

Er blieb stehen. »Ich kenne den Film. Ist also egal.«

»Okay. Dann ... dann schau mit.«

Seit wann zur Hölle stotterte ich? Siwon trat zu mir, setzte sich neben mich, lehnte sich seitlich an die Dusche. Einfach so. Die Creme legte er vor sich, wie vergessen stand sie dort im Dunkeln. Ich bewegte mich kein Stück.

Er war mir zu nah und deswegen war das gut und schlecht zugleich. »Soll ich halten?«, fragte er und ich überließ ihm wortlos mein Handy. Er hielt es vor uns und drückte auf *Play*, ich gab ihm den zweiten Kopfhörer. Verbunden und nah und Badezimmerminuten zum ersten Mal nicht allein. Zwei Minuten schaffte ich es, dem Film zu folgen, dann dachte ich an ihn. An seinen warmen

Körper neben meinem. Es machte mich nervös, über ihn nachzudenken, wenn er so nah war.

Also achtete ich wieder auf den Film.

Irgendwann legte ich den Kopf nach hinten an die Wand, beobachtete ihn von der Seite. Siwon sah gebannt auf den kleinen Bildschirm, seine Augen leuchteten, reflektieren das Licht, seine Wangen glühten ein wenig. Ich fragte mich, ob er Kontaktlinsen trug. Vermutlich. Seine Brille war besser.

Er hatte eine gerade Nase, rundliches Gesicht, schmale Augen, volle Lippen. Weich. Waren sie weich? Ich biss mir auf meine eigenen und starrte wieder auf den Bildschirm. Ich hatte eine Mitbewohnerin gewollt, weil sie für mich und meine Gefühle harmlos gewesen wäre. Aber das Schicksal stellte mich auf die Probe und würde es wieder und wieder tun.

Wir sahen stumm den halben Film, das Ende war schön traurig wie immer. Ich wollte weinen, aber tat es nicht. Siwon lächelte beim Abspann und mein Herz zuckte, genau wie seine Mundwinkel.

Er gab mir mein Telefon samt Ohrstöpsel zurück.

»Danke«, sagte er. Blieb noch sitzen. »Wärst du gerne im Davorseits?« Siwons Frage schien von den Kachelwänden widerzuhallen. Aber vor allem in meinem Kopf. Augenblicke verrannen.

Ich dachte an den Film, wie Joe in das Davorseits fiel, der Ort, an dem Seelen ihre Leidenschaften ausbildeten. Und ihr Ich fanden. »Ja. Ja, wäre ich.«

»Weil du nicht weißt, wer du bist und es dort rausfinden könntest?« Ich mochte, wie er dachte.

Meine stille Antwort: *Dort wäre ich nicht die einzig verlorene Seele.*

Meine laute Antwort: »Weil man dort keine Seelen zerstören kann.«

»Nicht so wie auf der Erde«, beendete er meinen Satz.

Schweigen, atmen, denken. Lautes Schweigen, leises, alles auf einmal.

»Willst du nicht fragen, warum ich im Bad sitze und Filme auf

dem Handy sehe?« Ob er es komisch fand?
Er schüttelte den Kopf. »Nein.«
»Aha.«
»Ich mache das auch manchmal. Also frage ich nicht.«
Puh. Er also auch.
Was macht dich traurig, Seon Siwon?
Traurig.
Wie ein Gedankenblitz schoss es mir in den Kopf. Schnell, laut, grob. Ahris Drillingsschwester hatte einen Autounfall gehabt und war dabei ums Leben gekommen. In diesem Moment wurde mir viel zu sehr bewusst, dass nicht nur Ahris Schwester gestorben war, sondern auch Siwons. Sie war auch seine Drillingsschwester gewesen. Ich hasste mich, weil es mir erst jetzt klar wurde. Wie oft war er deswegen traurig?

»Warum sitzt du manchmal im Bad?« Meine Stimme war tief und leise, der Raum nun halbdunkel, denn draußen ging ein heller Mond auf. Siwon betrachtete mich von der Seite, mein Puls sprintete los.

Er zog die Beine an und schlang seine Arme darum.
»Ist seltsam, das so zu sagen.«
»Okay.«
Er sah mich noch immer an. »Vielleicht irgendwann, Chiron. Heute bekommst du dazu keine Antwort.«

Das war okay. Wirklich okay, ich fragte mich trotzdem, ob er wegen seiner Schwester im Badezimmer saß und trauerte.

Ich nickte, er stand auf und ging zur Tür.
»Danke für *Soul*.«
Danke, dass ich nicht allein sein musste.
Ich hörte ihn auf dem Gang, seine Zimmertür fiel zu, ich schloss die Augen und lehnte den Kopf an die Wand hinter mir.

An diesem Abend dachte ich seit langer Zeit an Dai. Wie ich seine Stimme noch immer so klar hören konnte, als säße er genau hier. Hörte seine Worte in meinem Kopf.

Chiron, ich mag dich. Weil du bist, wie du halt eben bist.
Süße, tiefe Stimme. Er hatte es geflüstert, als wir miteinander

geschlafen hatten. Doch als Dai langsam herausgefunden hatte, dass ich gar nicht wusste, wer ich eigentlich war, hatten sich seine Worte verändert. Langsam. Ganz langsam.

Ich mag dich, Chiron. Aber ich mag es nicht, dass du uns verheimlichst.

Dai war wie eine Droge gewesen.

Ich dachte, du wärst stärker. Dachte, du wärst ehrlich.

Ich kniff die Augen zusammen und verdrängte seine Sätze, die er mir nach und nach zugeflüstert hatte. Wie Gift eben. Dai war meine schlechte Erfahrung gewesen. Manchmal vermisste ich ihn. Und dann hasste ich mich dafür. Und ich hasste, an ihn denken zu müssen. Siwon weckte diese Erinnerungen.

Nicht nur Erinnerungen.

Seon Siwon weckte Gefühle.

Kapitel 7

Geburtstags-Muffel

Siwan

Ahris Tür öffnete sich am nächsten Morgen und ihre Augen wurden ganz groß, als sie mich hinter einem Riesengeschenk erblickte. Ich hatte den Bilderrahmen mit einem gelben Papier eingepackt und eine kleine, rosenartige Schleife klebte an der Vorderseite. Meine Schwester hob ihre Hand an den offenen Mund, sah von mir zu dem Geschenk und zurück. Dann lächelte sie und winkte mich herein.

»Komm schnell rein und stell es ab.« Sie hielt ihre Tür weit auf und ich betrat die Wohnung. »Stell es hier ab, damit ich dich drücken kann.« Sie wirkte etwas zerstreut, hibbelig. Ich fragte mich, ob sie auch bei jedem zweiten Herzschlag an unsere Drillingsschwester dachte.

Ich stellte mein Geschenk für sie auf den Kasten, der normalerweise als Sitzmöglichkeit diente, und drehte mich zu ihr. »Komm her.«

Die Umarmung war fest und real und ich vergrub mein Gesicht an ihrer Schulter. Noch da. Sie war noch da. Ahris Umarmungen waren für mich Geborgenheit in dieser Welt und wenn wir uns drückten, wusste ich, wie sehr sich ein Leben lohnte.

»Happy Birthday«, flüsterte sie in meinen Mantel, den ich noch nicht ausgezogen hatte. Ich drückte sie ein bisschen fester.

»Auf uns, *Daydream*«, erwiderte ich, wie bei einem Toast. Sie löste sich von mir, in ihren Augen schimmerten Tränen. Sie wischte sich mit einem halben Lächeln über die Augenwinkel.

»Tut mir leid, ich wollte gar nicht weinen!«

Ich zog mir Schuhe und Mantel aus und wandte mich in Richtung Küche.

»Alles Gute, Siwon!« Taemin trat in den Flur, kam auf mich zu und schlug mit mir ein. Wir schenkten uns eine halbe Umarmung, Schulter an Schulter und ein fester Händedruck. Irgendwie sowas.

»Danke dir.«

Ich dankte ihm, weil er mir ein ehrliches Lächeln schenkte, als wäre ihm mein Geburtstag wirklich wichtig. Als wäre ihm das alles hier wichtig. Und immer, wenn sein Blick zu meiner Schwester glitt, war es, als lächelten sogar seine Augen. Deswegen war ich ihm womöglich am allermeisten dankbar.

»Habt ihr schon gebacken?! Es riecht gut«, stellte ich fest und Ahri klatschte in die Hände, sah ihren Freund glücklich an. »Taemin hat ein Geburtstagsfrühstück gemacht.«

Taemin sah peinlich berührt zur Seite. »Ich hab's zumindest versucht«, murmelte er.

»Dann los«, meinte ich und betrat hinter meiner Schwester die duftende Küche. Auf dem Tresen stand alles, was ich mir hätte wünschen können. Reisschalen. Kohlsuppe, Bohnensprossen-Suppe. Gamja Bokkeum, die geschmorten Kartoffeln in Soße sahen knusprig und zu lecker aus. Es gab sogar Pancakes. Sun hätte sich das zum Frühstück gewünscht, wäre sie jetzt bei uns.

Als ich die Erdbeertorte sah, wurde mein Lächeln größer. Weil ich seit langer Zeit kein so wundervolles Geburtstagsfrühstück gesehen hatte.

»An was denkst du?«, fragte Ahri und hakte sich an meinem linken Arm unter.

»Dass ich großen Hunger habe«, sagte ich und wir setzten uns auf die Barhocker an den breiten Tresen. Die Stimmung war ausgelassen. Und ich fühlte mich, wie selten seit Sunnies Tod, glücklich. Ich hatte das Gefühl, dass ich es auch sein durfte. Ahri und Taemin erzählten von Ulsan und zeigten mir Bilder vom Meer. Ich versprach, das nächste Mal mitzukommen und meinte es auch so. Wir aßen Suppe und Reis und zwischendurch ein bisschen Torte, alles gemischt und unsere Mägen bekamen nicht genug.

»Früher wollte ich immer schneller groß werden«, erzählte meine Schwester gerade und ich pickte mir noch eine Erdbeere von dem Kuchen. »Aber jetzt würde ich gerne für immer zwanzig bleiben.« Ich nickte, ging mir irgendwie auch so.

»Einundzwanzig ist auch ein tolles Alter«, sagte Taemin und grinste schief. Während Taemin noch weitersprach und Ahri leise lachte, begannen sich meine Gedanken um etwas anderes zu drehen. Zwanzig. Für immer. Sun-Nyu würde für immer zwanzig bleiben und niemals älter werden. Es machte mich traurig und ich überdachte meine Gedanken schnell. Denn für sie sollte ich älter werden, für sie sollte ich anfangen, wieder glücklich zu sein. So wie vor wenigen Minuten lachen und den Moment genießen. Damit ich ihr davon erzählen konnte, irgendwann, in meinen Träumen, oder wenn ich selbst einmal das Leben verließ.

»*Nightmare?*«

»Oh, ja was?«

»Geschenke auspacken?«

Ich nickte und wir ließen in der Küche alles stehen und liegen. Im Gang nahm ich das Geschenk und trug es mit ins Wohnzimmer, in dem noch weitere Päckchen lagen. Ich stellte meines dazu.

»Wie ich es früher gehasst habe, wenn ihr zuerst aufmachen durftet«, sagte ich und Ahri stimmte sofort zu.

»Geburtstage waren wie Wettkämpfe. Wer darf zuerst, wer hat das größte Geschenk, wer bekommt am meisten«, bestätigte sie. Taemin saß auf der beigefarbenen Couch.

»Was war das Beste am Geburtstagfeiern zu dritt?«, fragte er und ich hatte meine Antwort augenblicklich.

»Die Vorfreude.«

Ahri nickte eifrig. »Ja, das stimmt. Weil man sich zusammen immer mehr freut und einander zuspricht.«

»Also los, mach schon auf«, meinte ich und schob ihr den verpackten Bilderrahmen zu.

Ahri setzte sich auf die Knie und fing an, ganz vorsichtig und bedacht, das Geschenkpapier aufzumachen.

»Reißen bringt Glück«, sagte Taemin hinter ihr und sie schüttelte nur den Kopf.

»Reißen zerstört die Vorfreude«, erwiderte Ahri und zog das Klebeband langsam ab.

Als das Papier fiel, beobachtete ich nur sie.

Wie sich ihre Lippen öffneten, wie ihre Hand bedächtig über den Rahmen fuhr. Ich hatte das Glas herausgenommen. Jetzt hing dort eine Schnur, von links nach rechts, wieder nach links und immer so weiter. Es füllte den ganzen Rahmen aus. Ahri hob eine Hand zu ihrem Mund, das tat sie immer, wenn sie sprachlos war. Erstaunen mit Freude gemischt, das musste ein einzigartiges Lebensgefühl sein. Und es war schön, wenn man es Menschen ansah.

An der braunen Schnur hingen Postkarten, Fotos von uns, auf einigen Karten standen Sprüche. Ich hatte zwei Lollis an das Band gehängt, außerdem schlang sich eine leuchtende, glitzernde Lichterkette um all die kleinen Dinge. Und es gab Papierrollen. Wenn Ahri sie öffnen würde, fände sie Zitate vor. Berührende Liedtexte, Mutsprüche und in zwei davon eine Einladung. Aber das würde sie dann selbst herausfinden. Auf den oberen Rand des Rahmens hatte ich mit Blaugrau *Daydream* geschrieben.

»Siwon, es ist wunderschön«, hauchte sie. Ich biss mir auf die Innenseite meiner Wange, um Tränen zu verdrängen. Nicht jetzt und hier. Ahri kroch auf den Knien zu mir und umarmte mich so fest sie konnte. Ich erwiderte es. »Danke, *Nightmare*.«

Immer, Daydream.

Gegen späten Nachmittag fuhr Taemin zu sich nach Hause und lies uns allein. Mein Kopf drehte sich ein bisschen, vielleicht hatte ich zwei Schlucke Soju zu viel getrunken. Und mein Bauch wollte nur Ruhe, da war zu viel Kuchen und Fried Chicken von vorhin. Wir hatten zusammen getrunken, gelacht, Geschichten erzählt. Ich hatte Taemin noch besser kennengelernt, zusammen hatten wir *Spider Man* geschaut. Obwohl niemand den Film wirklich gemocht hatte, war es lustig gewesen. Spontan. Der ganze Tag war spontan und es fühlte sich ein bisschen wie früher an. Nur dass heute Taemin den Platz von Sunnie eingenommen hatte. Zumindest dachte ich das manchmal, wenn es in meinem Herzen einen Stich gab. Ahri und ich hatten noch kein Wort über unsere Schwester verloren. Taemin war vermutlich genau aus diesem Grund gefahren, um uns Zeit zu geben.

Ahri hantierte in der Küche und versuchte, das Chaos etwas zu beseitigen, während ich im Wohnzimmer das Geschenkpapier kleinfaltete und die übriggebliebenen Fried Chicken auf einen Teller lud, um sie in die Küche zu bringen. Mama und Papa hatten Briefe geschickt, meine zwei steckte ich in die Taschen meines Mantels, weil ich nicht bereit war, sie jetzt schon zu öffnen.

»War es okay heute?«, fragte Ahri und ich stellte den Teller auf dem Küchentresen ab.

Ich griff nach einem Glas Wasser und trank einige Schlucke. »Mehr als okay, *Daydream*.«

»Sun hat unsere Geburtstage geliebt.«

»Ja. Sie war immer am aufgeregtesten. Und sie wollte den schönsten Tag für uns. Jedes Jahr wieder.«

Ahri lehnte sich mit dem Rücken an das Waschbecken und sah mich mit großen Augen an. »Ich habe gestern ihr Tagebuch von letztem Jahr aufgeschlagen. Genau vor einem Jahr hat sie auch etwas geschrieben.«

Oh.

»Was hat sie geschrieben?«, fragte ich vorsichtig und wusste nicht, ob ich bereit dafür war. Wahrscheinlich war man es nie.

Sie nickte in Richtung Flur und zusammen gingen wir zu Suns

Zimmer. Es war noch immer eingerichtet, als wäre sie hier. Als wäre sie nur gerade eben nicht zu Hause.

Gelbe Wände, chaotische Regale, Kleider auf dem Boden. Wir hatten nichts verändert – Ahri hatte nichts verändert.

Meine Schwester ging zum Schreibtisch und nahm ein orangefarbenes Notizbuch von der Oberfläche, drehte sich damit zu mir.

»Hier.«

Ich nahm es entgegen und wir setzten uns an das Bett gelehnt auf den Boden. So wie immer, wenn wir ihr Tagebuch lasen. So wie immer, wenn wir sie zusammen vermissten.

Bedacht blätterte ich in dem Buch, die Seiten waren alle vollgeschrieben, manchmal waren sogar kleine Zeichnungen am Rand. Sunnie hatte es geliebt, Zeichnungen zu machen, etwas zu entwerfen. Immer, wenn ich eines ihrer Tagebücher aufschlug, war ich unglaublich dankbar, dass sie überhaupt in welche geschrieben hatte. Weil uns so etwas von ihr geblieben war. Worte, die einfach alles bedeuteten.

»Fünfter November«, flüsterte ich und hielt den Buchrücken ein wenig fester, damit er mir nicht aus der Hand rutschte. Ahri lehnte ihren Kopf an meine Schulter. Und ich fing an, leise die Worte unserer Schwester vorzulesen.

»Hiii, liebes Tagebuch! Geburtstage sollten für uns Menschen Tage des Glücks sein. Wir sollten uns an diesen Daten daran erinnern, dass wir es wert sind, auf dieser Erde zu leben. Und wir sollten einander feiern, uns zeigen, wie schön wir es finden, beisammen zu sein. Ahri und Siwon sind Geburtstags-Muffel. Es scheint ihnen nicht so viel zu bedeuten, aber das ist okay. Ich schätze es für uns drei genug wert. Weißt du, der fünfte November erinnert mich jedes Jahr daran, dass ich nicht allein auf dieser Welt bin. Weil da zwei Menschen sind, deren Seelen genau wie meine gebaut sind. Dafür bin ich immer wieder dankbar. Wir sind jetzt zwanzig. Und ich glaube, dieses Jahr wird mein schönstes. Ich habe da so ein Gefühl und Bauchgefühl ist doch immer irgendwie richtig, oder?

PS: Ein Jahr hat 365 Optionen und wir sollten jede davon

nutzen.

Sun-Nyu!«

Sie war voller Glück und Hoffnung gewesen und das Leben hatte ihr einen Strich durch die Rechnung gemacht. Sie hatte nicht mit dieser einen Option gerechnet. Wir alle hatten das nicht.

»Willst du dieses Zimmer irgendwann ausräumen?«, fragte ich nach einiger Zeit in die Stille. Ahri nahm ihren Kopf nicht von meiner Schulter, kuschelte sich nur näher an mich. Ich hatte das Tagebuch neben uns gelegt und sah mich im Zimmer um.

»Ich weiß nicht, ob ich es schaffe«, murmelte sie.

»Wir könnten es zusammen machen.« Auch wenn ich selbst nicht wusste, ob wir dafür stark genug waren.

»Wir könnten einfach damit anfangen, ein bisschen aufzuräumen. Vielleicht ein paar Sachen spenden. Diese vertrocknete Pflanze dort entsorgen.« Meine Stimme war sachte, aber voller Überzeugung. Keine Ahnung, woher ich die gerade nahm.

»Ja, vielleicht sollten wir das tun.«

Ich griff nach ihrer Hand und drückte sie. In Momenten wie diesen wollte ich Ahri alles erzählen. Alles, was mich seit Monaten bedrückte. Und was aufkochte, sobald ich meine neue Wohnung betrat.

»Wie läuft es mit Chiron?«, fragte Ahri, als hätte sie meine Gedanken gelesen. Ich zuckte die Schultern.

»Wir haben einen Film zusammen gesehen und geredet. Also wird es besser«, antwortete ich. Und ließ alles weg. Meine Gefühle, mein Herz, das gesprungen war, als er neben mir im Bad gesessen hatte. Wie es nicht nur gesprungen war, als er mir im Wohnzimmer so nah gegenübergestanden hatte. Ich ließ immer alles weg, wenn ich mit Menschen über mich sprach.

»Das ist gut, Siwon.«

»Bleibst du heute Nacht hier?«, fragte ich sie und Ahri nickte.

»Ja, ich wollte heute einfach mal allein sein.«

»Wirst du diese Wohnung weiter mieten?«

»Papa hat sie für drei Jahre im Voraus gezahlt. Aber es ist so leer ohne sie.«

Zwei Stiche ins Herz. Der erste wegen Papa. Der zweite wegen Sunnie. Weil ich beide verloren hatte. Sunnie wirklich und Papa gefühlsmäßig. Aber beides tat weh.

»Vielleicht ziehe ich zu Taemin, er hat es mir angeboten«, sagte sie noch, vermutlich weil ich nicht geantwortet hatte.

»Wie viel bedeutet er dir?«

»Die ganz ehrliche Antwort?«

»Ja. Die ganze, *Daydream*.«

Sie setzte sich aufrecht hin, ein bisschen schräg, um mich ansehen zu können. Und ja, ihre Antwort war *ganz ehrlich*.

»Er bedeutet Liebe für mich. Freundschaft und Vertrauen und ein Mensch, den ich vermisse, wenn er nicht da ist. Er bedeutet schnelle Herzschläge.« Sie lächelte im bereits dämmrigen Zimmer.

»Wie kostbar es wohl ist, so jemanden zu finden.«

Diesmal war sie es, die meine Hand drückte.

»Du wirst auch jemanden finden, der deine Herzschläge ausmacht, Siwon. Natürlich wirst du das.«

Und ich hatte keine, absolut keine verdammte Ahnung, warum ich plötzlich an graue Haare und finstere Blicke denken musste.

Kapitel 8

good at being broken

Siwan

Die Nacht war dunkel, als ich Ahri verabschiedete. Dicke, schwere Wolken hingen vor den Sternen und es schien, als wollten sie noch lange dort hängen bleiben. Vielleicht erst weiterziehen, wenn die Sonne den Mond ablöste. Mit schnellen Schritten lief ich von der Bahnstation auf das große Gebäude zu. Kaum Fenster, keine Außenverzierung, statisch und unscheinbar. Ich hörte das Wasser springen, als ich an einem Brunnen vorbeiging, Wind blies mir die Haare in Stirn und Augen. Ich schob das Zittern meiner Glieder auf die Novemberkälte und die Dunkelheit dieses Abends. Die Eingangstür der Trauerhalle war schwer, ich hasste das dumpfe Knallen, als sie hinter mir zufiel und ich den breiten Gang entlanglief. Noch immer mit hastigen Schritten. Weil ich dann das Gefühl hatte, alles schneller hinter mich bringen zu können. Ich traf niemanden – mein Glück.

Raum fünfundfünfzig.

Ich mochte diesen Ort nicht, würde ihn wohl niemals mögen. Aber ich würde ihn auch nicht meiden können. Weil meine Sonne in dieser düsteren Halle lag.

Mein unruhiger Blick glitt über all die Fächer, in denen Blumen, Urnen, Karten, Andenken standen. Bis ich genau bei ihrem Fach stehenblieb, auf Brusthöhe vor mir stand ihre Urne hinter dem Glas. In Sun-Nyus Fach lagen außerdem frische Blumen und eine Karte.

Heute Morgen bin ich hingefahren und habe ihr alles Gute gewünscht. Dachte, ich bringe es hinter mich.

Die Stimme von Ahri wehte durch meinen Kopf wie ein kühler Wind. Jetzt stand ich also allein in der Trauerhalle. Und ich wollte in die Knie gehen. Wollte beten, betteln, bitten, dass mir jemand Sunnie zurückgeben möge. Aber ich blieb stehen. Fixierte die Urne und fing leise an, zu sprechen. Stellte mir vor, sie wäre hier bei mir. »Hey, Sunnie. Ich … Ich vermisse dich jeden Tag. Aber ich schaffe es nicht jeden Tag hierher.«

Manchmal fragte ich mich, was ich für eine letzte Begegnung mit ihr geben würde. Für ein Lächeln und noch einmal ihre Stimme. Einmal, nur ein *verdammtes* Mal.

»Ahri hat heute gesagt, sie will für immer zwanzig bleiben. Du bleibst es. Sei zwanzig unendlich, okay? Keine Ahnung, wo du bist, was dein Geist macht, wohin deine Seele ist. Aber vielleicht kannst du dort auch irgendwie sein und wenn es so ist, dann sei für immer zwanzig und genau richtig so.«

Okay, Siwon.

Ihre Stimme in meinem Kopf war meistens wie ein Schlag gegen die Brust, gegen mein Herz, das dort schnell und schneller schlug.

Langsam streckte ich meine Finger aus, legte sie an das kühle Glas ihres Faches und wünschte mir, ihre Hand halten zu können.

»Weißt du noch, als du vor einem Jahr gefragt hast, ob ich Eun-Mi wirklich liebe?« Ich schnaubte leise. Es hallte von den Wänden, des hohen Raumes wider. »Tut mir leid, dass ich damals nicht geantwortet habe. Ich hatte Angst vor meinen eigenen Gefühlen. Sunnie, ich habe jeden Tag Angst vor meinen Gefühlen. Ich rede mit niemandem. Ich sollte, aber ich traue mich nicht.« Kurz war es ganz still. Dann kam es mir flüsternd über die Lippen: »Ich habe

Eun-Mi nicht geliebt.« Es tat so weh. »Sie war nur ein Ort, an dem ich nicht weiter über mich nachdenken musste. Eine Frau, die unserem Vater für mich gefallen hätte.« Meine Kehle schnürte sich zu, als ich an Eun-Mis rot gefärbte Haare dachte. An ihre hohe Stimme und ihr Stöhnen, wenn ich so getan hatte, als würde ich sie lieben. »Nein, Sunnie. Ich habe sie nicht geliebt.« Meine Finger glitten nach und nach von der Scheibe und hinterließen beschlagene Stellen. Meine Schultern sanken ebenfalls nach unten, meine Kehle fühlte sich weiterhin furchtbar eng an.

Ich starrte dem Bild in ihrem Fach entgegen. Es war noch eines von diesem Jahr. Ihre blonden Haare schimmerten, leuchteten unter der Sommersonne. Sie lachte in die Kamera und an ihren Wangen sah man kleine Grübchen. Sie trug eine dunkelgrüne Latzhose. Sun hatte Latzhosen und Kleider geliebt. Ihren Blick hatte sie direkt in die Kamera gerichtet und er traf mein wundes Herz.

»Vermissen drückt nicht aus, wie sehr du mir fehlst«, wisperte ich. »Du fehlst so sehr in dieser Welt.« Ich rieb mir über meine Brust. »Happy Birthday, Sunnie.«

Mehr Worte brachte ich an diesem Abend für sie nicht über die Lippen. Da war einfach kein Platz für atmen und reden und alles auf einmal. Also blieb ich still, umarmte sie in meinem Kopf und ging dann wieder. Meine Schritte hallten durch den Gang und die Tür schlug wie schon zuvor laut hinter mir in das Schloss.

Draußen regnete es. Wie an dem Tag, als Sun-Nyu gestorben war. Kalte Tropfen malten Daegu blaugrau. Verschwommene Sicht, taube Finger, nasse Haare. So lief ich die Straße entlang, vorbei an Geschäften und Bürogebäuden, an Imbissen, die schlossen und roten Ampeln, die alles aufhielten.

Ein Tod brachte Stürme herbei, Stürme tief in unseren Seelen. Sie kamen, wüteten, gingen vorüber. Und dann kamen sie erneut. Wieder und wieder. Manchmal waren sie viel zu stark, andere Male aushaltbar. Wiederkehrende Gefühlsstürme, die einen zerbrachen und nicht wieder zusammensetzten. Und dazwischen war das Leben, an dem man festzuhalten versuchte. Damit man nicht für immer mit dem Sturm wirbelte.

Ich passierte zwei Bushaltestellen und setzte mich erst an die dritte. Die Fahrt bis zum Park vor unserem Wohnhaus zitterte ich und hoffte, die Menschen im Bus würden es auf die Kälte und meine nasse Kleidung schieben. Alles war leer. Der Spielplatz, die Straße, mein Innenleben. Durch meine Ohrstöpsel spielte *good at being broken* und vielleicht war ich das wirklich. Gut darin, kaputt zu sein. Jeden Gedanken in Splittern zu denken.

Als ich den Park verließ und in unsere Straße bog, wechselten sich Tränen und Tropfen auf meinem Gesicht ab. Warm und kalt rannen sie über meine Wangen und mein Kinn. Fielen auf die Erde und neue folgten. Und für diesen Moment war es gut zu weinen, wie der Regen um mich herum. Ein wenig Schmerz herauszulassen, denn was, wenn irgendwann zu viel davon in meinem Herzen schwamm?

Ertrank man dann in sich selbst?

Kapitel 9

Lilagelber Regen

Chiron

Es regnete den ganzen Abend über, aber meine Musik übertönte das Prasseln. In meinem Wohnzimmer war es laut und voll. Obwohl ich allein war. Irgendwann drückte ich auf Pause und lauschte dem beruhigenden Rhythmus der Tropfen, sie waren wild und frei und tanzten durch die Luft. Ich beneidete sie. Weil ich wollte, dass meine Gedanken auch so waren. Und ich wollte die Tropfen malen, vielleicht in Lilagelb.

Lilagelber Regen über Daegu.

Ich sah auf die Uhrzeit. *21:30 Uhr.* Wenn ich anfinge zu malen, würde Siwon direkt in meine Kunst stolpern und das durfte nicht passieren. Also wartete ich auf der Couch, bis er nach Hause kam.

Ich dachte oft und lange über ihn nach – keine gute Idee. Aber ich konnte nicht anders, weil er interessant war. Und schön und irgendwie so alles zusammen. Dai war nicht so gewesen, er war langweilig und überheblich gewesen. Und weil er geglaubt hatte, ich wäre genauso, hatte es eine Zeit funktioniert mit uns. Ich dachte so selten wie es ging an ihn, weil Dai mich daran erinnerte, wie schwierig Liebe war. Dass ich beinahe noch nie wahre Liebe erfahren hatte. Ich wusste gar nicht, was Liebe überhaupt war. Vielleicht zeigte mir Taemin mit unserer Freundschaft ein bisschen, wie es sich anfühlen konnte, aber wirklich erlebt hatte ich es nicht. Und deswegen dachte ich an Siwon. Ich wollte von ihm träumen. Von ihm und mir und einer Liebe, die niemals Wirklichkeit sein konnte, aber es ging mir beim Träumen besser. Sehnsucht war schmerzlich.

Ich war an diesem Mittwochabend schmerzlich. In mir drinnen tat es weh, für Gefühle, die ich so lange schon in mir versteckte und die ich zu feige zu leben war.

An Abenden, an denen es lilagelb regnete und ich mir solche Gedanken erlaubte, an diesen Tagen war ich kurz davor, meine Mutter anzurufen. Weil sie alles über mich wusste. Und es für sie in Ordnung war, sie war mein einziger Mensch auf der Welt, der all meine Farben kannte. Nicht einmal Puma wusste so viel. Nur meine Mutter. Meine Einzigartigkeit. Ich brauchte sie, aber ich war auch jetzt zu feige, sie anzurufen. Also dachte ich nur an sie, dachte an Siwon und dachte an mich. Kurz dachte ich auch an meinen Vater, aber das tat am meisten weh.

Ich zuckte zusammen, als die Wohnungstür piepte und aufgeschoben wurde. Schnell setzte ich mich aufrecht hin, sah zu Siwon hinüber.

Er war nass, tropfte den Eingangsbereich voll. Er raufte sich die Haare und zog die Brille aus, beschlagen und voller Regentropfen. Langsam stand ich auf, sein Kopf schoss in meine Richtung. Er kniff die Augen zusammen, als könne er mich nicht richtig sehen. Ich kam näher. Keine Ahnung, warum. Er wischte sich über seine nassen Wangen und nickte mir zu, wandte sich dann ab. Ich blieb mitten im Raum stehen. Wie eine Zimmerpflanze, die vergessen worden war. Seine Zimmerpflanze, die er sich wohl wünschte, seit er eingezogen war. Fuck. Ich starrte auf Siwons Rücken. Plötzlich drehte er sich um, lief an mir vorbei, das Gesicht weiterhin abgewandt, als wollte er sich verstecken. Warum wollte ich also, dass er blieb? Warum? Warum-Fragen waren beschissen.

»Siwon«, setzte ich in der Stille an. Er blieb tatsächlich stehen, mit dem Rücken zu mir. »Ich ...«

»Ist es wichtig?« Brüchige Stimme und ein Zittern. Ich hob meine Hände aus den Taschen meiner Jogginghose und ging auf ihn zu.

»Hab dir nicht gratuliert heute Morgen. Tut mir leid. In deinem Zimmer liegen mexikanische Chips. Als Geschenk.«

Er drehte sich um und sah mich an. Da war kein Regen mehr auf seinen Wangen, nur Tränen. Ich schluckte. Ich war überfordert, die Welt stand Kopf, wenn wir miteinander redeten. Und ich wusste nicht, wie ich damit umgehen sollte.

»Danke.«

Ich nickte einfach und er drehte sich wieder um, machte zwei Schritte.

»Siwon«, sagte ich wie zuvor.

Wir schienen in einer Wiederholungsschleife.

»Geht es dir okay?«

Seine Schultern bebten ein bisschen. Ich trat noch näher zu ihm, meine Mauer fiel, wenn andere Menschen weinten. Ich hasste Menschen, die weinten, weil ich dann auch weinen wollte. Weil ich verdammt, verdammt gut wusste, wie sich Schmerz anfühlte.

»Interessiert dich doch ni-«

»Wenn ich frage, interessiert es mich.«

Er ging zur Wand, lehnte sich dagegen, ließ den Kopf in den Nacken gegen das gestrichene Grau sinken. Ich betrachtete ihn. Seinen karierten Wollpullover, seine beigefarbene Hose, seine Brille in der rechten Hand. Sie zitterte und die Tränen auf seinen Wangen trockneten. Die Haare noch immer nass, vielleicht waren seine Gedanken in dieser Nacht kühl.

»Der Tag war schön, also alles in Ordnung«, murmelte er. Ich stand noch immer an meiner mitten-im-Raum-Position. Er sah müde aus. Müde, tapfer, müde, mutig dachte ich.

»Was ist deine Lieblingsfarbe?«, wollte ich wissen. Einfach so.

Er öffnete seine Augen und sah mich an. Ich würde heute Nacht von Hellbraun träumen.

»Blau.«

Azurblau, Kupferblau, Cyan, Ultramarin ...

»Immergrün passt.«

»Zu was?«

»Zu dir.«

Er schloss wieder die Augen.

»Immergrün ist nicht blau, also passt's nicht.«

Ich lächelte. Scheiße, keine Ahnung, warum ich lächelte.

»Immergrün ist Blaulila. Irgendwie sowas. Wird auch als lavendelblau oder pastellfarbener Indigo bezeichnet.«

»Wer hat sich denn bitte diese Farbennamen ausgedacht?«

Jemand, der in allem Besonderes gesehen hat.

Ich sagte es nicht.

»Malst du?«, fragte Siwon. Mein Herz klopfte. Klopfte und klopfte, als wäre es niemals schnell genug.

»Nein.«

»Singst du?«, wollte ich dann wissen.

»Nein«, sagte er. Ich fragte mich, ob wir beide logen.

»Warum funktionieren unsere Gespräche nicht? Nur weil ich ein Mann bin?«, fragte er weiter.

»Funktioniert doch«, antwortete ich. Er sagte nichts mehr.

»Ich mag Männer generell nicht«, fuhr ich fort, entschuldigte mich innerlich bei Taemin.

»Das ist schon okay.«

Ich hob überrascht die Augenbrauen. Das war okay? Ich kam ihm noch näher, er sah es nicht. Seine Augen waren immerhin geschlossen. Also gebot mir niemand Einhalt und wahrscheinlich würde ich es bereuen.

»Was hat dich traurig gemacht?«

Er antwortete mir nicht, sondern stellte eine Gegenfrage: »Warum bist du hier und redest mit mir?«

»Erst du, Siwon.«

»Dass ich nur noch ein halbes Herz habe, das macht mich traurig.« Wie ich seine Antwort mochte, wie ich sie drehte und wendete, in meinem Kopf.

»Weil ich einsam bin.«

»Was?«

»Deshalb rede ich mit dir.«

Noch zwei Schritte zu ihm, ich wollte ihn berühren. Seine kühle Regenhaut und das Salz seiner Tränen. Wollte wissen, wie weich sein karierter Pullover in Wirklichkeit war, welche Farbe seine Augen von nahem hatten.

»Wie weit bist du weg?«

»Keine Ahnung.«

»Keine Ahnung, zwei Schritte, keine Ahnung, vier Schritte?« Seine Stimme war außer Atem und er sprach schnell und hätte er geflüstert, dann hätte ich es dennoch gehört.

»Keine Ahnung, zwei Schritte.« Meine Stimme war rau.

Er öffnete die Augen.

Sehnsucht war ein mächtiges Gefühl.

Sehnsucht war mein Verderben.

Sehnsucht gab mir Mut.

»Chiron, was …?«

»Siwon, ich …«

Mein Herz flog, weil rennen zu langsam war. Er starrte mich an, er tat sonst gar nichts. Er war einfach da und ich war unendlich einsam und deswegen kam ich ihm noch näher. Ich stützte meine rechte Hand an die Wand hinter ihm.

»Darf ich dich küssen?«

Einatmen.

Ausatmen.

Wir schluckten gleichzeitig, weil wir nervös waren. Wir sahen einander in die Augen. Als sich sein Mund bewegte, starrte ich seine Lippen an.

»Keine Ahnung«, hauchte er.

Ich legte meine freie Hand in seinen Nacken und küsste ihn. Weil Sehnsucht, Mut und Gift war. Und ich keine Kontrolle hatte.

Nicht vorsichtig. Nicht ruhig. Ich küsste ihn wild, strich mit der Zunge über seine Unterlippe und dieser Kerl öffnete seinen Mund ganz leicht und erwiderte den Kuss. Ich drängte mich an ihn, an seine Hüfte, weil ich süchtig war. Süchtig nach etwas beinahe Unbekanntem. Näher, weiter, mehr. Meine Zähne schabten über seine. Ich mochte seine vollen Lippen. Schmeckten nach Zuckerguss und Geburtstagskuchen, nach Lilagelb, nach Regen. Ich wollte noch näher zu ihm, aber da war nichts mehr. Nur sein Körper, seine Brust gegen meine und hart an hart. Hüftknochen prallten gegen Hüftknochen und meine Luft ging aus. Seine Hände krallten sich in mein Shirt, meine Bauchmuskeln zuckten, mein Herz lief über, die Nacht surrte mit unserem Kuss.

Und als er leise stöhnte, war Dai in meinem Kopf.

Du bist armselig. Feige und armselig, Chiron.

Ich riss mich von Siwon los. Von seinen Zuckerlippen, von seiner Härte, seiner Hitze.

Armselig. Wie eine Amsel, die aus ihrem Nest fällt, mit gebrochenen Flügeln. Du bist feige.

»Tut mir leid. Tut mir leid, tut mir leid«, brabbelte ich und nahm Abstand. Ich ging zehn Schritte zurück, so weit, bis ich an den Esstisch stieß. Siwon sah mit glühenden Wangen zu Boden.

Lange sagte keiner etwas. Da war nur unser lautes Atmen in einer leisen Wohnung.

Irgendwann: »Willst du es vergessen?« Wie beherrscht er plötzlich klang. Vollkommene Fassung in der Stimme. Kein Zittern mehr.

»Ja.«

Sein direkter Blick durchfuhr mich.

»Okay.« Und er ging in Richtung seines Zimmers. Bevor er um die Ecke bog, drehte er sich noch einmal um. Braun und Grau zusammen ergaben eine neue Farbe. Ich mochte unsere Augenfarben vermischt.

»Eigentlich nicht okay. Ich hasse deine Entschuldigung und will sie nicht.«

Seine Zimmertür knallte kurz darauf und ich blieb zurück. Einige Sekunden fühlte ich nichts. Und dann prasselten alle Gefühle auf mich nieder, viele, *so viele*.

Wie der Regen gegen die Scheiben.

Mein Innerstes schrie. Es weinte, es toste.
Warum kann ich nicht küssen, wen verdammt ich will? Ohne Angst davor zu haben?!

Fünf Minuten fühlten sich wie eine halbe Stunde an. Ich stand nach wie vor beim Esstisch in unserer Wohnung und schrie mich selbst an. Innerlich. Meine Zweifel wuchsen und wuchsen und ich hatte das Gefühl nicht wirklich zu wissen wohin mit ihnen. Wohin mit *mir*. Da war eine Wut über mich und über die Menschen. All jene, die mir je das Gefühl gegeben hatten, nicht richtig zu sein. Jemand Falsches. Stimmen, die ich hörte, wenn ich Dai geküsst hatte. Und jetzt Siwon. Warum zur Hölle hatte ich das überhaupt getan?

»Fuck!«, brüllte ich laut und die Dunkelheit bewahrte meine Worte. Jetzt wanderten sie in den Ecken umher und klangen nach. Ich trat aus lauter Frust gegen das Tischbein, es knallte und knarrte, als ich das Möbelstück um Zentimeter verrückte. Lärm war gut, weil dann die Leere in meiner Brust voller wurde. Dachte ich. Also fluchte ich weiter, weil ich mich nicht verstanden fühlte. Und es war mir egal, was Siwon in seinem Zimmer dachte. Ging ihm ja vielleicht auch so. Aber ich fand seinen Gefühlszustand an diesem Abend nicht mehr heraus, weil *miteinander reden* und *wir*, das passte nicht.

Bevor ich noch mehr Möbel verrücken und meine Wut weiter zuschlagen konnte, setzte mein Instinkt ein. Meine Beine trugen mich aus der Wohnung, nach drüben auf die andere Seite des Ganges. Ich schlug mit der Faust gegen Taemins Tür. Erst dreimal, irgendwann schon siebenmal.

Meine Füße barfuß, wie ein Bettler, stand ich vor seiner Tür mit übermäßiger Verzweiflung im Herzen. Aber die sah er nicht, als Taemin die Tür aufriss. Nahm ich zumindest an.

»Sag mal! Es ist mitten in der Nacht!«, raunte mein bester Freund und starrte mich mit müden Augen an. Keine Ahnung, was er sah. Vielleicht meine Art. Etwas, das er noch nie in mir gesehen hatte. Schnell zog er mich in seine Wohnung und schlug die Tür hinter uns laut ins Schloss. Womöglich bekam ich dieses Mal nicht allein eine Anzeige beim Hausmeister.

»Alles okay?«, fragte er einfach. Wir standen in seinem Gang und ich wollte ihm alles erzählen, wusste nur nicht wie. Also tat ich's nicht. Zuckte mit den Schultern, als wäre nichts.

»Mir war langweilig«, log ich. Meine Stimme zitterte noch und so konnte ich ihn nicht anlügen. Über den Chat, ja, aber nicht hier und jetzt.

»Erzähl keinen Scheiß, Chiron. Was ist los?«

Oha. »Seit wann fluchst du?«

Er blinzelte. Taemin wirkte müde. Irgendwie leer, in seinem dunkelblauen Pyjama und der wilden Frisur. Und er sah mich an, als wäre ich ihm fremder denn je. Plötzlich lachte er unbeholfen. »Keine Ahnung. Vielleicht seit mein bester Freund nicht mehr mit mir spricht. Wo bist du, Mann?«

Seine dunklen Augen trafen mein Grau und ich hielt seinem Blick für einige Sekunden stand.

»Bin doch hier.«

Taemin schüttelte den Kopf. Vielleicht lockte Verzweiflung die Wut in uns Menschen hervor. War wohl nicht nur bei mir so.

»Nein, entweder du redest jetzt mit mir oder du gehst wieder. Ich... ich« Er stotterte und sah an mir vorbei. Fuhr sich durch die Haare. »Ich hasse Lügen zwischen uns!« Dieser Satz durchfuhr mich mehr, als er sollte. Oder es war genau richtig, weil er bewirkte, was Taemin wohl beabsichtigt hatte. Ich lief an ihm vorbei in den Wohnbereich, der Himmel war dunkel, aber hell genug, um sein Gesicht in der Dämmerung sehen zu können. Er stand noch immer bei der geschlossen Tür. Meine Hände ballten sich zu Fäusten.

»Hast du Mist gebaut?« Taemins Stimme war so ernst, dass ich wegsah. Ich schluckte.

»Ja.« Ich fühlte mich wie der kleine Junge, der ich gewesen war. Und der noch immer in mir saß, dann, wenn ich Angst bekam.

»Okay.« Als er zwei Schritte in meine Richtung machte, erinnerte es mich an Siwon und ich wich zurück.

»Wie schlimm?«, fragte er weiter.

Ich rieb mir über Augen und Nasenrücken. Wie erschöpft ich wohl aussehen musste. »Müssen wir darüber reden?«

»Ja! Ja, Chiron! Weil ich jetzt verdammt wissen will, was los ist! Warum kommst du mitten in der Nacht zu mir und klopfst an meine Tür, als wäre der Teufel hinter dir her?« Er warf schon wieder seine Hände in die Luft. Ich setzte zum Sprechen an, aber er war schneller. »Ich will wissen, warum du mich anlügst und nicht mehr vorbeikommst. Wohin mein bester Freund verschwunden ist! Chiron, wenn du Mist gebaut hast, dann bekommen wir das wieder hin. Aber du musst mit mir *reden!*«

Taemin konnte laut werden, wenn etwas ihn so sehr bedrückte, dass er es nicht kontrollieren konnte. Ich kannte ihn noch nicht mein ganzes Leben, aber gut genug, um zu wissen, wann ihn etwas wirklich besorgte. Und jetzt war so ein Moment.

»Sorgen werden überbewertet …«

»Dann komm nicht nachts hierher! Wenn du aussiehst, als wärst du rückwärts durch eine Hecke gekrabbelt, dann mache ich mir Sorgen!«

Was hatte ich nur getan? War jetzt dieser Moment? Vor dem ich mich gefürchtet hatte? Ich starrte auf den Boden.

»Wie schlimm, Chiron?«

»Je nach Blickwinkel.«

»Chiron …«

»Was? Was willst du hören, Taemin!?«

»Die Wahrheit!«

»Ich bin schwul! Schwul, Taemin«, brüllte mein Herz und meine Stimme überschlug sich. Die Angst war real.

»In einer Welt, in der man noch immer komisch angesehen wird, wenn ein Mann einen anderen Mann küsst!«

Stille.

Mein Herz zerbarst endgültig. Ich hatte es zehn Jahre zusammengehalten. Mit allem, was ich aufbringen konnte, aber die

Wahrheit war in dieser Nacht heftig. Und sie riss alles in mir um, wie ein Sturm, der zu stark war, als dass man ihn hätte kontrollieren können. Ich traute mich nicht, ihn anzusehen.

Armselig. So armselig.

Taemin holte Luft, und ich bekam Panik.

»Wag es ja nicht zu fragen, ob ich jemals auf dich stand!«

Ich war ein Arsch. Er hätte es nicht gefragt, aber irgendwie musste ich seine Reaktion hinauszögern. Er kam weiter auf mich zu.

»Willst du wissen, was ich als erstes gedacht habe?«

»Nein.«

»Soll ich es trotzdem sagen?«

»Ja.«

Die Dämmerung in seiner Wohnung wurde gefühlt dunkler.

»Du hast doch keinen Mist gebaut.«

Ich sah ihn an, sein Blick schimmerte und ich schluckte. Mit holprigen Schritten ging ich zu seiner Couch und setzte mich. Er blieb stehen. Ich stützte den Kopf in meine Hände.

»Das war nicht alles.«

»Okay. Wirst du mir mehr erzählen?«

Ich lachte bitter auf, drückte dann meine Fingerkuppen auf meine geschlossenen Augenlider und sperrte jegliches Licht aus.

»Ich habe Siwon geküsst.«

Taemin setzte sich jetzt doch. Ich glaubte, in den Sessel mir gegenüber, aber so genau wusste ich es nicht. Ich war für den Moment blind.

»Und jetzt kannst du nicht mehr in die Wohnung?«

Ich hob die Hände von meinem Gesicht und richtete mich auf. Blinzelte ihm entgegen. »Sag mal, ich erzähle dir, dass ich auf Männer stehe und den Bruder deiner Freundin geküsst habe und deine einzige Sorge ist, dass ich nicht mehr in meine Wohnung kann?«

Er zog die Brauen hoch. »Ja. Ich will nämlich kein Bett auf dieser Couch für dich einrichten.«

»Ich hasse dich, Taemin.« Glaubte, er lächelte durch die

Dunkelheit.

»War's gut?«

»Was?«

»Der Kuss.«

»Nein, Taemin.«

»War er nicht?«

»Nein, doch. Nur, wir reden darüber nicht.«

Er nickte. Seine Fragen fanden dennoch kein Ende.

»Hat er es erwidert?«

Ich lehnte mich zurück und verdrängte die Bilder von glühenden Lippen aus meinem Kopf. »Ja.«

»Also vielleicht steckst du doch in Schwierigkeiten.«

»Ja.«

Wir schwiegen. Die Sekunden verrannen und Minuten folgten. Ich vertrieb jeglichen Gedanken. Diesen ganzen Tag. Alles, was ich gesagt und getan hatte. Solange, bis Taemin wieder sprach:

»Fühlst du dich manchmal wertlos wegen deiner Sexualität?«

Ich atmete laut aus, weil es genau in meine Zweifel traf. Und ich schon viel zu verletzlich geworden war. Ich musste meine Mauern aufbauen und mich schützen. Vor weiteren Enthüllungen.

»Nicht heute. Ich … ich kann nicht mehr.«

»Okay.«

»Keine Ahnung, warum ich überhaupt gekommen bin.«

»Vielleicht, weil du tatsächlich ein Couchbett brauchst.«

Ich ließ mich zur Seite fallen und streckte mich auf besagtem Sofa aus. Meine nackten Füße streiften den Stoffüberzug. Keinen Millimeter würde ich mich weiterbewegen.

»Schläfst du jetzt einfach?«

»Wenn du aufhörst, zu reden.«

Ich hörte, wie er aufstand und eine Schublade aufzog. Kurz darauf bewarf er mich mit einer Wolldecke.

»Danke, Chiron.«

»Für?«

»Für deine Wahrheit.«

Ich hob halb die Hand, warum fühlte ich mich plötzlich so

schwach? Taemin blieb noch stehen. Ich drehte meinen Kopf zu ihm. »Jetzt sag schon, was du noch sagen willst!«

Er verschränkte die Arme vor seiner Brust.

»Du ... du sollst wissen, dass ich dich niemals komisch ansehen werde. Wenn du einen anderen Mann küsst.«

»Wie kannst du das wissen?«

Er ging rückwärts in Richtung hinteren Flurs und sein Zimmer.

»Weil du mich nicht komisch ansiehst, wenn ich Ahri küsse.«

Als er weg war, legte ich mich auf den Rücken und starrte an seine Wohnungsdecke. *Fix you* von *Coldplay* hallte in meinem Kopf und ich wünschte, ich könnte es laut mit Kopfhörern hören. Würde meine Herzensscherben vielleicht ein wenig fixen.

Ich weinte in dieser Nacht. Seit langem. Eine Träne, möglicherweise zwei erlaubte ich mir. Wusste gar nicht mehr, wie sich das Gefühl von kalten Perlen auf warmer Haut anfühlte.

Vielleicht waren sie mein lilagelber Regen.

Kapitel 10

Als wärst du ein wenig verloren

Siwan

Mit verschwommener Sicht tippte ich in den Chat von meiner Schwester und mir. Meine Daumen zitterten dabei, aber ich hörte nicht auf. Ein Endlosfluss aus Gefühlen.

Hey Sunnie.
Du hast mich manchmal gefragt, ob es mir gut geht. Vor deinem Unfall, weil ich mich nur noch selten gemeldet habe.

»Es geht mir gut, mach dir keine Sorgen.«
Wie oft ich mit diesen Worten geantwortet habe. Zu oft. Tut mir leid, tut mir so leid. Ich wollte dich nicht anlügen, aber vor der Wahrheit hatte ich Angst, habe ich immer noch. Wenn du mich heute fragen würdest, wie es mir geht, wäre meine Antwort ehrlich.
Es geht mir nicht gut.
Vielleicht würdest du dann fragen, warum. Und ich würde sagen: Weil ich dich vermisse. Und weil ich Gefühle zugelas-

sen habe, weil es jetzt auf meinen Lippen prickelt und in meinem Herzen dumpf pocht.
Ich bin traurig und frage mich, wohin mit mir?
Weißt du noch, wie wir uns früher auf den Boden gelegt, in den Himmel gesehen und große Gedanken zugelassen haben?
Der Wunsch, meinen großen Gedanken mit dir zu teilen, ist heute unendlich, Sunnie. Unendlich.
Ich habe das Gefühl, keinen Platz in dieser Welt zu haben.

Vielleicht war ein Gedanke noch nie so übermäßig und ich kann ihn nicht einmal mit dir teilen.

PS: Beim Auspusten der Geburtstagskerzen habe ich mir gewünscht, dir genau so eine Nachricht zu schicken.
PPS: Und dass eine Antwort kommt.

Ich schickte den Text ab. *Konnte nicht zugestellt werden*, teilte mir der Chat mit. Wie immer. Ziemlich einseitiges Gespräch, aber der trauernde Teil von mir hoffte sehnlichst, irgendwann würde sie doch antworten. Ich legte mein Handy beiseite und starrte in die Dunkelheit meines Zimmers.
23:40 Uhr.
Chiron hatte die Wohnung verlassen, ich hatte die Tür schlagen hören. War vielleicht besser so, meine Versuchung war groß gewesen wieder zu ihm zu gehen. Ihn noch einmal zu küssen. Oder anschreien. Fragen, was seine Gefühle sagten. Seine Gedanken. Ich schüttelte den Kopf, fing an mit den Fingerballen meine Schläfen zu massieren. Kopfschmerzen und Lippenprickeln und Herzpulsieren. Diese drei. Diese drei für heute Nacht und sie waren der Abschluss meines Geburtstags. Wie ich dort in meinem Bett lag und weiter über alles nachdachte, wurde ich immer verwirrter. Es war nicht, wie ich es mir vorgestellt hatte. Wieder und wieder war ich verschiedene Situationen durchgegangen. Nachts, wenn Eun-Mi geschlafen hatte, waren Bilder in meinem Kopf ent-

standen. Wie es wohl sein würde, einen Mann zu küssen. Und wie ich danach keine Ruhe finden würde.

Jetzt lag ich hier, still, beinahe reglos, traurig. Weil es sich so falsch angefühlt hatte, dass sich Chiron entschuldigt hatte. Weil ich es zugelassen hatte. Weil ich mehr davon wollte.

Und ich mich jetzt fehl in dieser Welt fühlte.

Blind suchte ich nach meinem Handy neben mir, meine Finger tippten, öffneten Instagram und luden einen neuen Beitrag auf Suns Blog hoch. Jetzt meiner. Vielleicht von uns beiden.

@piecesofthesun: Was sind deine großen Gedanken heute?

Den Rest der Nacht verbrachte ich damit, die großen Endlosflüsse der Menschen zu lesen. Viele kommentierten unter dem neuen Post.

Ich scrollte, antwortete, las, vergaß mein eigenes Leben.

Kommentar von @only__human: Seit wann Lächeln mehr wehtut als weinen. Das ist mein großer Gedanke heute.
Happy Birthday an dich, Sun <3

Kommentar von @allie.alive: Ich würde zu gerne wissen, was dein großer Gedanke ist. Verrätst du ihn irgendwann?

Kommentar von @gim_tae: Oh, Sun! Alles Gute der Welt für dich und Happy Birthday.

Während ich tat, als wäre ich ein anderer Mensch, polterte mein Herz und meine Tränen versiegten irgendwann. Wie sehr Sun gemocht worden war, keine Ahnung, was passieren würde, wenn die Welt da draußen erführe, was geschehen war. Dass sie nicht mit meiner Schwester schrieben. Dass die Postings seit Monaten nicht echt waren. Was würden sie tun, wenn sie erführen, dass ein einsamer Junge diesen Blog übernommen hatte, weil er nicht loslassen konnte? Ich schloss die App wieder und setzte mich im Bett aufrecht hin.

Atmete einmal, zweimal.

Mein Blick schweifte zu meinem Schreibtisch, auf dem zwei Briefe lagen. Seit ich vorhin in mein Zimmer gestürmt war, lagen sie dort. Ich wusste, dass es keine gute Idee war, aufzustehen und sie jetzt zu lesen. Aber weil ich nicht wusste, was ich sonst tun sollte, warf ich die Decke zurück und krabbelte ans Bettende. Stand auf, nahm die Briefe von der Tischplatte und setzte mich auf den weißen Schreibtischstuhl. In mir wirbelte es, als ich die grüne Karte sah. Ich drehte sie um und ignorierte mein mulmiges Gefühl. Ignorierte alles und las einfach.

Hallo Siwon.

Schon wieder ist ein Jahr vergangen, du bist so groß geworden. Und ich bin stolz auf dich. Mach genauso weiter, irgendwann wirst du deinen Weg gehen, wie ich ihn gegangen bin. Bleib stark und iss gut! Ach ja, ich habe dir Geld überwiesen – gib nicht alles auf einmal aus.

Alles Gute,
Papa.

Ich starrte seinen wunderschönen Schriftzug an. Er hatte die schönste Schrift. Und ich wusste noch, wie ich von ihm das Schreiben gelernt hatte. Am Küchentisch, weil er damals noch zu Hause gewohnt hatte. Er war jeden Morgen nach Seoul gefahren und am Abend wiedergekommen. Ich hatte mich an seine Worte gehängt und ich konnte nicht mal genau sagen, wann sie sich geändert hatten. Aber irgendwann war es Mama gewesen, die mit mir am Küchentisch gesessen hatte. Und Papas Briefe waren bedeutungslos geworden. Bis heute. Ich las ihn nochmal und nochmal, versuchte irgendeine Wahrheit herauszulesen, aber da war nichts. Keine Liebe, keine Mühe.

Du bist so groß geworden.

Er hatte mich lange nicht gesehen, er konnte nicht wissen, wie groß ich geworden war. Jedes Mal bereitete ich mich darauf vor, auf sein *nichts*. Und ich war dennoch enttäuscht. Ich ließ die Karte auf meinen Tisch fallen und kniff mir zwischen Augen und Nasenwurzel, weil ich dachte, so würden die Tränen verschwinden. Wie ich das satt hatte. Gedanken an ihn und an mein verkorkstes Leben, die Stille zwischen uns und einfach alles. Weil gerade *alles* weh tat.

Wenn Sunnie wüsste, dass unser Vater sich verhielt, als würde ihm ihr Tod einen Dreck bedeuten, dann würde sie vermutlich an dieser Leere zerbrechen. Genau wie Ahri und ich es langsam und Stück für Stück taten. Nein, falsch, nicht wir zerbrachen. Er tat es. Zerbrach in unseren Gedanken.

Mamas Brief war drei Seiten lang. Sie vermisste mich. Und sie lud mich ein, sie zu besuchen. Fragte, wie es mit dem Mitbewohner lief und wie ich mich einlebte. Mama schrieb, wie stolz sie auf mich war. Die letzten Sätze waren zittriger geschrieben und als ich sie las, brach der Damm erneut.

Manchmal habe ich das Gefühl, du selbst weißt nicht, wo du in dieser Welt hingehörst, als wärst du ein wenig verloren. Siwon, ich möchte dich wissen lassen, dass ich dich sehr liebe.

Dass du niemals allein bist und du immer einen Platz bei mir hast. Wir fühlen uns oft klein. Aber du weißt, was Oma Miga immer sagt, oder? Im Kopf klein, aber im Herzen so, so groß.

Happy Birthday, Siwon.

Ich war wütend. Weil Mama uns liebte und noch immer da war, während Papa in seiner Familienrolle versagte. Mit verschwommenem Blick griff ich nach meinem Handy, biss mir auf die Unterlippe, damit sie nicht so sehr zittern konnte. Tränen rollten ungehalten aus meinen Augen.

Ich: Warum bist du einfach verschwunden? Warum musste ich Medizin studieren? Warum lässt du mich nicht träumen? Warum bist du nicht für uns da? Ich bin wirklich

wütend auf dich. Und ich hasse deine Stille.

»Verdammt, Papa«, flüsterte ich. Schluchzte auf, wischte mir mit dem Ärmel meines Pullovers über die Wangen. Ich hob den Kopf und starrte an die Decke, damit sich nicht noch mehr Tränen aus meinen Augen lösen konnten. Aber die Enttäuschung verschwand nicht aus meiner Brust, meine Herzschläge erinnerten mich bei jedem Schlag daran. Als ich den Kopf wieder senkte, sah ich eine neue Nachricht.

Papa: Deine Mutter hat mir von den letzten Wochen erzählt, Siwon. Von deinem Studienabbruch und wie sehr du unter dem Tod von Sun-Nyu leidest. Das tun wir alle, auch ich. Und deswegen bin ich still geworden. Es tut mir leid, ich wollte dich niemals zu etwas zwingen. Wenn ich es mit irgendetwas gutmachen kann, bitte lass es mich wissen.

So trocken, so unnahbar, ein einfaches *tut mir leid*. Ich wollte ihm unendliche Vorwürfe machen, aber plötzlich vermisste ich ihn auch. Und das hasste ich am allermeisten. Ich vermisste seine Stimme, sein Lachen, seine Umarmungen, vermisste uns als Familie. Obwohl ich doch nur sauer auf ihn sein wollte.

Ich setzte mich auf den Boden neben die Tür, riss die Tüte mit mexikanischen Chips auf, die dort lag und stopfte sie in mich hinein. Ich dachte an meinen ersten Kuss, der kein erster war, aber mein erster bester. Dachte an alle Worte, die in dieser Nacht gesprochen und geschrieben worden waren und wie sehr mich das zerriss.

Ich: Wie du es gutmachen kannst? Lass mich einfach träumen, Papa.

Diese Nacht bestand aus Angst, Enttäuschung, Salsa, die wie meine Tränen brannte. Und einem Jungen, der sich nach innerer Freiheit sehnte.

Kapitel 11

Reden-schweigen

Siwon

Zwei strahlende Gesichter empfingen mich am nächsten Tag. Es war später Nachmittag, der Wind eisig, die Wolken hingen grau über der Stadt. Die Tür des *Rock 'n' Roll* fiel hinter mir ins Schloss und das Lächeln der beiden wurde breiter.

»Hi«, rief Mai und fuhr auf mich zu. Sie hielt ihre Haare diesmal nicht mit einem Band nach hinten, sondern hatte sie zu Zöpfen geflochten. Und als sie etwas hüpfte, schwangen sie hin und her. An ihren Füßen steckten die gleichen Skates wie das letzte Mal und um ihr Handgelenk wanden sich die leuchtenden Bänder.

»Hey«, antwortete ich und hob meine Hand ein wenig.

Ich sah an ihr vorbei zu dem freundlich grinsenden Mann. Er hatte die Arme vor seiner Brust verschränkt, trug Hemd und dunkle Hosen, hatte wildes Haar. Er musste etwa Mitte dreißig sein.

Ich neigte den Kopf, während er auf mich zukam.

»Wie schön! Danke, dass es so spontan funktioniert hat!«

»Natürlich, Herr Nam.« Ich versuchte zu lächeln, meine Wangen fühlten sich steif an.

»Ich bin dein neuer Chef, Herr Nam.« Er streckte mir die Hand entgegen. Hielt dann inne. »Was du definitiv schon wusstest.«

Ich nahm seine mit einem Händedruck entgegen und wir neigten noch einmal die Köpfe. »Ja, tatsächlich. Seon Siwon.«

Ich räusperte mich. »Siwon reicht.« Er ließ meine Hand los und klatschte. »Du hast einen festen Händedruck. Bist spontan, dein Lächeln ist freundlich. Perfekt für diesen Laden!« Er machte eine weite Geste, allumfassend. Keine Ahnung, was ich darauf sagen sollte.

»Ich habe es Ihnen gesagt!«, flötete Mai dazwischen und grinste meinen neuen Chef frech an.

»Ich stehe für lange Zeit in deiner Schuld, Rhee Mai«, antwortete er. Dann ging er rückwärts in Richtung Ausgang und winkte uns. »Mai arbeite ihn gut ein, dann ist er wirklich perfekt!« Mit einem letzten Nicken verschwand er nach draußen und ich blieb mit Mai zurück.

»Und?«, fragte sie.

»Ich bin … überrascht.«

Sie lachte. »O ja das glaube ich gern. Nam ist nicht, wie man sich einen Chef vorstellt. Weißt du, er ist ein Träumer.« Sie fuhr langsam in Richtung Tresen, ihre weißen Rollschuhe sahen cool auf dem karierten Fußboden aus. »Er tut das, was er liebt. Und man merkt es in jeder Ecke dieses Studios.« Sie fing sich an der Theke ab und drehte sich zu mir.

»Und jetzt?« Ich zog erwartungsvoll die Brauen hoch.

»Es ist ganz simpel.«

Die nächste Stunde verbrachte ich damit, alles in Augenschein zu nehmen. Mai führte mich hinter den Tresen, gab mir mein Passwort für meinen Account auf dem Computer. Zeigte mir, wie ich Anmeldungsformulare ausfüllte, verschickte und entgegennahm. Hinter dem Empfangstisch gab es einen weiteren Raum, dort befand sich ein runder Tisch und eine Einbauküche. Für den Fall, dass ich Kaffee, Tee oder einfach einen Snack brauchte. Oder Pause machen wollte, weil niemand nach meiner Anwesenheit fragte. Ich mochte das.

Anfang Januar würde ein Wettkampf stattfinden und meine erste Aufgabe war es, einen Flyer für dieses Event zu entwerfen. Ich freute mich darauf, in meinen Fingerspitzen kribbelte es, ich wollte mich sofort an den Computer setzen. Aber Mai führte mich zuerst nach hinten zu den Umkleiden. Es gab Männer- und Frauen- Kabinen, einen Duschraum, Toiletten. Und zwei Hallen. Dann überließ sie mich meinem neuen Job und verschwand in die zweite Halle, um zu trainieren.

Ich setzte mich hinter den Empfang und meldete mich an dem Computer an, richtete mir meinen Account so ein, dass ich ihn ordentlich bedienen konnte. Manchmal ließ ich meine Arbeit, Arbeit sein und betrachtete das kleine Café auf der anderen Seite des Raumes. Die bunten Tische sahen unglaublich einladend und gemütlich aus. Ein Junge saß an einem blauen Tisch und aß ein Sandwich. Neben ihm lag eine Sporttasche. Er sah auf sein Handy und schien erschöpft zu sein. Mit einem leichten Kopfschütteln wandte ich mich wieder dem Computer zu. Vor mir ein Dokument, in welchem ich das Programmheft entwerfen wollte. Nam hatte mir eine E-Mail geschickt, mit allen wichtigen Informationen und Uhrzeiten.

Das Kindertraining war um halb sieben vorbei, ich trug sie als abgemeldet in die Tagesliste ein. Der letzte Besucher verließ das Studio um kurz vor neun. Meine Schicht endete und ich meldete mich selbst ab. Die angefangene Arbeit hatte ich mir zugeschickt und würde mich zu Hause noch einmal daran setzen, weil es mir Spaß machte.

Das Café war bereits dunkel. Nur noch schwach leuchtete die Lampe in der Vitrine und zeigte, was es alles für Snacks zu kaufen gab.

Ich stand auf, nahm meine Tasche und hängte sie mir um Brust und Schulter. Ich spähte nach hinten in den Flur, denn dort brannte noch Licht. Langsam ging ich auf eine der Hallen zu und stieß die Doppeltür auf. Ich holte tief Luft, mein Mund blieb offenstehen. Die Halle war größer, als ich gedacht hatte, um die weiße Laufbahn wanden sich Sitzreihen nach oben, die Decke war licht und hoch. Es erinnerte mich an eine Eiskunstlaufhalle.

Musik spielte aus Lautsprechern, die hoch über meinem Kopf an Stempen befestigt waren. Und zu dieser Melodie, die wild und schnell spielte, fuhr Rhee Mai. In der Mitte der Laufbahn. Sie drehte sich auf ihren Rollen. Sie sprang in die Luft, streckte sich. Fiel und fuhr dann zusammengekauert in einer Hockstellung. Warf ihre Arme nach hinten, als greife sie blind nach jemandem. Mai schien so sehr gefangen in ihren Bewegungen, dass ich nicht wegsehen konnte. Was sie da tat, war nicht einfach fahren, nein, sie flog durch diese Halle. Als wären die Rollen nur ein kleiner Antrieb, um bis zum Himmel greifen zu können. Als das Lied endete, stand sie in einer perfekten Pose. Ihr Gesicht in meine Richtung gewandt. Und als sie die Augen öffnete, sah ich weg. Weil in ihrem Blick eine Schwere lag, dass ich Angst hatte, sie würde mich erdrücken. Plötzlich war es so still in dem Raum, keine Musik spielte mehr, die das Leben begleitete.

Mai kam auf mich zu, ich trat näher an die Balustrade, die den Zuschauerraum von der Bahn trennte. Sie sah mich ernst an.

»Wie lang stehst du da bereits?« Ihre Stimme zitterte leicht.

Ich fühlte mich ertappt. »Ein bisschen schon. Tut mir leid. Ich hätte draußen …«

»Nein, ist schon okay. Ist okay«, sagte sie, stützte ihre Ellbogen auf die Absperrung. Ihre hellbraunen Augen richteten sich auf einen Punkt hinter mir und verloren sich dann dort. Kurz blieb es still zwischen uns. Dann: »Studierst du noch?«

Ich schluckte und fuhr mir durch mein wirres Haar, einmal, zweimal. Ich konnte ihr wohl kaum sagen, dass ich außer diesem Job hier überhaupt nichts tat. Dass ich meine Miete nur zahlen konnte, weil Papa mir jeden Monat Geld überwies, dass ich mein Studium abgebrochen hatte und jetzt einfach nur im Weg stand.

»Du musst nicht antworten«, unterbrach Mai meine Gedanken und ich warf ihr einen kurzen Blick zu. Sie sah jetzt neugierig aus. Und ich sagte ihr die Wahrheit.

»Also ehrlich gesagt, suche ich gerade nach einem neuen Studiengang. Ich habe …« Ausweichend sah ich nach oben, dort, wo das Licht hell durch die Decke schien. »Ich habe mein Medizinstudium abgebrochen.« Aus Angst, sie würde mich enttäuscht ansehen, hielt ich meinen Blick weiter nach oben gerichtet.

»Das ist doch gut.«

Mein Blick schnellte zu ihr. Noch immer lehnte ihr Kopf in ihren Händen und sie warf mir ein Lächeln zu. Ich zog eine Augenbraue hoch. »Gut?«

Sie zuckte mit den Schultern und richtete sich auf.

»Naja, also wenn du abgebrochen hast, weil es dir keinen Spaß mehr macht, ist es gut.« Sie fuhr von der Bahn und kam zu mir in den Außenbereich. Zusammen setzten wir uns in die erste Reihe der Tribünen. »Immerhin kannst du jetzt anfangen, was du wirklich machen willst.«

»Wenn ich nur wüsste, was das ist«, seufzte ich und lehnte mich im Sitz ein wenig nach vorne. »Was ist mit dir? Was machst du?«

»Versuchen, zu leben.«

»Und während du das versuchst?«

»Währenddessen fahre und tanze ich auf Skates. Und jobbe.«

Ich schenkte ihr ein ehrliches Lächeln. »Du tanzt gut. Sieht aus, als wäre es genau richtig für dich.«

Sie überkreuzte ihre Beine und wir beide sahen die Rollschuhe an ihren Füßen an. »Ich habe noch nie vor anderen getanzt. Auf Rollschuhen meine ich.« Mai wich meinem Blick aus, also sah ich nach vorne, damit es ihr nicht mehr unangenehm war.

»Ich bin quasi ein Niemand, also zähle ich nicht«, sagte ich und lachte, obwohl sich diese Gedanken in meinem Inneren wie die Wahrheit anfühlten.

»Ich fühle mich auch manchmal so«, murmelte sie und wir schwiegen wieder. Dieser Abend war ein Zwischending aus Reden und Schweigen, Lachen und traurig sein. Wir redeten über mexikanische Chips, die sie genauso gerne mochte wie ich. Über den Winter und dass wir ihn beide nicht mochten, weil er zu dunkel war. Ich lernte sie neu kennen, erfuhr mehr über sie. Wir diskutierten über Delfine und dass wir irgendwann einmal einen in echt sehen wollten. Wir saßen lange in der leeren Halle und sprachen über belanglose Dinge. Im Nachhinein waren sie gar nicht so unwichtig, weil daraus eine Freundschaft entstand. Leise knisternd, wie eine Kerzenflamme an kalten Wintertagen. Vielleicht entstand sie, als Mai fragte, ob ich noch eine Freundin gebrauchen könnte. Wir traten gerade aus dem Studio, die hellen Laternen auf dem Parkplatz leuchteten uns den Weg und erhellten unsere Gesichter.

»Sind wir das nicht schon?«, fragte ich und sie hakte sich bei mir unter.

»Finde ich gut. Weil du jetzt der einzige Freund in meinem Leben bist.«

»Das ist doch jetzt gelogen.«

Sie schüttelte den Kopf. »Nein. Ich hatte einen Freund. Aber er … er ist gegangen. Und ich bin nicht mit, weil …« Sie sah mich mit einer schiefen Grimasse an. »Weil einfach.«

Was ist passiert? wollte ich fragen.
Aber ich sagte: »Schön, dass du noch hier bist.«

Mais Augenwinkel bekamen kleine Lachfältchen, dann blieb sie abrupt stehen. »Gehen wir noch etwas essen? Dort drüben gibt's einen guten Laden, der Ramen aufgießt.«

Ich nickte und sah durch die Bäume und zu den Geschäften hinüber. In einem davon hatte ich für Chiron die Mais-Kekse gekauft. Und wie ein Gedankenblitz schoss er in meinen Kopf. Mit allem, was ich von ihm wusste. Nicht viel, aber genug, um meine Gedanken zu beherrschen. Und während Mai von einer Fernsehsendung erzählte, die spannend war, dachte ich an ihn. Das erste Mal seit gestern. Ich hatte mir verboten, an gestern Abend zu denken. An Papa und die Vorwürfe. An Chiron und unseren Kuss. An Sunnie und meinen Besuch bei ihr. An mein Herz, das sowas von wehtat. Jetzt dachte ich an alles auf einmal, vor allem an *ihn*.

Automatisch fuhr ich mir mit den Fingerspitzen über die Lippen, versuchte, das Gefühl fortzuwischen. Aber Lim Chiron war in meine Gedanken gebrannt, signierte meine unregelmäßigen Herzschläge.

Der November hüllte uns ein, ich dachte an Küsse, Mai erzählte jetzt von Duftkerzen, die Welt drehte sich weiter, ohne dass wir davon etwas mitbekamen.
Naja, irgendwie dreht sich in mir auch alles.
Vielleicht lösen Küsse Weltdrehen aus?

Kapitel 12

Wenig Akku

Chiron

Noch fünf Minuten, dann würde Puma mich nach Hause schicken. Viereinhalb, wenn man ganz genau war. Ich versteckte mich bei den hintersten Regalen und sortierte neue Lebensmittel ein, duckte mich, weil ich dann das Gefühl hatte, sie vergesse mich vielleicht und schicke mich erst später aus dem Laden.

»Es ist Zeit! Du kannst gehen«, rief Puma in diesem Augenblick und ich zog eine Grimasse. Es war ihr völlig egal, wo genau ich war. Sie rief einfach durch den ganzen Raum und wusste, ich würde es hören. Wahrscheinlich wusste sie auch, dass ich es ignorieren würde. Ich räumte weiter das Fach ein und versuchte, an nichts von gestern zu denken. Im Hier und Jetzt leben, sagten sie doch alle.

Ich runzelte die Stirn, als noch jemand in den Laden trat und Puma in den Verkaufsraum eilte.

»Guten Abend«, sagte sie, freundlich wie immer.

»Hi! Könnten wir noch etwas zu essen bekommen? Ich weiß, wir sind spät... Aber bei Ihnen schmecken die Nudeln am besten!«, bat eine helle Frauenstimme, sofort freute ich mich innerlich. Gut für mich, Puma hätte zu tun und ich konnte länger bleiben.

»Aber natürlich! Los, los. Setzen Sie sich hierhin!« Ich hörte, wie sie nach hinten lief, um die Ramen aufzubrühen. Ein Stuhl wurde zurückgezogen und ich machte mich seufzend daran, die letzten Einmachdosen einzuräumen. Mit eingeschlafenem Bein stand ich aus der Hocke auf und blieb abrupt stehen.

Schwarze Haare. Goldene Brille.

Siwon bog in die Reihe ein, den Blick zu Boden gerichtet und als er aufsah, schnappten wir beide nach Luft. Als wäre da nicht genug für uns beide in diesem Gang. Ich konnte nichts sagen. Was hätte ich schon sagen sollen? *Hey, Hi, oh, was machst du denn hier?*

Er würde antworten: *Ich kaufe ein.*

»Kaufst du ein?«, fragte er.

Ich starrte auf seinen Mund. Keine Ahnung, was er gefragt hatte, ich hatte es irgendwie vergessen, während mir durch die Brust ein Stich fuhr. Nervös und flimmernd. »Was?«

»Kaufst du ein?«

»Nein.«

»Du arbeitest hier?«

Siwon lehnte sich zur Seite und sah hinter mir zu Boden, auf welchem die leeren Lebensmittelkartons standen. Ich zog die Brauen hoch. »Was dagegen?«

Er schüttelte den Kopf und ging an mir vorbei. Ich hasste ihn, weil er nicht mal versuchte, sich klein zu machen. Als wäre ich nicht da, ging er ganz dicht an mir vorbei und griff in das Regal, rechts von uns. Es knisterte und er zog eine Packung salziger Crispy Rolls heraus. Dann drehte er sich um, ohne noch ein Wort zu sagen und verließ den Gang, mit meinem starren Blick in seinem Rücken.

Ich überraschte mich selbst, als ich kurze Zeit später zu Puma nach hinten in den Küchen- und Pausenraum ging.

»Ich mache Feierabend.«

Sie drehte sich zu mir um, ihren hellen, leicht wässrigen Blick unter gerunzelter Stirn auf mich gerichtet.

»Seit wann gehst du freiwillig?«

»Seit ich mehr Schlaf brauche.« Lüge. Ziemlich lahm.

Puma nickte und wandte sich wieder den dampfenden Nudelbechern zu. Sie stellte beide auf ein Tablett.

»Sag mir nur noch, wie sieht es heute in deinem Kopf aus?«

Ich steckte meine Hände in die warmen Taschen meines Mantels und zog die Schultern hoch, um mich hinter dem Kragen zu verstecken. »Leer.«

Ihr Gesichtsausdruck wurde weich. »Scheint dennoch viel zu sein. Erzählst du mir das nächste Mal davon?«

Ich nickte, obwohl ich noch nicht einmal über ihre Frage nachgedacht hatte. »Und bei dir?«

Sie lächelte mich an, als wäre meine Frage etwas Besonderes. »Ich denke heute schon den ganzen Tag an die Freiheit, was für ein Glück ich habe sie spüren zu können.« Mein Kehlkopf hüpfte und ich sah diese Dame an. Die mir oft gute Ratschläge gab und mich freundlich musterte. Sie sagte dann, dass sie Hoffnung in mir sehe – ich glaubte es nie. Jetzt gerade wurde mir bewusst, dass ich kaum danke sagte. Ihr so wenig zurückgab.

»Wenn du Angst hast, dann male sie«, sagte Puma plötzlich. Dann ging sie durch die Tür in den Verkaufsraum, ihr langes Kleid schwang dabei um ihre Knöchel. Ich folgte ihr, wollte stehenbleiben, als ich Siwon mit einer jungen Frau am Tresen sitzen sah. Sie lachten, ihre Blicke nach draußen gerichtet. Die Frau imitierte etwas und Siwon nickte eifrig. Mit schnellen Schritten lief ich an ihnen vorbei und warf mich gegen die Ausgangstür, stolperte ins Freie und atmete frische Luft ein. Ich hatte gewusst, wie schwierig es sein würde, ihm wieder und wieder zu begegnen nach gestern Nacht. Aber die Realität war etwas ganz anderes. Viel mächtiger und echter und mit voller Wucht.

Bis zum Spielplatz rannte ich, dann raubte mir die Kälte alle Luft und ich musste mich auf die Schaukel setzen, um nicht auf der Stelle zu kollabieren. Sport war einfach nicht meins. War es nie gewesen und würde es nie sein. Taemin warf mir manchmal vor, dass ich heimlich trainieren würde, weil niemand einen Körper wie ich hätte, ohne sich aktiv zu bewegen. Ich antwortete immer: *Kunst ist auch eine Art der Bewegung* und dann verdrehte er die Augen und jammerte über das Dehnen vor dem Tanzen. Gedankenverloren schwang ich leicht hin und her und zog mein Handy hervor.

8 Prozent.

Vielleicht spiegelte der Akkuzustand meines Telefons meine eigene Batterie wider. Jene, die sich Herz nennen wollte und in den Brustkörben der Menschen wild und wilder schlug. Ich ignorierte die rot leuchtenden acht Prozent und rief Taemin an.

»Gerade wollte ich dir schreiben und fragen, ob alles okay ist«, meldete er sich, ohne mich zu begrüßen. Mein Mund verzog sich ein winziges bisschen.

»Ja, alles okay. Mein Handy hat nur noch wenig Akku, nicht wundern, wenn es einfach auflegt.«

»Okay. Weswegen rufst du an?«

»Ist dein Couchbett noch frei?«

Mit dem rechten Fuß schob ich den Kies umher, wann immer er während des Schaukelns den Boden berührte.

»Ich bin bei Ahri und bleibe über Nacht«, sagte er. »Aber du kannst trotzdem in die Wohnung, du kennst ja den Code.«

In solchen Momenten wurde mir immer bewusst, was für ein verdammtes Glück ich mit meinem besten Freund hatte. Dass ich überhaupt einen hatte. »Du stehst in meiner Schuld!«

»Ja und das werde ich ausnutzen, sobald die Zeit reif ist«, drohte er scherzhaft an, was mich noch ein wenig mehr lächeln ließ.

»Bist du schon zu Hause?«, fragte er.

»Nein. Sitze auf dem Spielplatz.«

»Ist wirklich alles okay?«

»Nein. Aber irgendwie schon.«

Er sagte darauf nichts, also wechselte ich das Thema.

»Richte Ahri schöne Grüße aus.«

»Zurück!«, vernahm ich ihre Stimme durch den Hörer. Wahrscheinlich saßen sie zusammen und hatten mich auf Lautsprecher gestellt.

»Hört auf, euch anzusehen und euch Sorgen zu machen!«, sagte ich und verdrehte die Augen.

»Hör auf, die Augen zu verdrehen. Und geh nach Hause, draußen ist es kalt, Mann.«

»Ja ja, du ...«

Stille. Ich nahm mein Handy vom Ohr und fand einen schwarzen Bildschirm vor. Acht Prozent hielten also ungefähr vier Minuten. Ich fragte mich, wie lange ich selbst noch durchhielt und ob ich je wieder aufgeladen werden konnte. Denn im Moment fühlte ich mich leer und taub und das lag nicht an der Kälte des Monats.

Siwan

Mai lief nach links und winkte ein letztes Mal, dann verschwand sie hinter einer Hausecke und ich stand allein in der Dunkelheit. Langsam schlenderte ich den Weg entlang und über die Straße in Richtung Park. Müdigkeit vernebelte mir den Kopf, weil ich gestern Nacht kaum die Augen zubekommen hatte. Und auch, weil ich nicht wusste, wie es weitergehen sollte.

Der Park lag ruhig in den Schatten der Nacht, nur eine Schaukel quietschte leise im Wind. Als ich näherkam, sah ich eine Person dort sitzen, sie schwang hin und her.

Ich erkannte ihn sofort. Natürlich erkannte ich ihn. Schwarze Kleidung, silbernes Haar.

Kurz überlegte ich einfach weiterzugehen, aber meine Beine hatten ganz andere Ideen. Sie trugen mich zu der zweiten Schaukel und ich setzte mich neben ihn, fing an zu schwingen. Ich sah nach vorne, also wusste ich nicht, ob er mich ansah oder ob er noch immer zu Boden starrte. Er sagte nichts. Und ich fragte ehrlich und leise in die Dunkelheit, was ich dachte: »Warum hast du mich bei dir einziehen lassen, Chiron?«

Ich hatte nicht wirklich mit einer Antwort gerechnet. Eher mit einem Schnauben seinerseits, dass er mit dem Fuß den Kies kicken, dann aufstehen und gehen würde. Aber all das passierte nicht, also wandte ich den Kopf, um ihn wieder ansehen zu können.

Langsam hob er den Blick und mein Herz klopfte wild. Schneller als gut gewesen wäre. Weil Chiron einfach schön war. Mit markanten Wangenknochen, hohen, schmalen Augen und erstaunlich langen Wimpern. Jetzt gerade konnte ich sie nicht sehen, aber gestern Nacht, da waren sie mir aufgefallen. Er hatte breite, dunkle Augenbrauen und eine gerade Nase. Seine Lippen waren schmal, aber ich wusste, wie voll sie sich anfühlen konnten. Ein heißer

Stich fuhr mir durch den Bauch und ich blinzelte. Schnell blickte ich zu Boden und stieß mich ab, damit meine Schaukel erneut schwang.

»Warum ich dich habe einziehen lassen?« Seine Stimme war tief und rau, als hätte er gebrüllt. Oder geweint. Womöglich beides.

»Ja«, hauchte ich und sah in den Himmel, der so graudunkel war.

»Weil ich dein Geld brauche.«

Ganz langsam sah ich von den dunklen Nachtwolken in sein Gesicht, ich konnte seinen Gesichtsausdruck nur erkennen, weil er direkt vor mir saß. Ich wollte die Lüge in seinem Blick erkennen, aber da war nichts. Es schien, als sagte er die Wahrheit.

»Steckst du in Schwierigkeiten?«

Chiron hielt meinem Blick stand, während er mit beiden Händen die Ketten seiner Schaukel umklammerte.

»Keine Ahnung.«

»Okay. Danke, dass ich bei dir wohnen darf.«

»Lass das mit dem bedanken.«

»Warum?«, fragte ich und fühlte mich wie ein kleiner Junge, der mehr vom Leben erzählt bekommen wollte.

»Weil ich dir nichts gegeben habe.«

Wenn du wüsstest.

Doch das sagte ich nicht laut. Lauschte nur dem sachten Schaukelquietschen und den Autogeräuschen, die von der Hauptstraße her klangen. Ich sollte gehen, aber irgendwas hielt mich auf dem Sitz gefangen. Und als er noch mal anfing zu sprechen, wusste ich nicht, ob ich es bereuen sollte, sitzen geblieben zu sein.

»Warum hast du den Kuss erwidert?«

Ich schluckte. Und mein Herz trommelte. In meinem Bauch blitzte es, in meinem Kopf hingen schwer die Gewitterwolken.

Als ich in sein Gesicht sah, beschloss ich, offen mit ihm zu reden. Egal, wie verschlossen er mich musterte.

»Ich hatte keine andere Wahl. Hätte ich dich wegstoßen sollen? Ist es das, was du gewollt hättest?«

»Man hat immer eine Wahl, Siwon.« Mein Name aus seinem

Mund war fremd und schön zugleich. Ich wollte, dass er ihn nochmal sagte.

»Ja«, stimmte ich ihm zu. »Man hat immer eine Wahl. Aber manchmal erkennt man sie erst, wenn es zu spät ist.«

Chiron senkte den Kopf und unsere Blicke verloren sich. Er stieß sich erneut an und schwang höher als davor. Als er wieder langsamer pendelte, sagte er: »Ich bereue es nicht.« Seine Schaukel kam zum Stillstand. »Aber es wird nicht mehr so weit kommen.«

Ich sah ihn lange einfach stumm an. Seine hellen Haare wehten leicht im Wind, während seine Gesichtsregungen hart wie Stein blieben.

Und ich lächelte. »Das ist okay. Ich habe dich auch nicht darum gebeten.«

Er hatte nicht damit gerechnet und blinzelte, als ich von der Sitzfläche aufstand.

»Lass uns einfach weitermachen wie am ersten Tag. Ich gehe morgen einkaufen, schreib was auf die Liste, wenn du etwas brauchst.«

Ich lächelte noch einmal. Vermutlich wirkte es traurig und müde. Aber ich wollte, dass zwischen uns diese Dunkelheit und Unsicherheit verschwand. Als ich nach Hause ging, pochte mein Herz dumpf. So als unterdrücke es etwas.

Nach Mitternacht stand ich schlaftrunken auf und wollte mir eine Wasserflasche aus dem Kühlschrank holen, im Wohnzimmer wurden meine Schritte immer langsamer. Chirons Kopf ruhte auf dem Esstisch, unter seiner Wange ein aufgeschlagenes Buch, seine Finger umschlossen sein Handy. Auf leisen Sohlen schlich ich zu ihm und musterte ihn von oben. Seine Lippen waren leicht geöffnet, seine Schultern hoben und senkten sich regelmäßig. Unter seinen geschlossenen Augenlidern stellte ich mir ein Nebelgrau vor und mein Herz schlug nachts um zwei Uhr Purzelbäume. Anstatt weiter zu meiner Wasserflasche zu gehen, setzte ich mich neben Chiron auf den braunen Holzstuhl und betrachtete ihn weiter. Fuhr jeden Gesichtszug mit meinem Blick nach, jede Kurve, Kante und Krümmung seiner Gestalt. Er hatte ein kleines Muttermal an seinem Kinn und ein zweites an der linken Schläfe. Als hätte jemand einen dünnen Pinsel genommen und Chiron bemalt. Mit Graubraun in seine Augen getupft, mit Rosarot die Lippen bemalt, mit Blassbeige seine Haut angestrichen. Ich streckte meine Finger nach seinem Wangenknochen aus und zog sie zurück, bevor ich seine Haut berühren konnte. In seinem linken Ohr befand sich ein Kopfhörer und ich verfolgte das Kabel bis zu dem zweiten Stöpsel, der vor mir auf dem Tisch lag. Ich nahm ihn und steckte ihn mir in mein eigenes Ohr, legte meinen Kopf neben Chirons. Dann betrachtete ich ihn schon wieder, während *Louder than bombs* ganz leise durch den Hörer drang.

Wie er da, mit verwuschelten Haaren und geschlossenen Augen vor mir lag, ganz verletzlich und ehrlich. Da zog sich mein Herz zusammen.

Wenn mein Leben kein Kaktus wäre, dann hätte ich dich vielleicht einfach in die Arme geschlossen und dir einen Platz zum Bleiben angeboten, Chiron.

Chiron

Siwon lag direkt vor mir, als ich blinzelnd die Augen öffnete. Musik spielte leise in meinem Ohr und ich zog den Kopfhörer heraus, schluckte und starrte den Mann vor mir an. Seine Brille saß schief, seine Lippen waren zusammengekniffen. Seine Haut war blass und die Hände unter seiner Wange feingliedrig, schmal und lang. Ich fragte mich, wie sie sich zwischen meinen Fingern anfühlen würden und dann schüttelte ich automatisch den Kopf. Ich wusste nicht, warum wir hier zusammen lagen und die Nacht an unserem Esstisch verbracht hatten. Ich wusste nur, dass mein Herz um acht Uhr morgens Purzelbäume schlug, weil er direkt vor mir lag und aussah, als bräuchte er eine Umarmung. Und ich hätte sie ihm einfach geben können, aber natürlich war mein Herz dafür zu verschlossen. Ich war zu schwarz in mir für eine Umarmung an einem gelbblauen Sonntagmorgen.
Natürlich, dachte ich.

Hätte mir jemand gesagt, dass mein Schwarz reichte, wäre ich vielleicht geblieben. Aber da war niemand, also stand ich auf und wandt meinen Blick von ihm und seiner schiefen Brille ab.

Kapitel 13

Ganga

Chiron

Es roch nach meiner Lieblingsfarbe. In der Luft hing die Farbe, als hätte ich sie überall verteilt und nicht nur auf der Leinwand vor mir. Ich malte im Stehen, lief dabei in meinem Chaos umher. *Another Love* von *Tom Odell* brachte mein Zimmer zum Leben, Musik und wilde Pinselstriche. Schwarz, überall Schwarz. Ich malte ein Schlüsselloch, durch das ein Auge sah, in die Iris eine ganze Welt gemalt. Den ganzen Tag tat ich das schon. Setzte den Pinsel nur ab, wenn ich Hunger bekam oder auf die Toilette musste. Oder als Taemin angerufen hatte, weil ihm langweilig gewesen war. Was Siwon trieb, wusste ich nicht.

Manchmal redeten wir, dann ging es ums Einkaufen oder den Hausmeister, der sich über die fehlende Klingel an unserer Wohnungstür beklagte. Ich benutzte Taemins Couch nicht mehr als Bett. Was ein Fortschritt war. Vor zwei Tagen war die Dusche erneut kaputt gegangen, weil ich aus Wut den Duschkopf zu fest von der Halterung gerissen hatte. Mehr Kosten, die ich übernehmen musste.

Wenn ich spät von der Arbeit kam, wartete an manchen Tagen

warmes Essen auf dem Tisch. Suppe, Bohnen, irgendein Eintopf, den ich nicht kannte. Es schmeckte gut, aber ich hatte nicht den Mut, mich bei Siwon für das Essen zu bedanken. Eineinhalb Wochen ging das so. Es war okay. Und dann hatte Puma heute Morgen angerufen und der Tag war für mich gelaufen gewesen. Sie hatte mir freigegeben. Also hatte ich beschlossen, die Welt auszuschließen und mich in meinem Zimmer der Kunst hinzugeben. Es war nicht so, dass ich Kunst machte. Es war eher so, dass die Kunst mich ausmachte. Sie machte aus mir den Mann, der ich war. Die schwarzen Bilder verrieten meine Geheimnisse. Die gelben Zeichnungen erinnerten mich an die schönen Momente meines Lebens. Ich sah mich um. Über meinen Schreibtisch verteilt lagen unzählige Zeichnungen, auf dem Boden standen die Leinwände. Ich machte nur drei gelbe aus. Glückliche Momente waren wohl nicht mein Ding, dachte ich und tauchte meinen Pinsel in das Wasserglas. Rührte in der dunklen Flüssigkeit herum, bis der Pinsel einigermaßen sauber war. Gerade wollte ich ihn mit neuer Farbe ansetzen, als mein Handy erneut klingelte und die Musik unterbrochen wurde. Ich seufzte tief und legte meine Utensilien beiseite. Taemin wollte vermutlich ...

Ich starrte auf mein Display.

Meine Hände begannen zu zittern, mein Herz raste. Kurz hielt ich die Luft an, nur um dann stockend weiterzuatmen.

Mama.

Sie hatte so lange nicht angerufen. Und ich sie nicht. So verdammt lange. Ich hob ab, brachte aber nichts über die Lippen. Stand nur mitten in meiner Kunst und in meiner Farbenluft. Mit klopfendem Herzen und wirbelnden Gedanken.

»Chiron?«

Ich schloss für einen Moment die Augen. »Mama?«

Sie lachte auf. Es endete in einem Schniefen. Ich lief rückwärts zu meinem Bett und setzte mich, ließ die Schultern hängen und starrte auf den Boden.

»Wie geht es dir, Schatz?«

»Alles okay«, log ich. »Warum rufst du an?«

Ich hörte sie abermals schniefen. »Willst du ... willst du mal wieder nach Hause kommen?«

»Nein«, sagte ich sofort. Ich umklammerte mein Telefon fest, damit das nervige Zittern aufhörte. »Du weißt, dass es nicht mehr mein Zuhause ist. Bitte mich nicht darum.«

Mir wurde kalt und heiß zugleich. Ihre Stimme war so schön und so fern und ich vermisste sie mit jedem Atemzug. Sie plötzlich zu hören, war nicht leicht für mich.

»Solange ich hier bin, ist es dein Zuhause. Überleg es dir, ja?«

Ich wollte abermals nein sagen, verkniff es mir allerdings. »Ja«, sagte ich leise. Ich glaubte, sie lachte und ich hasste mich. Sie anzulügen war nie leicht gewesen.

»Kurz hatte ich Angst, du hättest deine Nummer geändert. Tut mir leid, dass ich mich jetzt erst melde, so was hast du nicht verdient, Chiron. Du weißt, ich bin nicht die beste Mutter auf Erden, aber ich versuche, eine gute zu sein. Ich ... ich verschwinde nicht wieder. Nie mehr. Okay? Ruf an, wann immer du mich brauchst«, sprudelten die Worte durch den Hörer zu mir. Ich wollte auflegen, um nicht Dinge zu sagen, die der Wahrheit entsprachen.

»Ist gut, Mama. Bis-«

»Wie geht es deinen Farben, Chiron?«

Ich starrte auf mein frisches Werk. Mein Herz blieb beinahe stehen und bebte dann weiter. Meine Augen brannten.

»Ich male nicht mehr, Mama.«

»Du warst mein Lieblingskünstler, gib nicht-«

»Ich muss auflegen. Mein Mitbewohner ruft.«

Eilig verabschiedete ich sie und erhob mich wie ferngesteuert von der Matratze. Riss meine Zimmertür auf und ging über den Gang ins Bad. Schmiss dort die Tür hinter mir zu und setzte mich an die Wand neben die Toilette.

Den Rest des Abends sah ich *Sing* auf meinem Handy. Weil es um das Singen und Tanzen ging, um große Träume. Weil es in diesem Film nur einen Weg gab: *Und zwar nach oben.*

Irgendwann musste ich auf Pause drücken, weil mein Blick so verschwommen war, dass ich nichts mehr sehen konnte.

Ich ... ich verschwinde nicht wieder. Nie mehr. Okay?
Das war die Wahrheit. Aber wir kannten mich beide gut genug, letztendlich würde ich immer verschwinden, seit diesem einen Tag lief ich davon. Tränen liefen plötzlich ungehemmt über meine Wangen.
Wie geht es deinen Farben, Chiron?
»Ich habe gelogen, Mama«, weinte ich in die Stille. »Tut mir leid, ich habe gelogen. Ich male noch, nur einfach nicht mehr für andere. Niemand sieht meine Kunst und das ist beinahe so, als hätte ich damit aufgehört.«
Ihre Stimme, ich wollte sie noch einmal an meinem Ohr hören. Ihr genau das sagen. Sie war meine Einzigartigkeit, sie wusste doch alles. Aber ich traute mich nicht mehr nach Hause. Also saß ich in meiner Wohnung und weinte, während *Buster Moon* aus *Sing* versuchte, an alldem festzuhalten, was er liebte.
Meine Tränen waren still. Leise rannen sie über mein Gesicht und tropften auf mein schwarzes Shirt, immerhin sah man dort kaum, wie es nass wurde.
Du warst mein Lieblingskünstler.
Mama war der Mensch, für den ich am liebsten gemalt hatte. Nicht für den ich als erstes gemalt hatte, aber am liebsten. Ich fragte mich, was wäre, wenn ich ihr einen Brief schicken und keine Worte schreiben, sondern ein Bild hineinlegen würde.
Würde es mir dann besser gehen? Was, wenn …
Es klopfte.
Mein Herz blieb stehen.
Weitere Tränen liefen über.
Ich starrte die Badezimmertür an.
»Kann ich mit dir zusammen traurig sein?«

Siwon

Ob mein Herz rannte, oder doch für Sekunden stillstand, wusste ich nicht. Ich hielt den Türgriff in der Hand und lauschte seinen unregelmäßigen Atemzügen. Chiron hatte meine Frage gehört, da war ich mir sicher. Kurz wünschte ich mir sogar, er würde nicht antworten und ich könnte zurück in mein Zimmer gehen.

»Ich bin nicht traurig.« Seine Stimme klang gedämpft. Vorsichtig drückte ich die Klinke nach unten, erwartete, auf eine verschlossene Tür zu stoßen. doch als ich mich gegen sie lehnte, öffnete sie sich. Während sich meine Augen an die Dunkelheit im Badezimmer gewöhnten, fragte ich: »Kann ich trotzdem mitschauen?«

Als mein Blick den seinen traf, wurde mir eng in der Brust. Der Handybildschirm ließ sein Gesicht leuchten und ich sah die Tränen auf seinen Wangen. Chiron versuchte sie nicht einmal wegzuwischen. Er sah mich an, als wäre ich jemand, den er noch nie zuvor gesehen hatte. Und er zuckte mit den Schultern. Rückte näher an die Toilette heran, nickte neben sich und hielt sein Handy so, dass zwei hineinsehen konnten. Mit wackligem Schritt ging ich zu ihm und setzte mich auf den beheizten Fußboden. Zog meine Beine an meine Brust und stützte meinen Kopf auf die angewinkelten Knie.

Sing war ein guter Film für diesen Abend.

Chiron ließ den Bildschirm schwarz werden, als der Abspann lief und die Musik hörte auf zu spielen. Ich lehnte meinen Kopf an die Wand und sah nach oben an die dunkle Decke. Aufstehen und gehen. Sitzen bleiben und schweigen. Etwas anderes. Oder einfach gar nichts davon, abwarten? Keine Ahnung.

»Woher wusstest du, wo ich bin?«

»Ich wollte fragen, ob du etwas essen willst. Du warst nicht in deinem Zimmer. Also dachte ich, du bist im Bad.«

Ich konnte seinen Blick auf mir ruhen spüren, nur erwiderte ich ihn nicht. Denn ich wollte kein Herzrasen bekommen.

»Kochst du gerne?«

»Manchmal.«

»Und wann ist manchmal?«

Seine Fragen waren neu und das Interesse darin klang echt. Also antwortete ich ehrlich: »Dann, wenn ich meine Drillingsschwester vermisse.« Daraufhin schwiegen wir wieder. Als mir die Stille zu laut wurde, begann ich mit den Fragen.

»Magst du die Nacht lieber als den Tag?« Ich riskierte einen Seitenblick. Diesmal sah er nach oben, während ich sein Profil musterte.

»Ja. Die Farben sind nachts schöner.«

»Wenn du wählen müsstest: Blau oder Grau?«

»Ganga«, murmelte er.

Als er mich ansah, passierte viel. Ich zog die Augenbrauen hoch, ich musste schlucken, mein Herz fiel. Aber ich wusste nicht wohin.

»Ganga?«

»Blaugraue Farbe. Wirkt düster, ist aber eigentlich hell.«

Ich lehnte meinen Kopf wieder an die Wand und unterdrückte das Bedürfnis, meine Hand auf mein Herz zu legen.

»Hast du gelogen, als du gesagt hast, du würdest nicht malen?«

Er antwortete nicht. Erinnerungen leuchteten im Dunkeln vor meinem inneren Auge. Die Plane auf dem Boden, am ersten Tag hier. Seine Kenntnisse über Farben. Immergrün. Ganga.

Die Farben sind nachts schöner.

Wenn er Künstler war, wusste ich nicht, wie ich damit umgehen sollte. Weil es nicht zu seinen dunklen Blicken, seiner tiefen Stimme passte, zu seinem lauten Fluchen. Oder vielleicht passte es genau deshalb. Was passte schon zu einem Menschen? Alles. Man gewöhnte sich mit der Zeit ohnehin daran.

»Hast du denn gelogen, als du sagtest, du würdest nicht singen?«

Ich sah wieder zu ihm. Und er zu mir. Und wir tauschten einen tiefen Blick, Schatten schwammen zwischen uns. Langsam schüttelte ich den Kopf. »Nein, habe ich nicht.« Aus irgendeinem Grund sagte ich noch mehr: »Aber ich habe wegen des Kochens gelogen. Ich vermisse meine Schwester immer. Also ist manchmal in den Momenten, in denen ich mir vorstelle, sie wäre einfach auf Reisen.«

»Wie hältst du es aus?«, fragte er so leise, dass ich ihn kaum verstand.

Ich lächelte traurig. »Keine Ahnung, Chiron.«

Wir lösten die Blicke nicht voneinander. Ich wollte seine grauen Iriden näher sehen, vielleicht lehnte ich mich deshalb ein wenig zu ihm. Vielleicht lag es aber auch daran, dass mein Blick auf seine Lippen fiel. Oder daran, dass mein Herz vibrierte und ich es zum Stillstehen bringen wollte. Ich hörte ihn laut einatmen. Es raschelte, als er sich seitlich drehte. Zwei Menschen, sich gegenüber, viel zu nah, zwischen den Schatten der Wohnung, mit wilden Herzschlägen und lauten Gedanken.

Darf ich dich küssen?
Keine Ahnung.

Chiron bewegte sich keinen Millimeter mehr. Ich kam näher. Nur noch Zentimeter. Drei oder vier. Sie fehlten und ich könnte fortführen, was er vor einer Woche begonnen hatte.

»Wenn ich dich frage, sagst du nein. Oder?«

Ich sah es an der Art, wie verwirrt er mich musterte. Wie er nicht näher kam und wie er, anders als beim letzten Mal, einfach gar nichts tat, außer mich anzusehen. Ich wünschte, sein Herz würde auch so schnell schlagen wie meines.

Vielleicht hätte er dann Ja gesagt.

»Keine Ahnung, Seon Siwon.«

Mein Name aus seinem Mund und ich hätte es fast getan. *Fast*, weil ich feige war. Also ließ ich nur meinen Kopf gegen seine Stirn fallen und schloss kurz die Augen. Er zuckte zusammen, wich aber nicht zurück. »Ich hasse das zwischen uns. Ich hasse es, Chiron.«

Weil mein Herz fliegt und fällt und Flügelschläge macht und niemals ankommt. Ich löste mich und stand auf. Er saß auf dem Boden und seine Augen glitzerten in dem dämmrigen Zimmer.

»Japchae steht auf dem Herd. Schmeckt auch nur ein bisschen scheiße.«

Chiron

Ich brummte nur auf Ahris Betteln.

»Ich habe dich noch nie um etwas gebeten. Es ist ein wichtiges Vortanzen. Und Taemin tanzt solo. Das Publikum darf sogar voten, also wenn er nicht gewinnt, bist du schuld, weil deine Stimme gefehlt hat. Es würde ihm wirklich viel bedeuten!« Ich sah die herumtigernde Frau vor mir an. »Und mir auch«, fügte sie leiser hinzu. Ich lernte Ahri immer wieder neu kennen. Dass so viel auf einmal aus ihr sprudeln konnte, hatte ich nicht gewusst. Manchmal bekam ich mit, wie sie Taemin etwas erzählte und keinen Punkt zwischen ihre Sätze machte. Meistens ging es dann um ihren neu entwickelten Traum, Tanzlehrerin werden zu wollen. Und mein bester Freund sah sie dann an, als würde sie ihm von Freiheit und dem Leben dazwischen erzählen.

»Ist deine neue Taktik, mich jetzt zu ignorieren?«, riss mich Ahri aus meinen Gedanken und ich konzentrierte mich wieder. Sie kam auf mich zu und bevor ich etwas dagegen tun konnte, nahm sie meine Hände in ihre. »Was spricht denn dagegen?« Ihre Stimme wurde vorsichtig. Ich seufzte und entzog ihr wieder meine Hände.

»Wann ist das Vortanzen?«

»Nächste Woche.« »Hast du wirklich schon was anderes vor?«

Ich lächelte schief und sie setzte sich neben mich auf Taemins Couch. »Nein, Ahri.«

»Willst du nicht kommen, weil du tanzen nicht magst?«

»Ich mag Menschen nicht, deswegen gehe ich kaum zu öffentlichen Vorstellungen.«

Ahri setzte sich im Schneidersitz seitlich zu mir. Als ich ihren Blick erwiderte, leuchteten ihre Augen in einem hellen Braun.

»Ich fühle mich unter vielen Leuten auch nicht wohl. Weißt du was, wir schleichen uns zusammen von hinten rein und schreiben während der gesamten Vorstellung mehr Lose, als wir zählen können und dann gehen wir wieder.« Ich starrte sie kurze Zeit nur an. Sie hatte ihre langen Haare zu zwei Zöpfen geflochten und lila Bänder waren in das Dunkel eingebunden. Wenn sie damit tanzte und ihr Körper vor den Augen der Menschen verschwamm, würde es schön aussehen. Sie sah heute aus wie der Hauptcharakter eines Animes. Sie zu zeichnen wäre interessant, auch wenn ich keine Menschen mehr malte. Ich blinzelte.

»Wenn es Kaffee gibt, komme ich mit.«

Sie klatschte in die Hände und lächelte mich an. Es war ein ehrliches Lächeln. Und ich dankte ihr still dafür, versuchte, ihr ebenfalls eines zu schenken.

»Wie lange übt Taemin da drinnen noch?«, fragte ich und lehnte mich nach hinten, um in den Gang sehen zu können. Ahri zuckte die Schultern und spähte ebenfalls nach hinten.

»Weiß nicht. Musst du los?«

Ich schüttelte den Kopf. »Wenn du mich noch länger aushältst, nicht.« Sie boxte mich leicht und ich freute mich darüber. Sie kam immer besser mit mir klar. Mit meiner Insensibilität und meinen Sprüchen, die ich mir manchmal besser verkneifen sollte.

»Disney?«, fragte sie und ich legte den Kopf schief.

»Hast du Onward schon gesehen?«

Da war die Andeutung eines Kopfschüttelns, aber sie antwortete nicht. Ihre Gesichtszüge wirkten auf einmal ganz traurig. Sie versuchte wieder zu lächeln, aber es gelang nicht.

»Ist der Film traurig?«, fragte ich und hätte mir am liebsten auf die Zunge gebissen, als sie antwortete.

»Ich habe ihn noch nicht gesehen.« Ahri zog ihre Beine an die Brust und umschlang sie mit den Armen. Es erinnerte mich an Siwon und unsere Badezimmerminuten. Schnell verdrängte ich den Gedanken. »Meine Schwester Sun und ich wollten ihn zusammen ansehen. Aber … aber wir haben es nicht mehr geschafft.«

»Wenn du willst, schaue ich ihn mit dir. Und dann erzählst du deiner Schwester irgendwann davon. Wer weiß, vielleicht ist sie auch gerade hier und kann mitschauen.«

Ich glaubte, dass sie innerlich wegen meinen Worten weinte. Aber äußerlich schlich sich ein mutiges Lächeln auf ihre Lippen.

»Du klingst beinahe wie Taemin«, murmelte sie.

»Die Töne unserer Freunde färben auf uns ab. Noch nie gehört?«

Sie stand auf und ging zu Taemins Fernseher, um ihn anzuschalten. »Ich wünschte, du würdest auf mich abfärben. Vielleicht wäre ich dann ein bisschen furchteinflößender«, sagte sie und versuchte, bösartig das Gesicht zu verziehen. Es sah süß aus. Ich grinste.

»Wenn es so weit ist, sag Bescheid. Ich darf das nicht verpassen.«

Sie suchte nach dem passenden Film und klickte ihn an.

»Los geht's! Oh, ich bin aufgeregt.«

Seon Ahri setzte sich wieder neben mich auf die Couch und umarmte ein Kissen. Mit ihr zusammen waren auch Kissen in diese Wohnung gekommen, ein bisschen mehr Leben. Irgendwann würde ich fragen, wie sie Taemin dazu gebracht hatte. Während Disney das Logo zeigte und die Geschichte startete, schlug mein Herz beinahe so schnell wie gestern im Badezimmer. Als *er* nur vier Zentimeter vor mir gewesen war und ich daraus null hatte machen wollen.

Kapitel 14

Dachtest du, ich bin zerbrechlich

Siwon

»Hey, du siehst aus, als hättest du dein Lieblingseis fallen gelassen«, sagte Mai und rollte zu mir an den Tresen heran.

Ich blinzelte und sah sie verwirrt an. Ich saß am Empfang des *Rock 'n' Roll* und arbeitete weiter an dem Flyer für das Event. Nächste Woche würden sie in den Druck gehen. Heute war Dienstag und ich müde. Fühlte mich irgendwie ausgelaugt. Als ich zu Mai aufsah, grinste ich übertrieben. Sie schüttelte amüsiert den Kopf.

»Lass das! Erzähl mir lieber, warum du heute so still bist.«

»Wann bin ich denn nicht still?« Sie runzelte die Stirn und stützte ihre Ellbogen auf die Theke. »Erstens«, sie hielt ihren Zeigefinger gestreckt für die eins. »Erstens, wenn du mir von Pflanzen erzählst und wie leer es in deiner Wohnung wirkt ohne sie.« Ihr Mittelfinger repräsentierte die zwei. »Zweitens, wenn du von Gerichten erzählst, die du abends kochen willst.«

Während sie redete, wanderten meine Augenbrauen immer

weiter nach oben.

»Und drittens: Wenn du mir sagst, ich solle bei dem Wettbewerb mitmachen.«

Und ich musste lächeln. Sie schaffte das tatsächlich ziemlich oft. In der letzten Woche hatten wir uns einiges übereinander erzählt. Ich hatte gemerkt, dass wir früher bei der Arbeit im Café nie wirklich über uns gesprochen hatten. Und ich erfuhr jetzt, sie wohnte bei ihrem Vater und ihre Mutter war in Amerika, in einem Forschungslabor. Für Mai war das okay, immerhin bekam sie jede zwei Wochen einen Brief von ihr. Vorgestern hatte sie gesagt, sie wäre froh darüber, dass ich ihre quirlige Art mochte. Sie hätte sonst keine Freunde. Ich sagte ihr, dass es bei mir genauso war. Nicht einmal den Unfall, die Trauer, meine Unsicherheiten ließ ich weg. Ich erzählte ihr so viel und freute mich jedes Mal auf die Arbeit, weil wir dann reden und lachen konnten. Abends aßen wir manchmal zusammen, nur nicht bei der alten Dame im Laden. Weil *er* dort arbeitete und ich ihm nicht begegnen wollte. Ich kochte abends für ihn mit. Keine Ahnung, warum. Vielleicht weil es mir Spaß machte. Weil am nächsten Tag nie etwas übrig war und ich mir einredete, es wäre ein Fortschritt zwischen Chiron und mir.

Mai schnippte vor meinem Gesicht herum.

»Wie viele Eiskugeln fallen denn heute noch?«, fragte sie und zog eine Schnute. Mist. Ich war schon wieder mit den Gedanken bei ihm.

»Wieso eigentlich Eiskugeln?«

Ihre Augen wurden schmal. »Na, weil die Menschen traurig aussehen, wenn das Eis fällt und die Kugeln auf dem Boden schmelzen.«

»Klingt logisch«, murmelte ich und lächelte sie dann an. »Und du machst definitiv bei diesem Wettbewerb mit!«

»Hör auf, zu lächeln, wenn dir nicht danach ist. Und du weißt, ich fahre nicht vor Publikum.«

Ich schob die Unterlippe vor. »Komm schon, Mai. Warum zeigst du den Menschen nicht, was du kannst?«

Sie stieß sich leicht vom Tresen ab und sah sich um. In der Eingangshalle waren nur wir zwei. Nicht einmal im Bistro gegenüber war jemand zu sehen.

»Weißt du«, sie legte den Kopf schief und sah mich ernst an. Kurz schien sie zu überlegen, ihre nächsten Worte wirklich auszusprechen. Und ich wartete ab, weil Drängen nichts half. Nach einer kurzen Pause seufzte sie und fuhr den schwarz-weißen Karoboden rauf und runter. »Weißt du, früher habe ich vor Menschen getanzt. Ich war schon auf Wettbewerben. Bei einem hat die Jury sogar geweint. Wenn ich mich fallen lasse, steckt mein ganzes Herz in dem Tanz.« Sie lächelte schüchtern. Es war das erste Mal, dass ich Mai verlegen sah. »Mich hat noch nie jemand auf diesen Dingern gesehen«, sie streckte ein Bein in die Höhe und wackelte mit dem Fuß. Die Rollen leuchteten mir orange entgegen. »Ich weiß nicht, ob ich wirklich gut bin. Ich mache das als Hobby, vielleicht sieht es blöd aus. Keine Ahnung, ich will lieber nicht bewertet werden.«

Ich verstand, was sie sagte. Und dennoch konnte ich nicht vergessen, was ich gesehen hatte. Also stand ich auf und kam um den Empfangstisch herum.

»Ich habe dich schon auf *diesen Dingern* gesehen.« Vorsichtig stupste ich mit meinem Fuß gegen ihre Rollen. »Und ich fand es schön. Bis hier drinnen ist dein Tanz gekommen.« Ich drückte meine Hand auf mein pochendes Herz und sah ihr fest in die Augen. »Ich müsste viel üben, keine Ahnung, ob ich das während der Arbeit schaffen kann«, fand sie weitere Ausreden.

»Nutz die Zeit, die du sowieso hier bist.«

Sie fuhr wieder auf und ab und ich lehnte mich mit dem Rücken gegen den Empfang. »Ich will dich nicht drängen, Mai. Aber ich habe dich Tanzen gesehen. Auf diesen Rollschuhen. Und ich will, dass so viel mehr Menschen dein Herz auf Rollen sehen. Ich würde mir für dich wünschen, dass du diesen Preis gewinnst und …«

»Was ist der Preis?« Sie war plötzlich stehengeblieben und sah mich forschend an. Ich zog die Brauen hoch.

»Du weißt noch gar nicht was der Preis ist?«, hakte ich nach. Sie schüttelte den Kopf und ich setzte mich schnell wieder hinter den Schreibtisch. Öffnete das richtige Dokument und las vor: »Der Gewinner erhält sowohl ein Preisgeld als auch eine Reise nach Seoul bla, bla…« Ich sprang auf. »Mai, der *Seoul Roller Club* will eine neue Rollerskategruppe zusammenstellen und sucht im ganzen Land nach neuen Talenten dafür. Deswegen macht Nam diesen Wettbewerb doch! Um euch die Chance zu geben, nach Seoul zu diesem Casting zu kommen.«

Rhee Mai starrte mich nur an. Ich wartete auf eine Antwort. Aber sie gab keine. Vielleicht brachte das alles nichts und ich musste akzeptieren, dass sie diese Chance nicht wollte.

»Okay. Aber hör nicht auf, mit dem Herzen zu rollen. Das ist besonders.«

Mai war außergewöhnlich still geworden. »Ich geh nach hinten. Wir sehen uns«, murmelte sie und fuhr davon, bevor ich noch etwas sagen konnte. *Mist, Mist, Mist!* Meine Worte und dieses Gespräch hatten sie ganz sicher verletzt. Das Thema schien ihr nahe zu gehen und ich hörte seit Tagen nicht auf, sie darauf anzusprechen. Ich war so ein Idiot. Schnell speicherte ich all die Dokumente, checkte die Liste des Abends. Es war tatsächlich keiner mehr im Haus, außer Mai und mir und einer Lehrerin. Ich schloss die Seiten und schaltete den Computer für heute aus.

Ich wollte Mai hinterherlaufen, doch der Blick auf mein Handy ließ mich erstarren.

Lim Chiron: Eine Eun-Mi steht vor der Wohnungstür. Kennst du sie?

Meine Hände begannen zu zittern und ich packte das Handy fester. Fuck. Wie hatte sie mich gefunden? Wie zur Hölle hatte sie meinen Wohnort herausgefunden? Mit bebenden Händen wollte ich zurückschreiben, vertippte mich, schrieb neu, meine Finger funktionierten nicht mehr. Kurzerhand und ohne darüber nachzudenken, rief ich ihn an.

»Endlich!«, dröhnte seine tiefe Stimme durch den Hörer.

»Ist sie noch da?«, fragte ich gehetzt und verschluckte mich dabei an meiner eigenen Spucke.

»Sie steht vor der Tür und klopft«, sagte Chiron. »Wir haben ja keine Klingel.«

»Wie lange schon?«

»Hmmm. So sechs bis zehn Minuten schon. Ziemlich amüsant wie ich finde ...«

»Sag ihr, ich wohne nicht bei dir. Sie soll verschwinden.« Mein Atem ging kurz. Mein Hirn arbeitete automatisch, wahrscheinlich auch ziemlich panisch. »Sie soll einfach verschwinden.«

Chiron räusperte sich. »Sie weiß, dass du hier wohnst. Zu spät, um zu lügen. Sorry.«

Ich starrte an die Decke des Raumes. »Was hast du ihr gesagt?«

»Das du hier wohnst und arbeiten bist und ...«

»Warum? Warum sprichst du überhaupt mit ihr?!«

»Weil ich keine Ahnung habe, wer sie-«

»Misch dich einfach nicht ein!«, schrie ich durch das Telefon und er brüllte zurück: »Fuck, ich rede mit wem ich will! Du bist nicht hier, was erwartest du?!«

Ich biss mir auf die Lippen und schluckte. »Okay. Hör zu, schick sie weg. Sag, ich komme heute nicht nach Hause.«

»Ist das eine Lüge?«

»Ja.«

»Alles klar. Und schrei mich nie wieder an.«

Ich verengte die Augen zu Schlitzen. »Fuck, Chiron. Ich schreie an, wen ich will.« Und dann legte ich auf und steckte das Handy in die Tasche meiner Hose. Hin und her gerissen stand ich da. Ich musste mit Mai reden und mich entschuldigen. Ich musste in die Wohnung und das mit Eun-Mi in den Griff bekommen. Bevor ich mich entscheiden konnte, hörte ich tapsende Schritte. Mai kam in den Eingangsbereich und sah mich mit müdem Blick an.

»Ist alles okay?«

Ich zuckte leicht zusammen, als die Wahrheit durch meine Gedanken blitzte. »Ja, alles gut.«

Unter dem Tisch zog ich meinen Rucksack hervor und schulterte ihn. »Wir sehen uns, ich muss noch was erledigen.« Ich war zu feige, um mich zu entschuldigen. Einfach zu feige.

»Siwon ... Wenn du reden willst ...« Sie ging auf mich zu, als ich hinter dem Tresen hervorkam. »Ich weiß, das ist ein Klischee-Spruch und vielleicht wirst du mir danken und es dann vergessen. Aber du kannst wirklich mit mir über alles sprechen. Vergiss das bitte nicht.«

Ich sah sie für einen Moment lang an. Ihre Karamellaugen, ihre hellbraunen Haare, ihre Armbänder um die Handgelenke.

»Wie viel von dem Telefonat hast du gehört?«, fragte ich sie.

»Es war nicht zu überhören, Siwon. Tut mir leid.«

»Nein, ist okay. Ich schreie eigentlich nicht«, sagte ich und zog eine Grimmasse. »Und es tut mir leid wegen vorhin. Da war deine Grenze und ich bin mit Karacho drüber gefahren. Keine Ahnung, sowas passiert mir öfter in letzter Zeit, na ja tut mir jedenfalls leid.«

»Darf ich dich in den Arm nehmen, Seon Siwon?«

»Also ... okay?«

Rhee Mai kam die letzten Schritte zu mir und als sie ihre Arme um mich legte und festdrückte, beruhigte sich mein Herzschlag ein winziges bisschen. Vorsichtig legte ich die Arme um Mai und erwiderte ihre Umarmung. Ich versuchte mich daran zu erinnern, wann mich zuletzt ein Freund so gedrückt hatte.

»Siwon?«

»Ja?«

»Erzählst du mir irgendwann, warum dein Eis gefallen ist?«

»Du weißt eh schon so viel.« Ich legte mein Kinn auf ihrem Scheitel ab. »Und du? Erzählst du mir auch von dir?«

»Ja, immer dann, wenn ich mutig bin.«

»Abgemacht, Mai?«

»Abgemacht.«

Wir lösten uns voneinander und gingen gemeinsam aus dem *Rock 'n' Roll*. Kälte und Wind und Dunkelheit empfingen uns.

»Siwon?«

»Ja?«

»Ich finde, du solltest deinen Mitbewohner öfter anschreien.«

Erstaunt blinzelte ich. »Außerdem müssen wir das mit der Umarmung nochmal üben. Dachtest du, ich bin zerbrechlich?«

Vor unserem Wohnhaus wartete ich auf Ahri, weil sie mich unbedingt hatte sehen wollen, nachdem ich am Telefon so gestresst geklungen hatte. Ich schuldete Eun-Mi eine Erklärung, weil ich vor Wochen ohne ein Wort verschwunden war. Während sie angenommen hatte, ich wäre auch glücklich mit unserer Beziehung. Aber ich fühlte mich nicht bereit, ihr alles zu erzählen, ihr mein Herz offen darzulegen. Zu sagen, dass ich mich wohl niemals in eine Frau verlieben würde und dass unsere Beziehung nur wegen meiner Feigheit existiert hatte. Ich bekam Panik, wenn ich daran dachte, wie ich es ihr sagte. Sah regelrecht ihr verletztes, wütendes Gesicht vor mir. Und deswegen musste ich dieses Gespräch und ein Wiedersehen mit ihr herauszögern, solange bis ich selbst mit mir im Reinen war.

Erst als Chiron geschrieben hatte, hatte sich mein Herzschlag wieder beruhigt.

Lim Chiron: Sie ist weg und ich bin einkaufen gegangen, brauchst du was?

Ich lehnte jetzt an der Wand des Hochhauses und sah die Straße hinunter. Manchmal bildete ich mir ein, Ahris Gestalt kommen zu sehen, dann war es aber nur der Schatten eines Fremden. Sie brauchte etwa zwanzig Minuten hierher, also würde ich noch warten müssen. Die Straßenlaternen spendeten Licht, aber nur an Teilen des Weges. Als ich irgendwann schnelle Schritte hörte, kniff ich die Augen zusammen und sah durch die Nacht zu meiner Schwester. Sie lief auf mich zu, ziemlich schnell.

»Hi«, keuchte sie und stützte sich auf ihre Knie.

»Weißt du, ich hätte dich auch abgeholt. Oder wäre zu dir gefahren. Immerhin ist es spät und dunkel!«

Sie lächelte mich nur schwach an und richtete sich wieder auf.

»Warum bist du überhaupt gerannt?«

Sie zuckte mit den Schultern. »Na ja, die Ecke dort drüben ist gruselig. Das Licht vom Spielplatz reicht nicht bis zur Straße und die Laternen fangen erst hier an.« Ich trat auf sie zu und nahm sie ganz fest in den Arm. Weil sie trotzdem zu mir gekommen war, auch wenn ihr nicht ganz wohl dabei gewesen war. Nach einigen Atemzügen drückte sie gegen meine Brust, damit ich sie wieder losließ. »Und du?«

»Ich?«

»Warum stehst du hier draußen in der Kälte?«

»Weil ...«, ich brach ab und sah unsicher zur Eingangstür des Wohnkomplexes. Ahri nahm meine Hand und drückte einmal.

»Du kannst mit mir reden, *Nightmare*.« Ich nickte, brachte aber trotzdem keinen Ton mehr heraus. Sie zog mich ein Stück die Straße entlang und setzte sich mit mir auf die Bank neben einer Laterne. Ahri zog die Beine an und setzte sich seitlich, damit sie mich ansehen konnte. Ich sah nach oben in den Himmel. Dunkel und schwer drückte er gegen die Erde. Und diese hielt dagegen. Ein Gleichgewicht, das sich Welt nannte. Meine Schwester stupste mich leicht mit ihrem Schuh an.

»Weißt du«, fing sie an. »Sun und ich machen uns schon seit einem Jahr Gedanken um dich.« Sie sprach, als wäre unsere Drillingsschwester noch hier. Aber Sun war im Himmel. Während wir auf der Erde saßen. Vielleicht war es genau, wie ich vorhin gedacht hatte. Während Suns Erinnerungen gegen uns drückten, hielt die Trauer zurück. Und das war unsere Welt, unser Gleichgewicht. Ich schüttelte den Kopf und konzentrierte mich wieder auf Ahri.

»Wir dachten uns nur, du würdest schon allein klarkommen. Und das kommst du auch, aber ich habe manchmal das Gefühl, du könntest jemanden zum Zuhören brauchen.« Ich sah sie an und Ahri versuchte zu lächeln. Ich biss mir auf die Innenseite meiner Wange.

»Ich weiß nicht, was ich erzählen soll. Also kann es auch niemanden zum Zuhören geben.«

»Du hast mal gesagt, dass die Entscheidung manchmal nicht bei uns liegt. Und dass wir dann nehmen müssen, was wir zu tragen bekommen, sonst zerbrechen nicht nur unsere Träume, sondern auch wir.«

Ich lachte unsicher. »Das hast du dir gemerkt?«

»Ist es so bei dir? Hast du etwas zu tragen bekommen und es einfach angenommen, weil du keine andere Wahl gesehen hast?«

Manchmal dachte ich, sie wäre meine kleine Schwester. Aber das war sie nicht, vielleicht war sie es nie gewesen. Womöglich war immer ich derjenige gewesen, der viel verwirrter durchs Leben ging als sie. Als ich sie jetzt ansah, dachte ich an Sunnie. Und dass ich mit ihr so viel geredet hatte, was niemals schwer gewesen war. Meine Drillingsschwester lächelte noch immer vorsichtig und mein Herz zuckte, weil es Erinnerungen unterdrückte. An den Menschen, der genauso aussah wie Ahri. Und vielleicht nahm ich deshalb all meinen Mut zusammen.

»Ich habe Eun-Mi nie geliebt.« Meine Kehle brannte, die Kälte der Nacht kroch in meine Glieder. »Sie … sie war ein Ort für mich, an dem ich nicht über mich nachdenken musste.« Ich sagte ihr genau das, was ich vor eineinhalb Wochen an Suns Urne geflüstert hatte. »Sie war eine Frau, die Papa gefallen hätte.« Meine Worte vergingen beinahe, weil sie so leise und gebrochen klangen. »Sie war fast perfekt, Ahri.« Ich sah meine Schwester an, in ihre schmalen Augen, die mich betroffen musterten. »Und ich?«, sprach ich schnell weiter, bevor mich der Mut verließ. »Ich bin kaputt und wirr. Ich bin alles, was Eun-Mi nicht ist.« Eine kurze Pause entstand. Dann: »Sie war heute hier.«

»Eun-Mi?«

»Ja«, flüsterte ich, weil mir die Stimme im Hals stecken blieb. »Ich habe keine verdammte Ahnung, wie sie hergekommen ist, woher sie weiß, wo ich wohne.«

»Hast du mit ihr gesprochen?«

»Nein. Chiron war zuhause. Er hat sie weggeschickt.«

Ahri rückte näher an mich heran und lehnte ihren Kopf an meine Schulter. »Vielleicht ist es doch nicht so übel mit einem Griesgram zusammenzuleben, hm?«

»Ich habe ihn dafür angeschrien«, murmelte ich und lehnte meinen Kopf gegen ihren. Meine Hände vergrub ich in den warmen Taschen meines Mantels.

»Das schadet ihm nicht«, erwiderte sie.

»Weißt du, warum er so einsam ist?«

Sie schüttelte den Kopf. »Er hat doch uns. Er ist also gar nicht so einsam.« Ich verzog den Mund. Ahri wusste genau, was sie antworten musste, um mir die traurigen Gedanken zu nehmen.

»Wirst du irgendwann mit ihr reden?«

»Mit Eun-Mi?«

»Mhm.«

Ich sah wieder nach oben. »Irgendwann. Aber erst muss ich den Rest der Scherben zusammensammeln.«

Sie kuschelte sich noch näher an mich. »Wie viele Scherben liegen denn noch herum?«

»Ungefähr 77812.«

Sie hob den Kopf und ihre Augen wurden groß. »Das ist gut, Siwon. Das ist gut.« Erstaunt sah ich sie an. »Es sind nicht mehr unendlich viele. Du hast jetzt die Chance, sie aufzuheben und dich zu reparieren.«

»Hilfst du mir dabei?«

»Natürlich. Du weißt doch: Wir zwei halbe Herzen müssen zusammenhalten.«

»*Daydream?*«

»Was denn?«

»Wie schaffst du es? Wie kommst du so gut damit klar?«

Sie setzte sich nun aufrecht hin und wirkte sehr offen. Das Lächeln, welches sich in ihre Züge schlich, war so unendlich traurig, dass ich bereute, sie gefragt zu haben. Diesmal flüsterte sie: »Manchmal schaffe ich es gar nicht. Es gibt Tage, da weine ich mich in den Schlaf und wache weinend auf. Dann tut mein Herz weh. Und es gibt Tage, da versuche ich, an dem festzuhalten, was ich liebe und was mir geblieben ist.« Sie zuckte mit den Schultern, weil sie das immer tat. »Ich weiß nicht einmal, was ich ohne Taemin gemacht hätte. Vielleicht säße ich dann noch immer allein und verloren in meiner Wohnung auf dem Boden.«

Und ich wusste nicht, was ich ohne den alten Mann getan hätte, denn ohne ihn stünde ich wohl noch immer in dem dreckigen Hotelzimmer ohne Licht und mit blutiger Lippe. Schnell verdrängte ich die Gedanken daran.

»Wenn es wieder einen Tag gibt, an dem du dich in den Schlaf weinen willst, ruf mich an. Dann können wir uns zusammen über Himmel und Erde und die Welt dazwischen unterhalten.«

Ahri stand auf und fröstelte leicht, aber sie nickte mir entgegen. »Das mache ich.« Diesmal war ich an der Reihe, die Schultern nach oben zu ziehen. »Wir bekommen das alles schon hin. Eins nach dem anderen.« Ich blieb sitzen, während sie stand und auf mich hinuntersah.

»Hey, ich bin doch gekommen, um dich aufzuheitern! Nicht andersrum!«

Wir lachten ein bisschen und sie nickte in Richtung Gebäude. »Gehen wir rein, sonst erfriere ich noch.«

»Bleibst du heute bei Taemin?«

»Ja, vermutlich. Also?«

»Ich bleibe noch ein wenig hier sitzen. Geh ruhig schon.«

Sie zögerte und vergrub ihre Hände in den Taschen ihrer Daunenjacke. »Mach dir nicht zu viele Gedanken wegen Chiron. Er verkraftet schon, wenn er mal angeschrien wird.«

Ihr entging wenig. Aber oh, wenn sie wüsste. Wenn sie wüsste, weshalb ich mir noch Gedanken über ihn machte.

»Also …« Ich konnte es ihr nicht sagen. Nicht hier. Nicht jetzt. Weil ich es mir selbst nicht einmal sagte. »Mache ich nicht«, antwortete ich schnell und winkte.

»Bevor du zur Schneeflocke wirst, gehst du aber rein, okay?«

»Schneeflocke sein ist bestimmt auch ganz cool.« Sie verdrehte leicht die Augen und ging ein paar Schritte zurück.

»Gute Nacht, *Nightmare!*«
»Gute Nacht, *Daydream*.«

Die Spitznamen waren wie eine warme Umarmung in der kalten Nachtluft. Wir hatten nie aufgehört, uns so zu nennen. Es waren einfache Kinderspitznamen, die wir damals nicht wirklich verstanden hatten. Die nur schön geklungen hatten und die jetzt doch alles bedeuteten. Inzwischen konnten wir die englischen Worte sogar ohne zu nuscheln aussprechen.

Als Ahri im Gebäude verschwunden war, kramte ich mein Handy aus meiner Hosentasche und öffnete meine Musik-App. Mit den Kopfhörern in den Ohren sah ich nach oben. Es war Mitte November und kalt in dieser Stadt. Dunkle Wolken schoben sich seit Tagen vor die Sterne. Und als ich in dieser Nacht auf der Bank saß und den Blick hob, fielen die ersten Flocken des Jahres. Ganz sacht und leise wirbelte sie der Wind umher. Manche waren noch Regentropfen, andere richtige Eiskristalle, die auf die Erde sanken und dort schmolzen. *Minimum* von *Charlie Cunningham* spielte, als sich mehr und mehr Schneeflocken auf diese Erde verirrten. Als hätte es meine Schwester gewusst. Vielleicht fühlte ich mich in dieser Nacht wirklich ein bisschen wie eine Schneeflocke. Kalt und wirr und leicht. Ich streckte die Hand aus und fing sie auf. Als der Kristall in meiner Hand zu Wasser wurde, lächelte ich aufrichtig.

Die Musik begleitete meinen Herzschlag und mein Lachen wurde breiter und breiter. So wie lange nicht mehr. Dieses Leben, das ich lebte, war ein Minimum dieser Erde. Aber vielleicht reichte es. Vielleicht reichte mein Minimum für alles, was noch kommen würde.

Kapitel 15

Als würde man fliegen

Chiron

Er stand da einfach in der Nacht. Mit seinem beigefarbenen Mantel, der ihm bis zu den Knien reichte. Seine dunklen Haare passten sich den Schatten an, sein goldenes Brillengestell blitzte zu mir herüber, wann immer Siwon den Kopf drehte. Jetzt gerade hatte er den Blick nach oben gerichtet. Zu den Sternen, die nicht da waren. Ich blieb stehen, ungefähr zehn Meter von ihm und der Bank entfernt. Wollte nicht mit ihm sprechen. Wollte ihn nur ansehen. Ihm zusehen. Denn er stand da, streckte die Hand vor sich und fing die leisen Schneeflocken mit seiner Handfläche auf. Bald wirbelten mehr und mehr Flocken um ihn herum und er wandte das Gesicht zu den Wolken.

Er lachte.

Zaghaft, dann breiter, aufrichtig. Seine vollen Lippen verzogen sich und ich musterte ihn wie versteinert, während er lebendig war. Irgendwas in meiner Brust polterte los, zog an mir, wirbelte genau wie das Wetter. Siwons Lächeln war schön. Vielleicht eines der wahrhaftigsten, die ich je beobachtet hatte. Weil ich es so noch nie gesehen hatte oder weil es traurig aussah und zwischen diesen traurigen Zügen Mut hervorblitze. Jetzt gerade wollte ich ihn malen. Seine schwarzen Haare, die sich unter der Kälte und Nässe mehr wellten, seine gerade Nase, die nach oben zeigte, und eben dieses Lachen. Genauso die weißgrauen Regenflocken, die um ihn flogen und die er eine nach der anderen versuchte einzufangen.

Ich wollte ihn in Farbe malen.

Nicht schwarz und weiß. Da war sein cremefarbener Mantel, die rosablasse Haut, das Glitzern in seinen Augen. Den Himmel in *charcoal* und die Wolken mit der Farbe *porpoise*. Ich wusste, sie standen in meinem Malkasten, es wäre ganz leicht die Farbtuben zu nehmen und anzufangen. Der Ton *cloud* wäre für die Schneeflocken.

»Chiron, bist das du?«

Ertappt blinzelte ich. Blieb einfach stehen, weil ich keine Ahnung hatte, was ich sonst hätte tun sollen. Also sagte ich nichts, bewegte mich nicht, sah ihn nur an. In der Erwartung, er würde wütend reagieren, wäre peinlich berührt, oder würde einfach gehen.

»Willst du nicht aus den Schatten kommen?«, fragte er sanft. Von Siwon lernte ich viel in dieser Nacht. Dinge, die ich zuvor nie an ihm gesehen hatte. Wie leise seine Stimme sein konnte und wie sehr er mich doch damit traf. Dass er beinahe frei wirken konnte.

Langsam trat ich aus der Dunkelheit in das Licht der Laterne und zu ihm.

Er musterte mich. »Warst du arbeiten?«

»Nein, nur einkaufen«, antwortete ich und blickte auf die Plastiktüten in meiner Hand. Auf dem ganzen Weg hierher hatte ich gehofft, sie würden nicht reißen. »Und was machst du hier draußen?«

Er hob die Arme ein wenig, als wüsste er es selbst nicht. Und sah dann geheimnisvoll nach oben. »Ich fange den ersten Schnee des Winters ein.« Sein Blick glitt wieder zu mir. Siwons Augen waren in diesem Moment außergewöhnlich groß. Wenn er nur wieder so lächeln würde wie vor wenigen Minuten. Und weil ich ihn fröhlich sehen wollte, war ich mutig.

»Klingt gut ... Brauchst du dabei Gesellschaft?«

Er blinzelte mich an. »Okay.«

Ich legte meine Einkäufe auf die Bank und stellte mich neben ihn, ließ meine Arme unbeholfen vor und zurück schwingen.

»Ich habe noch nie verstanden, warum der erste Schnee in Korea so besonders ist«, murmelte ich.

»Wenn du den ersten Schnee miterlebst, sollen dir alle Lügen vergeben werden«, sagte er. Ich schnaubte leise.

»Und wer sagt das? Der Schneekönig?«

»Wer weiß«, antwortete Siwon und seine Augen glitzerten zwischen Schnee und Laternenlicht. »Außerdem gehen Wünsche in Erfüllung, wenn du die ersten Flocken fängst. Und der erste Schnee des Jahres soll zu einem erfüllten Liebesleben führen.«

»Ehrlich jetzt? Daran glauben die Menschen?«

»Ja, deswegen ist es so besonders für viele.«

»Okay. Also, wie macht man das?«

Jetzt schnaubte Siwon leise und eine Wolke entstand vor seinem Gesicht. Wäre auch ein schönes Bild. Mit feinen Pinselstrichen und Wasserfarbflecken für die Eiskristalle in seinen Haaren.

»Hast du echt noch nie den ersten Schnee gefangen? Ich kann das nicht glauben.«

Er sah mich so erstaunt an, dass mir unwohl wurde. Musste man sowas gemacht haben im Leben? Taten das die Menschen jedes Jahr, wenn der Winter begann?

»Also.« Er legte den Kopf in den Nacken. »Du siehst nach oben.«

Kleine, nasse Perlen rollten auf meine Wangen. »Jetzt öffnest du die Augen«, erklärte Siwon mit tiefer Stimme. Keine Ahnung, woher er wusste, dass ich meine Augen zusammengekniffen hatte. Ich öffnete sie jetzt.

Als würde man fliegen, so fühlte ich mich plötzlich.

Wind und Wetter wirbelten da oben und brachten Kristalle auf die Erde. Kleine, große, feste und flüssige. Sie trafen auf mein Gesicht, fielen auf meine Nase und wenn die kleinen Flocken meine Augen trafen, kniff ich sie doch kurz zusammen. Das Licht der Laterne ließ den Schnee in der Luft glitzern und ich konnte nicht mehr wegsehen.

»Und jetzt streck deine Hand aus.« Seine Stimme klang weit weg und doch ganz nah. Vorsichtig streckte ich meine Finger vor mich und fing den ersten Schnee des Jahres auf. Es kitzelte ein bisschen.

Ich trat einen Schritt nach vorn, legte den Kopf noch weiter in den Nacken. Und weil ich es einmal bei kleinen Kindern gesehen hatte, streckte ich meine Zunge heraus. Als die Schneeflocken meine Zungenspitze berührten, wollte ich lächeln.

»Macht glücklich, oder?«, fragte Seon Siwon nach einiger Zeit und ich senkte meinen Kopf. Ich sah ihn verschwommen, weil meine Wimpern ganz nass waren. Siwon breitete die Arme aus, als gehörten ihm all diese ersten Schneeflocken.

»Ein bisschen«, antwortete ich auf seine Frage. »Wie lange stehst du schon hier?«

Er schob seine Hände wieder zurück in die Taschen seines Mantels. »Eine halbe Stunde. Mehr oder weniger.«

»Deine Lippen sind blau, du solltest reingehen.« Ich mochte die Farbe seiner Lippen in diesem Moment. Lilablau. Immergrün. Sie hatten Siwons Farbe, seine Lieblingsfarbe.

»Und deine Wangen sind rot. Ich habe dich noch nie verlegen gesehen, Lim Chiron«, antwortete er und dabei grinste er kurz. Ich schob alles auf den November. Kälte ließ die Wangen rot werden. Es lag ganz sicher nicht daran, dass ich auf seine blauen Lippen gestarrt hatte. Oder dass er mich angrinste. Oder dass er mir gezeigt hatte, wie Schneefangen funktionierte.

»Hast du schon was gegessen?«, wechselte ich das Thema. Siwons Blick glitt zu den Tüten, die ich auf der Bank abgestellt hatte. »Nope. Noch nicht.«

»Ich wollte mir Frühstück machen, falls du auch etwas willst …«

Er zog eine Augenbraue nach oben. »Es ist zweiundzwanzig Uhr?«

»Frühstück am Abend sozusagen.« Ich griff nach dem Einkauf

und nickte in Richtung Haus. »Das ist viel besser als morgens.«

»Und was isst man dann da so?«

Diesmal konnte ich mein Erstaunen nicht verstecken. »Eier und Speck. Und Pancakes.«

»Du isst amerikanisches Frühstück in der Nacht? Chiron, das …«

»Das ist nicht amerikanisch. Die ganze Welt isst so was. Und ich esse es halt abends.«

Ich ging voraus in Richtung unseres Wohnhauses.

»Okay.« Er holte auf. »Ich hoffe, du hast auch an Orangensaft gedacht, Lim Chiron.«

Es machte komische Dinge mit mir, wenn er mich so nannte. Dann wollte ich ihn Seon Siwon nennen. So wie er in meinen Kontakten eingespeichert war. Ganz oder gar nicht.

Die Tür surrte und wir traten in den Eingangsbereich des Wohnhauses. Kurz hatte ich gehofft, in eine beheizte Lobby zu treten, aber hier war es mindestens genauso kalt wie vor der Tür.

Wir gingen zu dem Aufzug und drückten mehrmals auf den Knopf. Doch nichts setzte sich in Bewegung. Ich schnaubte. Drückte noch mal und noch mal, doch der Aufzug fuhr nicht zu uns herunter.

»Wer auch immer dieses nervige Ding versperrt, sollte si-«

»Lass uns einfach zu Fuß gehen«, beschwichtigte Siwon mich. Ich sah ihn entgeistert an.

»Das sind zwölf Stockwerke. Glaub mir, so was tue ich mir nur im Notfall an.« Er ging in Richtung des Treppenhauses und ich drückte verzweifelt noch einmal auf den Knopf, damit der Aufzug nach unten fuhr.

»Beim Hochlaufen wird uns warm«, rief Siwon und verschwand im Treppenhaus. Ich stöhnte auf und packte die Tüte fester.

Vielleicht wollte ich gar nicht, dass uns warm wurde.

Vielleicht wollte ich weiter diesen Siwon mit immergrünen Lippen.

Im achten Stock riss die Einkaufstüte und eine der vier Sojuflaschen zerbrach auf den Stufen. Genervt verdrehte ich die Augen und sah auf das Chaos zu meinen Füßen. Gemüse, Milch, Alkohol, Fertigsuppen und andere Lebensmittel lagen verstreut auf der Treppe. Ein Apfel kullerte einsam nach unten. Gerade als ich laut fluchen wollte, fing Siwon an zu lachen. Irgendwie tief und seltsam und aus der Brust heraus, also echt und gar nicht vorsichtig. Ich sah zu Siwon auf, der sieben Stufen über mir stand und mit bebenden Schultern lachend auf die gerissene Tüte in meiner Hand blickte.

»Du bist wohl einfach nicht liebevoll genug«, sagte er und kam die Treppe wieder herab. Mein Blick verfolgte jede seiner Bewegungen.

»Schon im Laden habe ich sie kaputtgehen sehen«, antwortete ich missmutig. Dann setzte ich mich auf die Stufen und lehnte meinen Rücken an die Wand. »Du könntest ja nach oben laufen und eine neue Tasche holen«, schlug ich ganz selbstlos vor.

Sein Lachen hielt an. »Wir tragen es zusammen.«

Sofort schüttelte ich den Kopf. Auf keinen Fall würde ich mich die Treppe hochhieven mit den Armen voller Lebensmitteln, rechts und links alles herausquellend. Aber Siwon fing an, die Suppen und Nudelverpackungen in die Armbeuge zu klemmen und lud sich mehr und mehr auf. Die Sojuflaschen und das Bier steckte er in die Taschen seines Mantels. »Komm schon. Sitz nicht nur rum.« Er warf mir einen kurzen Seitenblick zu.

»Hast du es eilig?«

»Ja«, antwortete er. »Ich habe Hunger.«

Also stand ich wieder auf und nahm den Rest des verstreuten Einkaufs. »Das ist ein Argument«, murmelte ich noch und betrachtete die Scherben.

»Scherben bringen Glück.« Siwon zuckte mit den Schultern und wir starrten einen kurzen Moment auf den Teich des Sojus und wie er die Treppenstufen nach unten tropfte. Dem Apfel hinterher.

»Also ich ...«

»Was ist das für ein Lärm!? Wo steckt der Aufzug?«, polterte eine dunkle Stimme von unten herauf und wir zuckten beide zusammen. »Wer auch immer die Nachtruhe stört, bekommt …«

Bevor ich irgendwas unternehmen konnte, griff Siwon nach meiner Hand. Keine Ahnung, wie das trotz des Einkaufs ging, aber seine Finger zogen an meinen und er lief die Treppen nach oben. Unten schimpfte der Hausmeister. Die Sauerrei würde seine Wut nur anfeuern und deshalb mussten wir verschwinden. Während wir liefen, verlor ich eine Zwiebel und Siwon ließ eine Kaugummipackung fallen. Wir blieben deshalb nicht stehen. Als befänden wir uns auf der Flucht eines Actiondramas und müssten um unser Leben rennen. Im zehnten Stock drückte er meine Hand fester. Oder ich seine. Wir ließen nicht los, in meiner Kehle wurde es eng, als er schnaufend lachte.

Ich wollte mit ihm lachen, aber irgendwas hielt mich davon ab. Ein Grinsen erlaubte ich mir im elften Stockwerk und als wir an unserer Wohnungstür ankamen, brach ich luftschnappend vor der verschlossenen Tür zusammen. Die Lebensmittel kamen auf meinem Bauch zum Liegen. Siwon gab den Code ein und stieß die surrende Wohnungstür auf.

»Ein wütender Hausbewohner oder der Hausmeister höchstpersönlich?«, fragte er und legte die Sachen nach drinnen, mit einem ausgestreckten Bein hielt er die Tür für mich offen.

»Hausmeister. Denke ich.«

Mein Herz raste. Vom Laufen. Und dem Verlangen, zu lachen. Und weil er mit schneenassen Haaren die Tür für mich aufhielt, als biete er mir einen Platz zum Bleiben an. Siwon legte den Kopf schief und sah auf mich hinab. »Komm, lass uns das Die-Ganze-Welt-isst-sowas-Frühstück machen.«

Als würde mein Innerstes nicht schon genug rauschen und rennen, lehnte er sich zu mir und nahm die Nahrungsmittel von meinem Bauch. In mir spannte sich alles an und als er mit dem Zeug in die Küche verschwand, atmete ich panisch ein und aus. Verflucht.

Verdammt, verdammt, verflucht.

Schließlich rappelte ich mich auf und folgte ihm. Ließ meinen Mantel und meine Schuhe unordentlich neben der Haustür stehen und ging in die Küche.

Siwon sah mich erwartungsvoll an.

»Erstmal Kaffee.«

»Ich mag keinen Kaffee.«

Sofort hielt ich auf dem Weg zur Maschine inne. »Ohne Kaffee leben? Sowas geht?«

Er grinste. Ich hasste das. Eigentlich nicht, aber irgendwie auch schon. »Smoothies und Kakao und Alkohol tun es auch.« Er nickte zu den Sojuflaschen, die er auf den Esstisch in unserem offenen Wohnzimmer gestellt hatte. »Ich nehm einfach was davon. Mit Cola gemischt.«

Ich schüttelte den Kopf. »Das ist sowas von eklig.«

»Schmeckt eben wie Kaffee«, kam prompt seine Antwort. Mein Mundwinkel zuckte, also machte ich mich schnell an der Maschine zu schaffen. Als das Gurgeln und Rauschen erklang, fühlte ich mich gleich ein bisschen wohler.

»Also«, fing ich an und drehte mich an den Tresen gelehnt zu ihm um.

»Hm?«, gab er von sich und sah auf. Als sein Braun mein Grau traf, vergaß ich, was ich sagen wollte. Ich wusste nicht einmal, warum er diese Wirkung auf mich hatte. Aber ich konnte nichts daran ändern, deshalb versuchte ich, sie nur mit aller Macht zu verdrängen.

Dann musste ich an sein *keine Ahnung* denken und wollte ihn wieder und wieder nach einem Kuss fragen. Ich schüttelte schnell den Kopf und biss mir auf die Wangeninnenseite, nuschelte: »Also machst du die Pancakes?«

Er senkte den Blick. »Kann ... kann ich was anderes machen?«

»Ähm ... ja?« Verwirrt musterte ich ihn. »Speck?«

Siwon nickte. »Ich mache Speck und Ei. Pancakes kann ich nicht gut«, murmelte er und ich versuchte, sein Gesicht zu lesen. Da war kein Lächeln mehr, doch bevor ich es genauer entziffern konnte, drehte er sich von mir weg in Richtung Kühlschrank.

Während ich anfing, den Teig vorzubereiten und nebenbei meinen frischen Kaffee trank, räusperte er sich. Und dann sagte er: »Meine Schwester Sun-Nyu hat meine selbstgemachten Pancakes geliebt. Seit sie nicht mehr da ist, mache ich sie nicht mehr.«
»Das ist okay. Ich kann sie ja machen.«
Wir schwiegen.
Speck brutzelte, ich schöpfte die zweite Kelle Teig in die Pfanne und der Geruch von Frühstück breitete sich in meiner Küche aus. In *unserer* Küche.
Wir schwiegen immer noch.
Als die Stille wohl auch Siwon zu laut wurde, ging er zur Kommode und verband sein Handy mit der Musikanlage. Die ersten Töne erklangen, griffen direkt in mein Herz, ein Lied, viele Erinnerungen.
Pinwheel.
»Was ist?«, fragte er.
Ich hatte ihn angestarrt, wie er an der Musikanlage stand und von seinem Handy aufblickte.
Was ist?
»Nichts.«
Wie lange ich schon mit Lügen durchs Leben zog, als wären sie Schutzschilder in meinem eigenen Krieg. Langsam drehte ich den Kopf, um seinem Blick zu entkommen, wendete den dunkelbraunen Pancake in der Pfanne und schluckte.
»Kennst du das Lied?«
Siwon kam zurück an den Küchentresen und schlug Eier in eine Schüssel. Er rührte, etwas schepperte, dann stand er dicht neben mir an der zweiten Herdplatte. Schüttete das Ei zum Speck und dann starrten wir uns schon wieder an. Als wäre das unsere Lieblingsbeschäftigung.
»Wirst du mir auf irgendeine Frage antworten?« Seine Lippen bewegten sich schnell, ich verlor das Braun seiner Augen, weil mich das Rot seines Mundes zu sehr ablenkte.
»Hab ich doch«, murmelte ich. *Pinwheel* rauschte in meinen Ohren, die Töne trieben mein Herz an, und wir standen dabei so

nahe. Mein Teig verbrannte. Sein Speck rollte sich im Öl. Wir standen nur still.

Aber es wird nicht mehr so weit kommen.

Meine eigenen Worte mischten sich zur Musik, ich atmete laut ein und schüttelte den Kopf. »Nichts. Und ja ich kenne das Lied.«

Siwon schaltete die Platte aus und schaufelte Eier mit Speck in eine Schüssel, machte sich stumm daran, den Tisch zu decken.

Das Essen verlief ebenso leise. Wir aßen, tranken, vermieden jetzt Blicke. Mein Bedürfnis sagte mir, mit ihm zu reden wäre richtig. Aber ich konnte es nicht, wusste nicht über was. Ich lauschte der Musik, seine Playlist war gut. Mehr als gut, eine der besten, die ich gehört hatte. Jedes verdammte Lied wirbelte meine Gedanken umher.

Als *Another Love* von *Tom Odell* erklang, legte ich Stäbchen und den Löffel beiseite. Sah Siwon über den Tisch hinweg direkt an, er hielt in seiner Bewegung inne. Zog die rechte Augenbraue fragend hoch.

»Was hörst du für eine Playlist?« Schnelle Worte, so schnell, damit ich sie nicht zurücknehmen konnte.

»Oh, ich habe sie selbst erstellt«, erklärte er schulterzuckend. Und aß einfach weiter.

»Wie heißt sie?

Jetzt legte auch er die Essstäbchen auf der Schüssel ab, musterte mich interessiert. »Zufallswiedergabe.«

»Warum hast du sie so genannt?«

»Weil Musik keine Ordnung hat.«

»Musik ist Ordnung«, widersprach ich.

»Meine Playlist nicht. Da sind wilde, ruhige, leise und laute Songs. Alles zusammen.«

»Kann ich sie haben?« Fragen über Fragen, es war doch gar nicht schwer, sie alle zu stellen.

»Die Playlist?«, hakte Siwon nach und ich nickte.

»Würde dein Musikchaos gern hören.«

Ich glaubte, das waren die ehrlichsten Gedanken, die ich bis jetzt zu ihm gesagt hatte. Dass da noch mehr kommen würden, wusste ich nicht. Einige von ihnen waren schmerzhaft und niemand warnte mich davor. Aber so war das Leben nicht, es flüsterte einem die Zukunft nicht ins Ohr. Sondern überraschte, überrumpelte, überholte einen.

»Wie heißen deine Playlists?«, fragte er, statt mir zu antworten.

Ich stocherte mit der Spitze des Stäbchens in meinem Rührei herum.

»Sturmblau, Braungrün, Ganga.«

»Farben?«

»Ja.« Diese Playlists hatte ich erst angefangen zu erstellen, als er eingezogen war. Zuvor gab es nur diese eine, ohne einen Namen. Jetzt waren es viele, nach Farben. Vor zwei Tagen hatte ich eine neue Playlist erstellt. *Immergrün*. Ich verschwieg sie. Natürlich verschwieg ich sie.

»Sturmblau will ich hören. Dann bekommst du Zufallswiedergabe.«

»Okay, abgemacht.«

Wir aßen fertig, tranken Orangensaft gemischt mit Soju und es schmeckte nicht mal. Aber Musik und seine Stimme machten es besser. Einmal lachte er noch. Weil ich mich lautstark über die Nachbarin und den stehengebliebenen Aufzug aufregte.

Irgendwann saßen wir auf der Couch und seine Playlist begann von vorn. Wieder *Pinwheel*. Wieder ein Stich in mein verfluchtes Herz. Damals hatte ich das Lied in Dauerschleife gespielt, damals, als mein Leben stehengeblieben war. Dieser Song war das einzige gewesen, was mich noch bewegt hatte.

»Was ist?« Die gleiche Frage, nur eine Zeit später. In einer halben Stunde würde es Mitternacht sein, vielleicht antwortete ich deshalb. Weil Worte in der Nacht, zwischen heute und morgen nicht so schwer wogen. Zumindest malte ich mir das aus. Dachte, die Dunkelheit verschluckte ganze Sätze und morgen gäbe sie es nicht mehr.

»Nichts«, sagte ich wieder. »Hab an damals gedacht.«

»Und das macht traurig?«

Ich zog eine Grimasse. »Nicht wirklich.«

Siwon hörte nicht auf, meinen Blick zu suchen, also trafen sich irgendwann Grau und Braun.

»*Pinwheel* ... war mein Dauerschleifensong.«

»Als das Leben nicht einfach war?«

Ich lachte auf. Verachtend, weil mich niemand gelehrt hatte, das Leben mit all den spitzen Scherben zu lieben.

»Es ist nie einfach.«

»Manchmal«, murmelte er. »Manchmal, wenn man laut Musik hört und wilde Gedanken ruhig werden, dann habe ich das Gefühl, es ist einfach.«

»Wann war das zuletzt?«, fragte ich ihn und er ließ meinen Blick los, seiner schweifte jetzt durch die Wohnung, es war beinahe dunkel. Nur aus der Küche schien das Licht einer Lampe zu uns hinüber und hinterließ Schatten auf seinen Wangen.

»Schon eine Zeit lang her«, antwortete er und ließ den Kopf in den Nacken fallen. Schräg gegenüber saß er und ich musterte sein Profil, umhüllt von Schattierung. Sah fast surreal aus.

»Dann musst du vermutlich noch lauter Musik hören.«

Er sah mich an und ich ihn und draußen heulte der Wind, die Nacht schien etwas zu flüstern, aber wir hörten nicht gut genug hin.

»War es bei dir jemals einfach?«

Automatisch schüttelte ich den Kopf. Mein Körper war wohl auf Lügen programmiert, als hätte er alle Wahrheiten verlernt.

»Niemals?« Siwon hörte nicht auf. Ich fragte mich, ob er wusste, wie offen ich nachts war. Dann, wenn die Schatten Geheimnisse einhüllten und ich mich lebendiger fühlte.

»Manchmal«, wiederholte ich seine Worte und ließ es dabei. Manchmal war es einfach gewesen. Aber ich vergaß immer mehr, wann es so gewesen war, weil die Zeit lief und sie zog mich mit sich, während Erinnerungen verblassten.

»Du malst nicht, hast du gesagt. Falls das die Wahrheit war«, begann er und ich verschränkte die Arme vor der Brust. »Falls es die Wahrheit war, solltest du damit anfangen. Vielleicht ist Künstler sein dein Ding. Immerhin hast du Farben-Playlists und findest

Nachtfarben am schönsten.«

Als er kurz lächelte, verkrampfte sich etwas in mir. Es tat weh, was er da sagte, tat weh und doch wollte ich, dass er niemals damit aufhörte.

Siwon stand auf. »Manche Menschen wissen gar nicht, dass die Nacht schöne Farben hat.« Seine Worte verankerten sich in meinen Gedanken. Und er wusste es nicht einmal.

Siwon ging zu der Kommode, unterbrach *Destiny* und *Ong Seong Eun* und sagte dann in die Stille: »Danke für das Frühstück. Und für alle Antworten.«

Wäre es damals einfacher gewesen und hätte ich nicht angefangen, die Schatten der Nacht als Schutzschild zu benutzen, hätte ich womöglich gefragt, ob er bleiben wollte. Noch weiterreden. Oder schweigen. Vielleicht beides gleichzeitig.

»Danke für das Schneefangen«, brachte ich hervor und bekam dafür ein letztes Lächeln, kurz vor Mitternacht, zwischen heute, morgen und gestern. Ich wollte für immer sein Lächeln zwischen den Tages- und Nachtzeiten. Aber *für immer* existierte nicht. Also lehnte ich mich zurück und schloss die Augen, während Siwon in sein Zimmer ging und mich in der Dunkelheit zurückließ.

Kapitel 16

Unsere eigene Unterwasserwelt

Chiron

Wir wurden zu Nachtmenschen. Daegu glitzerte in Neonschildern, der Schneeregen flirrte zwischen Laternen, wir waren nachts so ganz anders. Wenn es dunkel wurde, redeten wir. Hörten zusammen Musik. Frühstückten abends. Es war seltsam, weil wir um Mitternacht unendlich gut zusammenpassten und sobald die Sonne aufging, alles zwischen uns zerbrach. Als ich eines Nachts Pumas Laden verließ, lehnte er draußen an der Fassade und sah mich unter langen Wimpern an. Er lachte frech: »Lust, was zu essen?«

Ich nickte und wir gingen Schulter an Schulter durch den November, unsere langen Mäntel raschelten leise, flüsterten miteinander und unsere Blicke musterten sich verstohlen. Siwon nickte die Fußgängerzone entlang, die Anzeigetafeln und Schilder erhellten seine Gesichtszüge, verliehen ihm einen bunten Glanz.

»Lass uns da vorn Pommes holen. Kein Frühstück heute.« Ich stimmte zu, also stellten wir uns an einem Essenswagen an und er kaufte zwei Frie-Becher. Voller goldener Pommes, Mayonnaise und Ketchup. »Hier«, sagte ich, als wir weiterschlenderten. »Nimm meine Mayo. Das ist echt eklig.« Mit der Einweggabel schaufelte ich ihm das weiße Zeug in seinen Becher und er blieb lachend stehen. Die Hälfte ging daneben, weil er nicht stillhielt. Meine Mundwinkel zuckten.

»Mayonnaise ist das beste, Chiron«, sagte er und schüttelte fassungslos den Kopf.

»Niemals.« Als er all meine Mayonnaise hatte, gingen wir weiter und ich schob mir zwei salzige Pommes in den Mund.

»Also ...«, fing ich an und räusperte mich. »War dir langweilig? Hast du mich vermisst? Warum holst du mich von der Arbeit ab?«

Er warf mir einen Seitenblick zu, so kurz, dass ich ihn nicht fangen konnte.

Siwon zuckte mit den Schultern. »Der Hausmeister hat geklopft und wollte eine Klingel anbringen. Ich habe getan, als wäre niemand zu Hause.« Er grinste. »Und dann bin ich geflohen.«

Ich lachte und er sah mich jetzt länger an. Mit der Pommesgabel hielt ich auf dem Weg zu meinem Mund inne, fror den Moment ein.

Er sagte: »Nachts ist die Welt viel besser.«

»Ja, da kann man offen sein.«

Weil die Dunkelheit keine Geheimnisse lichthell darlegt.

Pommes essen wurde zu unserem Ding. Der Essenswagenbesitzer sah uns seltsam an, weil wir beinahe jeden Abend kamen. Manchmal bestellten wir Reiskuchen dazu und dann setzten wir uns auf die Schaukeln am Spielplatz, schaukelten in den Himmel und erlaubten uns zu lachen. Manchmal sah mich Siwon wirklich tief an. Dann sprang es in meiner Brust. Wenn ich in seinem Blick verloren ging, sah er weg, damit ich mich wiederfand. Wir versuchten, uns nicht zu berühren. Weil immer, wenn er mir zu nah kam, dann wollte ich aus uns mehr machen. Wir redeten über Skifahrer und Pyramiden. Er fand Kakteen interessant und verriet mit einem Schulterzucken, dass sein Leben genau wie diese stacheligen Pflanzen sei.

»Spitz und unförmig, Chiron. Voll komisch.«

Ich erzählte ihm von dem Unterwasseraquarium und er wollte

all die Fische sehen, von denen ich berichtete. Die blauen, die mit den Schlieren, er wollte die Wellen beobachten, Luftblasen, alle Aquariumsfarben.

Siwon und ich waren unsere eigene Unterwasserwelt, zwischen den Tagen und tief in der blaudunklen Nacht.

»Hasst du Männer, weil du dich in sie verlieben könntest?«, fragte er mich Samstagnacht. Daegu verschwamm in dichtem Nebel und die Laternenlichter auf dem Spielplatz kämpften sich durch die Schwaden. Er saß auf der Rutsche, starrte auf seinen Crêpe.

»So offensichtlich?« Die Wippe, auf der ich saß, drang feucht durch den Jeansstoff meiner Hose. Siwon hob den Kopf und suchte über die Entfernung meinen Blick, ich wich ihm aus, weil sich doch nachts die Wahrheiten in meine Augen schlichen.

»Na ja, du könntest dich auch in Frauen und Männer verlieben.«

»Nur Männer«, antwortete ich schlicht. »Was ist mit dir?«

»Eun-Mi, die Frau, die letztens vor deiner Tür stand …« Er machte eine Pause. Lachte unbeholfen. »Ich war mit ihr eine Zeit lang zusammen. Sie hat sich verliebt, ich nicht. Falls ich mich jemals verliebe, dann wohl auch nur in Männer.«

Unsere Blicke fanden sich in der Dunkelheit, viel zu lange sahen wir uns an. »Verlieben ist scheiße. Lassen wir das also besser.«

Er nickte daraufhin nur. Irgendwann fragte ich: »Versteckst du deine Sexualität vor der Welt?«

»Ja. Weil man dann nicht so angreifbar ist.«

Doch, ist man. Denn wenn man gefunden wird, dann sitzt man in seinem Versteck fest und kann nicht mehr entkommen.

Ich sagte es nicht.

»Vor was hast du Angst, Chiron? Warum bist du so verschlossen?«

»Ich bin eben nicht so gut im Ehrlichsein«, murmelte ich.

»Dieses Gespräch ist sowieso schon viel zu ehrlich.«

Ich fuhr mir durch die Haare, der Nebel zog weiter um uns

herum. »Was ist wohl das beste Versteck der Erde, Siwon?«

»Vermutlich das Herz«, sagte er einfach so. Und er wusste nicht, wie sehr ich ihn wollte. Seine Gedanken, Worte, sein Lachen und seine Ehrlichkeit.

Ich fuhr mir mit der flachen Hand über das Pochen in meiner Brust. »Vor was ich Angst habe, Seon Siwon?« Ich schob mir meinen eigenen Schoko-Crêpe in den Mund, kaute und sagte zwischen zwei Bissen: »Zu verblassen.«

»Und deswegen magst du die Farbe Schwarz, weil Schwarz so gar nicht unsichtbar ist?«

Daraufhin sagte ich nichts. Er stand auf und drehte sich im Kreis, den Kopf zum Himmel. Schneeflocken fielen auf die Erde, Siwon streckte die Zunge heraus und ich stellte mir vor, wie sein Schokoladenatem die Winterluft traf.

»Du wirst nicht verblassen, Lim Chiron. Die Welt hat genug Farben, um dich immer und immer wieder anzumalen.«

Ich stellte mich zu ihm und murmelte: »Du bist richtig eklig kitschig.« Er zuckte mit den Schultern.

»Mir egal.«

»Wenn ich verblasse, malst du mich dann an?«, kam es mir wie von selbst über die Lippen.

»Du kannst das mit dem Kitschig-sein auch ziemlich gut«, erwiderte er leise und rümpfte die Nase. Als die Flocken weiß um uns wirbelten, streckte er mir seinen kleinen Finger entgegen. Und ich schlang meinen darum.

»Wir malen uns gegenseitig bunt, wenn wir blass werden. Deal?«

Deal. Aber der Deal war nichtig. Weil er nur nachts existierte. Weil wir bei Tageslicht zu feige waren, weil wir unter der Sonne das Lügen vorzogen. Wir funktionierten eine Woche als Freunde. Immer wenn wir uns tagsüber sahen, redeten wir kaum. In der Nacht hüllten wir uns in Ehrlichkeit. Die Luft war angespannt, voller Energie. Und wenn wir in den Morgenstunden schlafen gingen, dann träumte ich davon, wie alles zwischen uns zersprang und nur noch Splitter ein Verdacht auf unsere Herzen waren.

Kapitel 17

LOST BOY

Siwon

Da war immer dieses Gefühl, wann ich auch den Campus der *Art and Movement University* entlangging. So als wäre es genau richtig hier. Nicht so mechanisch und automatisch wie an meiner alten Universität, an der ich mit zig Büchern unterm Arm in den nächsten Kurs gestolpert war. Nicht vorbereitet, mit müden Gedanken und fehlenden medizinischen Begriffen. Hier hatte ich das Gefühl, freier denken zu können.

Auch wenn ich jedes Mal nur als Besucher kam.

Taemin tanzte heute solo. Ich kam nicht nur, weil Ahri mich darum gebeten hatte, auch wegen ihm, weil ich wusste, wie wichtig ihm das Tanzen war. Wie sehr er daran hing. Und ich sah den Menschen gerne zu, wenn sie sich bewegten, als hinge ihre Welt an einem Faden und diese Welt drehte und drehte und drehte sich.

Langsam betrat ich den Eingangsbereich des Studios und stellte mich in die Schlange, um meine Reservierung abzuholen. Hier waren junge Menschen, alte, sogar kleinere Kinder sprangen umher. Eltern, Verwandte und andere Studenten kamen gern zu den verschiedensten Vortanzen, womöglich aus demselben Grund wie ich.

Aufgebrachte Stimmen hinter mir brachten mich zum Umsehen und ich traf auf Grau. Chiron drängelte sich zu mir durch und stellte sich neben mich. Er ignorierte die Proteste der Anstehenden und grinste schief. »Du auch hier?«

Ich schluckte. »Mhm.«

Ich drehte mich wieder nach vorn und sah den Jackenaufdruck der Frau vor mir an.

»Hast du Ahri schon gesehen?«

»Sie ist unten bei Taemin. Spricht ihm Mut zu.«

Chiron brummte daraufhin nur.

»Hast du eine Reservierung«, fragte ich und steckte die Hände in die Taschen meiner Jeans.

»Das werden wir gleichsehen.« Ich glaubte, er drehte den Kopf in meine Richtung, aber ich starrte weiter geradeaus. Seit wir gefrühstückt hatten und die Nächte zusammen verbrachten, war es anders zwischen uns.

Wenn es so blieb, wäre es ein großer Fortschritt.

»Guten Tag«, begrüßte uns eine junge Frau am Empfangstresen. Ich neigte den Kopf und versuchte, höflich zu lächeln.

»Zwei Reservierungen«, sagte ich und warf einen unsicheren Blick auf Chiron. »Lim Chiron und Seon Siwon.«

Die Frau nickte und tippte etwas in den Computer ein. Dann lächelte sie breit und stempelte etwas ab.

Wir bekamen ein Ticket.

Chiron schüttelte sofort den Kopf und beugte sich über den Tresen. »Wir sind zwei. Zwei Menschen, zwei Tickets!«, stieß er hervor. Seine Unfreundlichkeit fegte das Lachen der Frau fort wie ein Blatt im Sturm. Sie zuckte leicht zurück und ich griff fest nach Chirons Arm.

»Entschuldigen Sie, das ist eine Zweierkarte. Sehen Sie hier«, sie deutete auf das Blatt in meiner Hand, auf dem zwei Platznummern standen. »Diese Reservierung ist für Sie beide.«

Die Frau kämpfte mit sich und versuchte, den freundlichen Gesichtsausdruck zurückzugewinnen.

»Ich will aber ...«

Mit einem Ruck zog ich Chiron einfach mit mir. »Vielen Dank«, sagte ich noch schnell und ging dann mit ihm im Schlepptau zu den Treppen. Dort angekommen ließ ich ihn los und starrte zu ihm auf. »Sag mal, was ist denn in dich gefahren?«

»Die Frau ...«

»Die Frau macht hier nur ihren Job! Ahri hat reserviert und uns wohl einfach nebeneinandergesetzt. Wenn du darauf keine Lust hast, dann geh doch wieder.«

Manche Menschen weckten Charaktereigenschaften, die man sonst kaum empfand. Chiron weckte meine Wut.

»Und sei nicht so unfreundlich!«

»Ich bin, wie ich will.«

Er nahm mir das Ticket aus der Hand und ging die Stufen hinab. Augenblicklich folgte ich ihm, starrte ihn den ganzen Weg von hinten an. Wie trotzige Kinder.

Die Halle war groß, voll und lichtdurchflutet. Die Tribüne füllte sich langsam, vorn standen zwei Jurorentische und auf einem Aushang konnte man einen QR-Code einscannen, um für die Tänzer zu voten.

»Platz dreiunddreißig und vierunddreißig«, murmelte er und ging weiter voran. Ich folgte ihm in die achte Reihe und wir setzten uns. Die Stühle dieser Reihe waren noch alle frei, also saßen wir allein und schwiegen.

Um 10:55 Uhr kam Ahri.

»Hi«, begrüßte sie uns lächelnd und ich stand auf, um sie kurz in den Arm zu nehmen. »Alles okay?«, flüsterte sie und ich nickte. Weil das immer so einfach war.

»Taemin ist als Erster dran«, erzählte sie. Dann beugte sie sich nach vorne, um Chiron ansehen zu können.

»Bei dir? Alles okay?«

Sein Gesichtsausdruck wurde weicher, keine Ahnung wie meine Schwester das anstellte. »Mir geht's gut.«

»Danke«, sagte sie noch. »Dass du gekommen bist.«

Chiron nickte und sah dann wieder geradeaus. Sein Blick

huschte zwischen den Menschen umher, so als machten sie ihn nervös. Als müsse er immer auf der Hut sein und könne sich nicht entspannen.

10:00 Uhr, die Vorstellung begann.

Ahris Professorin hielt eine Ansprache, der Blick meiner Schwester war gebannt auf die Frau gerichtet.

»Versuchen Sie nicht, den Tanz zu hinterfragen und zu analysieren, akzeptieren Sie die Bewegungen der Tänzer und Tänzerinnen und verlieren Sie sich darin.« Die Worte der Professorin klangen leise nach, die Menge atmete zusammen auf und wartete. Jeong Taemin wurde angesagt. Ich richtete mich auf, als er mit federleichten Schritten in die Mitte der Tanzfläche ging. Ich kannte den Song nicht, zu dem er tanzte, aber er berührte mich tief, sobald Taemin dazu Bewegungen schuf. Schnelle, weite, tiefe, langsame.

Er wirbelte. Ich wollte es noch mal und noch mal sehen. Er hing an seinem Faden, dieser Lebensfaden, an den ich schon vorhin hatte denken müssen. Wir sahen ihm dabei zu, wie er alles darlegte, seine Gefühle, seinen Schmerz und irgendwo zwischen den Bewegungen auch seine Liebe. Die Töne wurden langsamer, leiser, da waren nur noch vereinzelte Klänge.

Taemins verzweifelte Geste ließ mich die Luft anhalten, was er da tat ... Das war so viel mehr als ein Tanz.

Der letzte Akkord war wild und wieder wirbelte er, ließ sich noch einmal fallen und lag dann auf dem Rücken.

Applaus. Eine Ansage. Jubelrufe.

Ich saß nur da und starrte nach vorne, wollte ihn noch einmal tanzen sehen. Ahri wischte sich neben mir eine einzelne Träne von der Wange. Ich suchte nach ihrer Hand und drückte sie, hielt sie ein bisschen.

»Er hat es geschafft«, flüsterte sie und es ging beinahe in dem Applaus unter. »Er hat mit ganzem Herzen getanzt.«

Eine weitere Tänzerin wurde angesagt und Taemin verließ die Bühne, kam zu uns nach oben. Sein Lächeln war so echt und klar. Er ließ sich von meiner Schwester umarmen und gab ihr einen Kuss, sie flüsterten etwas und ich sah wieder nach vorne, um die nächste Tänzerin zu beobachten.

Chiron bewegte sich kaum neben mir.

Bei der dritten Aufführung lauschte ich nicht mehr der Musik, sondern seinen unregelmäßigen Atemzügen. Einatmen. Ausatmen. Schnelles Einatmen. Luftanhalten. Wir bewegten uns gleichzeitig und saßen plötzlich Schulter an Schulter, die Choreografie drehte sich weiter, aber ich konnte ihr nicht länger folgen. Während das Publikum gebannt zusah, dachte ich an alle Wahrheiten in meinem Herzen. Hier und jetzt, zwischen Tanz und Musik und Chirons Atemzügen neben mir.

Ich fragte mich, ob ich nicht doch noch einmal mit Eun-Mi reden sollte. Ihr sagen, warum ich einfach gegangen war. Ohne Erklärung und ohne Verabschiedung.

Ich kann nicht mehr. Nicht so. So nicht mehr.

Sie hatte keine Chance gehabt zu fragen, weil mir ihre Fragerei seit einem Jahr nicht gutgetan hatte. Weil ich keine Lust zu antworten gehabt hatte, war ich gegangen. Billige Hotels gab es hier viele und ich war nicht mutig genug gewesen, um Ahri anzurufen. Als ich in diesem kleinen Hotelzimmer gelegen hatte, war ich davon ausgegangen, dass diese Zeit die schlimmste meines Lebens war. Aber vielleicht war sie das gar nicht gewesen. Immerhin hatte ich aufgehört, das zu tun, was ich nicht wollte. Medizin studieren. Mit einer Frau eine Beziehung leben. Mich von meinen Schwestern abschotten, Papa gefallen. Ich stand vor dem Nichts, aber ich tat nicht mehr das, was mich unglücklich machte.

An anderen Tagen fragte ich mich, ob ich Chirons Kuss erwidert hätte, wenn Sunnie nicht gestorben und wenn ich niemals in das einsame Hotelzimmer gekommen wäre.

Mein Gedankenschwall stoppte abrupt, als ich seinen Blick auf mir spürte. Mit einem Kopfdrehen sah ich ihn an. Da war ein Sturm in seinem Blick, wild und nicht zu kontrollieren. Wir saßen wirklich nah und immer, wenn er nah war, zog sich etwas in mir zusammen. Als zuckten in mir Blitze, die sein Sturm auslöste.

Chiron öffnete leicht den Mund, da wollten Worte hinaus purzeln, aber er schien sie festzuhalten und schluckte. Ich konnte nicht mehr wegsehen. War verloren. Irgendwie in ihm und seinem Grau.

Er war es, der sich losriss. Aufsprang, als Applaus ertönte. Er bahnte sich einen Weg an die Seite, zu einer Tür und schlüpfte hindurch. Als er weg war, holte ich Luft. Ich wollte weiter in sein Graubraun sehen. Aber noch viel mehr wollte ich wissen, was er gedacht hatte. Was sich in seinem Kopf gedreht hatte, kurz bevor er aufgestanden und geflohen war.

Ich zuckte zusammen, weil Ahri plötzlich ihre Hand auf meinen Arm legte. »Was ist los?«

Meine Stimme war mit ihm fortgegangen, ich zuckte nur die Schultern und stand dann wie von selbst auf, während wieder ein Tänzer angesagt wurde. Zwei Stufen auf einmal nehmend ging ich die Tribüne hinunter und schlüpfte wie Chiron zuvor nach draußen in einen Gang. Die Musik fing in der Halle an zu spielen, diesmal kannte ich das Lied und es vibrierte mit meinem unregelmäßigen Herzschlag. Ich warf zwei schnelle Blicke nach rechts und links, der Flur war dunkel, kaum beleuchtet. Hier ging es nicht zu den Umkleiden, zur Treppe oder nach oben aus dem Gebäude. Ohne Orientierung lief ich weiter den Gang entlang und bog nach links ab.

Wir zuckten beide heftig zusammen.

Chiron stand an die Wand gelehnt, schloss rasch die Augen, als er mich erkannte. Er trug Schwarz und Weiß. Schwarze Jeans, schwarze Boots, ein weißes Shirt und darüber einen schwarzen Pullover mit kurzen Ärmeln. Ich mochte das Outfit. Aber weil er immer dunkel trug, wollte ich ihn in anderen Farben sehen. Mit einem gelben Pullover. Oder einer beigefarbene Hose, die etwas weiter geschnitten war. Vielleicht würde ihm ein rotes Bandana stehen.

»Siwon«, stieß er hervor. »Wenn du nicht aufhörst, mich anzusehen, dann ...« Er sprach es nicht aus.

»Was dann?« Ich war so froh, über meine feste Stimme. So froh, nicht einen Schritt zurückzutreten. Chiron öffnete seine Augen.

»Ich habe es versucht«, gestand er mit belegter Stimme. Lang-

sam sagte er es, als müsse er selbst verstehen, was er da von sich gab. »Aber wir zwei«, sein Finger ging zwischen uns hin und her. »Wir zwei funktionieren einfach nicht.« Seine Stimme wurde lauter und lauter, mit jedem Wort mehr Verzweiflung.
»Wa... Warum nicht?«
»Weil ich nicht mal neben dir sitzen kann!«, brüllte er mir ins Herz. Ich brachte keinen Ton hervor. Mein Selbstbewusstsein bröckelte, wegen seiner Ehrlichkeit. Und ich nicht wusste, wie ich damit umgehen sollte.
Sekundenstille. Sekundenstille. Sekunden ...
»Ich denke zu viel, wenn du da bist.«
Und ich wusste überhaupt nicht mehr, was ich dachte.
»Es tut mir nicht gut, an alles zu denken, aber du ... du löst es aus und ... wir brauchen Abstand.«
Herzschlag plus Sekundenstille.
»Und jetzt?«, brachte ich endlich hervor. Ich hatte angenommen, es wurde besser zwischen uns, dachte Schneefangen und Pommes essen hatte uns gezeigt, wie wir miteinander gut auskommen konnten.
»Wir können nicht zusammenwohnen.«
Er weckte Wut und Kampfgeist in mir. Ich wollte mit ihm diskutieren. Ihn schütteln und einen Schlüssel finden, um seine Verschlossenheit einfach zu öffnen.
»Wir haben es auch echt versucht.« Meine Stimme triefte voller Ironie und sie schien auf seine Unsicherheit zu treffen.
»Ich wollte eine *Mitbewohnerin*. Nicht dich. Du kannst bis Ende des Monats bleiben, dann brauche ich jemand anderen.«
Ende des Monats. Noch eine halbe Woche also.
»Was ist so schlimm an mir? Dass ich ein Mann bin? Dass ich abends koche und dir sogar Essen übriglasse? Dass ich regelmäßig einkaufen gehe?« Ich wusste, es war ein Fehler, ihm noch näher zu kommen, aber meine Beine wussten es nicht.
»Hast du mal darüber nachgedacht, wie es mir geht? Dass du auch ein Mann bist. Dass ich mit dir kaum reden kann und du wütend wirst, sobald dir etwas nicht passt?«

Ich warf die Arme hilflos in die Luft.

»Wir müssen verdammt nochmal *reden*, natürlich funktioniert das miteinander wohnen so nicht!«

»Ich habe aber keine verfluchte Lust, mit dir zu reden!« Es klang hart und kalt und unsere Blicke verkeilten sich, trotz des wenigen Lichts in diesem Gang. Chiron passte gut hier rein, mit den dunklen Kleidern und dem endlos finsteren Ausdruck.

»Das ist nicht fair«, murmelte ich. »Gib mir zwei Wochen mehr, wie meinst du, soll ich eine neue Wohnung finden? In einer halben Woche?«

»Keine Ahnung, Mann. Ist mir egal.«

»Fick dich«, sagte ich. Hasste mich dafür, weil ich so was noch nie einem Menschen ins Gesicht gesagt hatte. Aber bei ihm, da wollte ich es noch mal sagen. »Fick dich, mit deinen Farben und deiner Wut, die keinen verfluchten Sinn haben.«

Chiron kam mir ganz nah.

»Nimm das zurück«, raunte er.

»Es ist gesagt. Ich kann's nicht zurücknehmen.«

»Okay.« Er verzog den Mund, gequält und schief. »Fick du dich auch. Fick dich und heul jeden Abend weiter in deinem Zimmer. Wo auch immer du dann bist.«

Mein Herz brach unter seinen Worten. Er hatte mich also weinen gehört. Er wusste, wie einsam ich war. Verstand vielleicht auch, wie verlassen ich mich fühlte.

»Warum so plötzlich?« Meine Augen brannten, meine Hände waren zu Fäusten geballt.

»Es ist nicht plötzlich.« Ich spürte seinen Atem auf meinen Lippen. »Ich kann Gefühle nur gut verstecken.«

Kurz glaubte ich ihm seinen abgeneigten Gesichtsausdruck, die Verbitterung in seinen Augen. Doch zwischen den schmerzhaften, graubraunen Schattierungen versteckten sich die Wahrheiten. Ich wusste es. Weil er sie mir in der letzten Woche gezeigt hatte. Chiron hatte Angst, zu verblassen. Und vielleicht dachte er deshalb, dass es zwischen uns nicht funktionieren würde, weil ich auch ziemlich blass war. Welche Farben hatte ich schon, um ihn wieder anzumalen?

Als sein Blick auf meinen Mund fiel, wusste ich, dass er mich nicht rausschmiss, weil er mich hasste.

»Jetzt gerade schaffst du es nicht«, nuschelte ich ihm zu.

»Was?«

»Deine Gefühle zu verstecken.«

»Und was bitte verraten sie dir?«

Es wogte zwischen uns. Wellen aus Wut, Sehnsucht und noch mehr Wut und schnellen Herzschlägen. Ich warf ihm meine volle Wahrheit direkt entgegen, er fing sie auf und wir prallten aneinander.

»Du willst mich wieder küssen.«

»Fick dich, Siwon.«

Da stand ich, mit einem Herzen aus Mut, Angst, Sehnsucht. Ich und er und unsere Gefühle, denen ich nicht entkommen konnte und die mich immer weiter festhielten. Dabei wollte ich nur frei sein.

»Was? Was ist schlimm daran?«

Chiron ging einen Schritt zurück. »Keine Ahnung.«

Noch ein Schritt zurück. Ich folgte ihm vier und ich küsste ihn einfach, zog sein Gesicht mit beiden Händen zu mir und drückte meine Lippen auf seine.

Er riss sich los.

»Hör auf«, krächzte er. »Nie wieder.«

Seine Worte taten weh, mein Kaktusleben stach nach meinen Gefühlen, aber ich lächelte trotz allem. Weil ich getan hatte, was ich wollte. Weil ich jetzt gerade auf mein verdammtes, verdammtes Herz gehört hatte.

»Okay.« Ich hob entwaffnet die Hände. »Aber es tut mir nicht leid.« Langsam wich ich weiter zurück. Es waren Lebensabschnitte, die man nach und nach durchlief. Auch wenn dieser hier kurz gewesen war, würde er jetzt ein Ende finden. Es fühlte sich seltsam an, weil ich plötzlich Kraft aus diesem Moment zog, in dem er mich sehnsuchtsvoll und wütend zugleich ansah. Ich wurde mutig, in meiner Brust polterte es und fühlte sich dann leichter an.

Vielleicht fing mein wirklicher Neuanfang jetzt erst an, ohne Chiron, den ich ergründen wollte.

Ich drehte mich um, ging meinen Weg.

Und er wirbelte mich zu sich herum, kam mir viel zu nahe. An meinem Mund flüsterte er: »Tut mir auch nicht leid.«

Dann trafen unsere Lippen aufeinander. Wie ertrinken und auftauchen, fliegen und fallen, dachte ich. Alles und nichts. Lim Chiron zu küssen, fühlte sich an wie die Gegensätze dieser Erde kennenzulernen. Ich kam ihm entgegen, Chiron drückte mich weiter zurück. Also prallte ich gegen die kühle Wand, drängte mich an seine Härte. Unsere Hüften spielten, sie kreisten und stießen aneinander. Meine Hände fuhren suchend über sein Shirt, als ich irgendwann warme Haut spürte, schnappte er nach Luft.

»Deine ... Farben«, keuchte ich und er knabberte an meiner Unterlippe, damit ich nicht weitersprechen konnte. »Deine Farben haben ... doch einen Sinn.« Er schüttelte den Kopf und schob sein Knie zwischen meine Beine, bis ich nicht mehr denken und atmen konnte. »Deine Wut sicher auch«, brachte ich noch hervor und dann zog mich der Strudel aus seiner Lust und meinem Verlangen mit sich.

Seine Hand in meinem Nacken bog meinen Kopf leicht nach hinten, unsere Zungen tanzten, als hörten sie seine Sturmblau- und meine Zufallswiedergabe-Playlist und Songs, die uns bewegten.

Chiron

Run boy run! This world is not made for you ...

Woodkid sang laut in meinem Kopf, ich kam nicht von Siwon los, drängte nur näher an ihn, gegen seine Hüfte, hielt mich an seinen Schultern fest. Aber mit jedem Lippenberühren wurde die Stimme lauter in meinem Kopf. So unendlich laut.

Run boy run!

Siwon

»Nie wieder«, raunte er irgendwann und löste sich. Ging mehrere Schritte zurück, bis zu der Ecke. Sein Schwarz mischte sich mit den Farben des Ganges und ich kniff die Augen hinter meiner Brille zusammen. In mir zuckte und pulsierte es und meine Beine gaben beinahe nach, ich brachte kein Wort hervor.

»Du bist mit dem Weinen in der Nacht nicht allein«, entschuldigte er sich auf seine Art. Rau und wie ich zuvor, mit der vollen Wahrheit.

Chiron ging.

Ich blieb zurück.

Langsam rutschte ich an der Wand hinab, atmete tief ein und aus. Strich mit dem Zeigefinger über meine Unterlippe, schluckte heftig.

Wir sind Wellen, Lim Chiron. Auf und ab und durcheinander. Zu stark, um sie zu kontrollieren. Tief genug, um darin zu ertrinken. So blau wie meine Lieblingsfarbe.

Mit zittrigen Fingern zog ich die Kopfhörer und mein Handy aus meiner Manteltasche und steckte mir die Stöpsel in die Ohren.

Nie wieder.

Da saß ich in einem dunklen Flur eines Tanzstudios, wollte wieder mutig sein, aber dieses Gefühl war gerade mit Chiron zusammen verschwunden.

Sun? Bist du irgendwo und hörst mir zu? Vielleicht ist nicht für alle Menschen ein Platz auf diesem Planeten vorgesehen. Und manche irren für immer herum, weil da nichts zum Ankommen ist.

Ich klickte meine Playlist für den November an, *Troye Sivan* sang *LOST BOY* und erinnerte mich daran, was ich war. Verloren in dieser Welt, weil mich niemand zu suchen schien.

Ich bin da, Siwon.

Kapitel 18

Orange seit langer, langer, langer Zeit

Chiron

In der Nacht von Sonntag auf Montag entdeckte ich *The Edge of Tonight*. Ich hörte den Song ein ums andere Mal, bis meine Ohren unter der Musik vibrierten. Dadurch fühlte ich mich nicht wirklich besser, aber es tat trotzdem gut, die Welt auszusperren und nur noch *All Time Low* und die schmerzerfüllte Stimme des Liedes zu hören. Samstag, also gestern, hatte ich mit Puma gesprochen. Hatte ihr erzählt, dass ich bald wieder die Wohnung für mich haben würde.

»Mochte er keine laute Kunst?«

»Er mochte sie.«

»Du hast Angst bekommen.« Eine Feststellung, keine Frage.

»Fühlst du dich jetzt besser, Chiron?«

Sie hatte darauf keine Antwort von mir bekommen. Puma wusste auch so, was ich geantwortet hätte, man sah es meinen hängenden Schultern an. Ich sprach kein Wort mehr mit ihm. Nie wieder hatte ich zu ihm gesagt und so würde es sein.

Nie wieder reden.

Nie wieder sein Lachen.

Nie wieder seine Küsse.

Und nie wieder meine verräterischen Gefühle, die wegen Siwon aufgekommen waren. Dieses Herzpochen, die Sehnsucht.

Der Song begann von vorne, meine Kehle fühlte sich ganz eng an, die Stimme des Sängers verankerte sich mit meinem eigenen Schmerz.

»*Mal deine schwarze Angst. Und dann übermal sie bunt. Es wird dir helfen.*«

Pumas Stimme zerriss mich beinahe in dieser Nacht von Sonntag auf Montag, als ich nichts war als Musik und spitze Gedanken.

Um 00:08 Uhr griff ich nach schwarzer Farbe und schleuderte sie auf eine leere Leinwand. Spritzer, Schlangen, Flecken. Die Zimmerwand dahinter bekam ebenfalls schwarze Sprenkel ab.

Ich nahm auf nichts Rücksicht. Schrie meine Angst mit Farbe heraus, um 00:23 Uhr malte ich mit dem Pinsel Weiß über das Schwarz. Einen Grabstein. Einen Jungen, einsam in einer dunklen Ecke. Zwei Männer, die sich umschlangen, die sich liebten. Eine weinende Frau.

Mein Herz stolperte.

Irgendwas zersplitterte in mir und ich verschloss mich mehr und mehr. Die Welt durfte mich nicht sehen, nicht meine innersten Gefühle. Was würden sie mit Menschen wie mir tun?

Menschen, die Angst hatten, zu leben.

Mal deine schwarze Angst. Und dann übermal sie bunt.

Also malte ich Orange über die weißschwarze Verzweiflung. Orange seit langer, langer, *langer* Zeit.

Um 00:54 Uhr wurde alles zu laut.

Ich legte mich auf den Boden, riss mir die Hörer vom Kopf und hielt mir die Ohren zu, meine Hände zitterten, ich bekam kaum Luft. Und alles um mich herum und in mir drin, das fühlte sich zu eng an.

Ich: Ich brauche dich, Taemin.

*Nein, Pum*a, dachte ich. *Ich fühle mich jetzt nicht besser.*

Kapitel 19

Der Sturm lebte in uns beiden

Siwan

»Das ist … Hast du in diesem Bereich schon gearbeitet?« Nams Stimme überschlug sich beinahe. Er starrte auf den digitalen Flyer, den ich die letzten Wochen entworfen hatte.
»Noch nicht«, antwortete ich zum dritten Mal. Er drehte sich seitlich zu mir, sein dunkles Haar verwuschelt, weil er mehrmals hindurchgefahren war.
»Ganz einfach gesagt?«, fragte mein Chef und ich hob die Augenbrauen. Bei seinem Ausdruck dachte ich an Papa und alle stolzen Augenblicke, die er verpasst hatte. Unauffällig rieb ich mir mit der Hand über die Brust.
»Ganz einfach, was?«
Nam saß auf dem Stuhl vor dem Computer und sah zu mir auf, in seinen Augen diese Freude und Anerkennung. Dieser Moment war mir beinahe unangenehm. »Ganz einfach, es ist perfekt.«
Der Flyer war pastellblau, die Schrift nicht zu klein und auch nicht auffällig groß. Die Silhouette einer skatenden Frau, von mir gezeichnet und entlang der ersten Programmseite angepasst.
Ich hatte die letzte Nacht daran gearbeitet. Die ganze Nacht.

Von Sonntag auf Montag. Jetzt stand ich hier und zeigte meine Arbeit.

Meine erste und vermutlich letzte für Nam.

»Nam …«, begann ich vorsichtig und er starrte wieder auf den Flyer, schüttelte ungläubig den Kopf. »Nam, ich werde kündigen.«

Der Schreibtischstuhl drehte sich zu mir.

»Bitte, was?«

»Ich werde kündigen.«

Mein Chef schüttelte mehrmals den Kopf und sah mich verwirrt an.

»Bleibt es bei diesem einen Satz? Oder kommt da noch mehr?«

Ich zuckte die Schultern, versuchte zu lächeln. »Dieser Laden ist wirklich etwas Besonderes. Aber ich werde für unbestimmte Zeit aus der Stadt sein, also kann ich hier nicht weitermachen.«

Nam stand auf und griff nach seinem Kaffeebecher, den er vorhin mit an meinen Arbeitsplatz gebracht hatte. Er bedeutete mir, ihm zu folgen. Wir gingen in den angrenzenden Pausenraum und setzten uns an den runden Tisch.

»Kündige nicht, Siwon. Du könntest weiterarbeiten, am Computer, Plakate und Events entwerfen. Für uns gestalterisch von Zuhause arbeiten. Es wäre ein Verlust, wenn du einfach gehst.«

Sein Blick war so bittend, ich setzte mich aufrechter hin. Ich wollte dieser Stadt den Rücken kehren, mich von allem lösen und wirklich neu beginnen. Nichts zurücklassen. Jetzt saß dieser Mann vor mir, ein Chef, der mich duzte und mir ehrlich sagte, ich wäre gut. Er saß da vor mir und ich dachte an ein Vielleicht.

Vielleicht musste ich nicht alles zurücklassen. Nur das, was mir nicht guttat. Nur das, was mein Herz zum Beben und Bröckeln brachte.

Du lässt sowieso etwas zurück. Du lässt deine Gefühle hier.

»Überleg es dir. Ich lasse dir die Zeit, aber vergiss nicht, wie gern wir dich hier haben. Zwar noch nicht so lange, aber wirklich gern.«

Sein Lächeln vergrößerte mein Vielleicht.

»Falls du wieder zurückkommst, nehmen wir dich immer zurück. Komm einfach vorbei, so schnell findet sich kein neuer Rezeptionist.« Nam stand auf. »Und niemand, der so ein Gespür für gestalterische Kreativität hat.«

Er prostete mir mit seinem Kaffee zu und wandte sich dann zur Tür. Ich rutschte auf der Kante meines Stuhls ganz nach vorn.

»Nam?«

»Ja?«

»Okay. Ich arbeite am Computer für Sie. Und vielleicht komme ich irgendwann wieder ganz zurück.«

Die Bahnstation, an der ich wartete, war laut und Menschen zogen eilig an mir vorbei. Ich sah auf mein Handy hinunter und rief Mama an, sie ging wie schon gestern Nacht beim dritten Klingeln dran.

»Siwon?«

»Ja, hey.« Ich machte eine Pause, bevor die Worte herauspurzelten... »Kann ich schon heute kommen? Ich habe fast ... fast alles geklärt.«

»Natürlich«, sagte Mama. Ihre Stimme war unendlich sanft und so wissend. Als ich sie gestern Nacht angerufen hatte, war sie sorgenvoll gewesen. Als ich gefragt hatte, ob ich sie besuchen dürfe, klang sie froh. Besuchen für unbestimmte Zeit.

Aufs Land, raus aus der Stadt. *Dongho-Dong*, ein Außenteil von *Dong-gu*. Wie gut es mir tun würde, alle Wolkenkratzer hinter mir zu lassen. Omas Essen genießen, sich aufrappeln, mich an einer neuen Universität bewerben. Aufschreiben, was ich wollte und es irgendwann Wirklichkeit werden lassen.

»Soll ich dich nicht doch mit dem Auto holen?«, fragte Mama gerade.

Ich griff mein Handy fester und sah auf die Anzeigetafeln. Meine Bahn würde in einer Minute kommen. »Nein, ich fahre mit dem Zug. Das geht ohnehin schneller. Holst du mich vom Bahnhof ab?«

»Ich werde da sein.«

»Danke. Danke, Mama.«

»Sehen wir zu, dass du dein Lächeln wieder findest«, hörte ich Oma im Hintergrund sagen. Und mich durchzuckte ein großes Heimwehgefühl. Ihre Stimme alt und rau und wunderschön. *Es ist die richtige Entscheidung. Die richtige Entscheidung.*

»Bis später, also«, verabschiedete ich mich und stand auf als die Bahn einfuhr. Beide wünschten mir eine gute Reise.

Später ... Denn erst würde ich noch etwas erledigen müssen.

Ich fuhr bis zu der vertrauten Haltestelle, kurz vor der gemütlichen Fußgängerzone. Diesen Stadtteil hatte ich geliebt, war gerne am Sincheon River entlangspaziert, den Blick auf das fließende Wasser gerichtet. Manchmal hatte ich am Ufer gesessen und gewartet ... Auf was auch immer. Vielleicht, dass es besser wurde. Dass ich Mut fand. Oder einfach auf eine Veränderung.

Auf der Bank dort hatte ich gesessen, wenn ich Eun-Mi erzählt hatte, ich würde in der Universitätsbibliothek lernen. In der Fußgängerzone, die ich geliebt hatte, war ich mit hängenden Schultern nach Hause geschlurft. Zu allem, was ich nicht liebte.

Nachts hatte ich wachgelegen und hatte versucht, zu vergessen. Eun-Mis Wut loszulassen, ihre Küsse und Umarmungen zu verdrängen. Auch meine Lügen, wenn wir uns geliebt hatten und ich sie glücklich gemacht hatte, sie mir aber nichts zurückgeben konnte.

Café Zeitvergessen.

Das Café war an diesem Tag voll. Montagnachmittags stärkten sich die Menschen gerne mit gutem Gebäck und Getränken. An den niedrigen Tischen, auf den bunten Kissen sitzend, den Blick durch die Fensterfronten nach draußen auf die Gasse richtend. Schnell trat ich ein, um es mir nicht noch einmal anders zu überlegen.

Am Tresen arbeitete Mai.

Als sie mich entdeckte, zogen sich ihre Brauen zusammen und Überraschung huschte über ihre Züge. Es schien als hätte sie mich hier nicht erwartet und ich hatte auch nicht Bescheid gesagt.

»Ist sie da?«, fragte ich, ohne eine Begrüßung.

Begrüßungen sind seltsam. Warum nicht gleich sagen, was man will? Begrüßungen sind nur eine innere Bremse für den gesammelten Mut.

Mais Worte hallten in meinem Kopf, als ich direkt mit meinem Anliegen loslegte. Sie schenkte mir ein wissendes Lächeln. Mai hatte sich einen Dutt gebunden und wischte sich die Hände an ihrer Schürze ab. Sie nickte zur Hintertreppe.

»Sie ist oben. Es geht ihr nicht so gut.«

Danke, wollte ich sagen. Aber das tat ich nicht, weil Mai noch weitersprach.

»Es geht ihr nicht mehr gut, seit du weg bist.«

Wann immer wir uns in letzter Zeit gesehen hatten, war das Gespräch nie auf Eun-Mi gefallen. Und dafür sagte ich niemandem, wo Mai war, wenn nicht hier im Café.

Aber nach Chirons Worte und unserem Kuss war ich Eun-Mi eine Erklärung schuldig. So richtig ehrlich und ernüchternd. Meine Hände ballten sich zu Fäusten, nicht aus Wut, viel mehr aus Bedauern. Es hätte anders laufen können. Für sie.

»Es ging ihr auch mit mir nicht gut«, erwiderte ich. Leise, so unendlich leise.

Mai nickte. Sie hörte auf, die Tassen vor ihr zu befüllen und kam näher, damit nur noch der Tresen zwischen uns war. Eun-Mi und Mai kannten sich schon lange und die nächste Frage kam vermutlich direkt aus dem Vertrauen ihrer Freundschaft: »Bist du gekommen, um sie weiter zu verletzen?«

Sofort schüttelte ich den Kopf.

»Warum dann?«

»Um ihr die Wahrheit zu erzählen.«

Ihr Blick wurde weicher und sie schien mein Vorhaben zu verstehen. Sie wusste inzwischen viel über mich, weil sie mir während der Arbeit Wahrheiten entlockte. Vorgestern hatte sie gesagt, sie würde meine Gefühle lesen können, wenn ich über meinen Mitbewohner sprach. Und vielleicht tat sie das wirklich ab und zu.

»Danke, Mai. Für die letzten Wochen und so.«

»Warum klingt das nach Abschied?«, wollte sie sofort wissen.

Ich zuckte mit den Schultern. »Weil es irgendwie einer ist?«

»Irgendwie?«

»Ich ziehe aus der Stadt. Keine Ahnung für wie lange, also werden wir uns eine Zeit nicht sehen.«

»Wann?«, stieß sie hervor und Verwirrung mischte sich in ihre hübschen Züge. Ihr Haarknoten wackelte hin und her, als sie den Kopf schüttelte und mich wie einen Rettungsring ansah.

»Heute Abend«, gestand ich leise.

Sie schnappte nach Luft. »Hey! Du verlässt einfach deine Freundin und sagst es ihr ein paar Stunden davor?« Die Menschen an den Tischen drehten sich zu uns um, eine Mädchengruppe kicherte leise.

»Ich verlasse dich nicht, Mai. Du kannst mich anrufen und bestimmt komme ich wieder zurück!«

Sie schob die Unterlippe vor. »Warum so plötzlich?«

»Weil Chiron mich rausgeschmissen hat.«

»Scheiße.« Sie nahm es schnell zurück und sah sich um, lächelte einen Kunden höflich an. »Wenn du Hilfe brauchst, sag Bescheid, Siwon.«

»Andersrum genauso.«

Sie verdrehte halb die Augen. »Dieses Gespräch ist so unglaublich klischeehaft! Wir sind echt Loser, wie sollen wir uns schon helfen?«

Ich lächelte ihr zu. Vorsichtig, aber ehrlich. »Freundschaft reicht vielleicht schon. Hilfe bekommen wir von anderen.«

Sie zog die Augenbrauen hoch. »Ich ... ich habe dich noch nie so lächeln sehen, Siwon. So richtig, richtig ehrlich. Du solltest weiter danach suchen.«

»Nach was?«

»Nach diesem vollen Lächeln.«

»Werde ich. Und dann komme ich dich besuchen, dir ein bisschen bei den Cupcakes und dem Kaffee helfen und dem Ganzen hier. Und ein Loser mit dir sein.«

Wir hakten unsere kleinen Finger umeinander, Fingerschwur wie in alten Zeiten. Mai und ich, Herz-Finger-Verbunden.

Schnell verschwand ich entlang der Theke nach hinten in den kleinen Gang.

Verabschiedungen finde ich auch mies. Nur ein Herauszögern des Moments, wenn man doch eigentlich schon seinen Weg gehen könnte.

Mit festen Schritten stieg ich die weißen Stufen nach oben zu der kleinen Wohnung, Erinnerungen stürmten meinen Kopf. Wirbelstürme wegen einer vorgetäuschten Liebe und ein Sehnsuchtstornado.

Ich klopfte.

Nichts.

Ich klopfte wieder.

Keine Antwort.

Ich klopfte noch einmal.

»Mai, bist du das?« Eun-Mi zog die Tür auf, bevor ich ihr sagen konnte, dass nicht ihre Freundin vor der Tür stand. Sie trug eines meiner alten Shirts. Hatte blasse Haut, Augenringe. Die rote Farbe war aus ihren Haaren herausgewaschen, jetzt waren sie dunkelfleckig und passten zu ihren Augen. Von unten sah sie zu mir auf.

Schreck. Regungslosigkeit. Vertrauen.

»Hey«, sagte ich und hob die rechte Hand. »Können wir reden?«

Sie schlug die Tür vor meiner Nase zu. Und ich stand da, mit erhobener Hand und bereute so sehr, wie ich es hatte enden lassen. Zwischen ihr und mir und diesem Uns, das nur sie gefühlt und welches mich zerbrochen hatte. Der Sturm lebte in uns beiden.

»Eun-Mi ... ich bin hier, um dir eine Erklärung zu geben. Die Erklärung, die du verdienst.«

Ich hörte sie hinter der Tür schniefen. Mit dem Rücken lehnte ich an ihrer Wohnungstür, langsam rutschte ich daran herunter und setzte mich auf den Boden, lehnte den Kopf an das Holz.

»Du musst mir nicht gegenüberstehen. Hör einfach nur zu ...

Bitte.« Ich schloss die Augen, weil man blind manchmal mehr Mut hatte. Ich wollte ihr nur ein winziges Stückchen Siwon-Universum geben, damit sie mit der Trennung abschließen konnte. Damit ihre *Warums* verschwanden und unser Sturm vorüberziehen konnte.

Als ich sie leise weinen hörte, erzählte ich ihr doch alles.

»Ich will kein Arzt werden«, begann ich. Daraufhin folgte so ziemlich alles, was mich die letzten Jahre zerbrochen hatte.

»Mein Vater wollte das für mich. Er wollte auch eine Frau für mich, Eun-Mi. Du warst schön und aufgeschlossen, warst direkt. Warst mal wütend, mal hasserfüllt, aber hast mit ganzem Herzen geliebt. Also dachte ich, es ist richtig.« Ich spielte an der Kette um meinen Hals, eine, die mich mit meiner Schwester Ahri verband. »Es wurde mir zu viel. Unsere Beziehung, mein Studium, meine Gefühle. Und dann ist Sunnie gestorben. Manchmal hatte ich das Gefühl, du interessierst dich wenig für meine Schwestern. Als sie starb, warst du nicht für mich da, also bin ich geflohen. Ich wollte fort. Von allem. Fort von den Erinnerungen.«

Je weiter ich kam in meiner Erklärung, desto schneller sprach ich. Was ich als Nächstes sagte, kam mir nur wegen der geschlossenen Tür über die Lippen. Mein Herz sprang dabei.

»Eun-Mi, vielleicht hätte ich dich geliebt. Ich wollte es so sehr … Aber ich fühle mich zu Männern hingezogen. Es wäre nicht fair gewesen, bei dir zu bleiben. Also habe ich meine Geheimnisse mitgenommen und bin gegangen.«

Sie schluchzte auf. Und sie durfte weinen, schreien, hassen und ihre Liebe loslassen. Es war richtig. Dieses Gespräch und meine ganze Ehrlichkeit. Das erste Mal hatte ich sie laut ausgesprochen.

Eine Weile waren da nur ihre Tränen und meine Stille.

»Ich habe dich so sehr geliebt«, flüsterte sie irgendwann durch das Holz in meinem Rücken. »So sehr, Siwon. Nicht, weil du Arzt werden wolltest. Nicht, weil du gut aussiehst.«

Ich hielt den Atem an. »Sondern weil du laut gelacht hast, als wir uns das erste Mal begegnet sind.« Manchmal überraschten Menschen einen. Menschen, von denen man dachte, man kenne sie gut genug. Ich kannte sie leise und liebevoll, ich kannte sie aber auch wild und wütend. Ich kannte Eun-Mi gut, aber nicht gut genug, weil ich in unserer Beziehung zu sehr über mich selbst nachgedacht hatte.

»Es tut mir leid. Es tut mir leid, dass ich dich nicht lieben kann«, murmelte ich zurück.

Sie schniefte auf, als lache sie im Weinen. »Du hast mich so verletzt.«

»Ich weiß.«

»Letztens war ich bei dir, ich habe dich Tage zuvor zufällig in dieses Haus gehen sehen und da stand dein Name auf dem Briefkastenfach. Ich dachte, ich wäre stark genug mit dir zu reden … Aber ich bin es wohl nicht.«

»Musst du nicht. Es ist okay, du hast mir zugehört. Das ist mir schon alles wert.«

Wir schwiegen eine Weile. Minuten verstrichen und mein Herzspringen normalisierte sich. Jetzt war mein Geheimnis keines mehr, ich hatte es aus meinem Herzen gelassen und es war, wie alle immer sagten: Es fühlte sich jetzt leichter an.

»Bist du noch da?«, flüsterte sie.

»Ja.«

»Ich werde die Tür heute nicht mehr aufmachen, Siwon. Vielleicht ein andermal.«

»Okay.« Ich hob den Kopf und öffnete die Augen. »Du solltest den Menschen auch dein lautes Lachen schenken, wenn du ihnen das erste Mal begegnest, Eun-Mi.«

»Wenn ich alle Scherben aufgesammelt habe. Dann irgendwann.«

Ich legte meine flache Hand an die kalte Tür, schloss noch einmal für den Moment die Augen.

Es hat wehgetan mit dir, Eun-Mi. Aber vielleicht warst du keine schlechte Entscheidung. Nur einfach nicht die richtige.

»Bis dann«, sagte ich und stieg die Treppe hinunter. Als ich unten angekommen war, hörte ich, wie sich oben die Tür einen Spalt öffnete.

Liebe verblasst nicht einfach nach der Wahrheit, dachte ich.

Kapitel 20

Manche Menschen zerbrachen dann

Chiron

Er ging.

Mit seinem Koffer, dem fehlenden Rad und seiner schiefen Brille auf der Nase. So lief er in den Eingangsbereich und zog seine Schuhe an. Dann sah er zu mir herüber. Ich stand mitten im Raum. Ganz verloren im Durcheinander.

»Also dann.« Nochmal seine schöne Stimme.

Also dann … Die Menschen sagten das immer, wenn sie aufbrachen und keine anderen Worte fanden, um den Moment zu beenden. Wenn sie hofften, dahinter käme noch etwas, hinter dem *also* und dem *dann* und dem letzten Blick. Ich hasste das.

Siwon drehte sich zur Wohnungstür, dann wieder zu mir.

»Danke, Chiron. Für das Zimmer, für die mexikanischen Chips, für erste Gefühle.«

Er war so ehrlich. Ein brennender Stich durchfuhr mich und deshalb konnte ich nicht antworten, ballte nur die Hände zu Fäusten.

Siwon biss sich auf die Lippe. »Ich habe dir einen Zettel im Bad gelassen. Meine Playlist steht drauf.« Er versuchte zu lächeln.

»Ich habe es immerhin versprochen.«

Stiche, glühend heiße Stiche trafen mich und das hatte ich schon lange nicht mehr gespürt. Und woher sie auch kamen, ich wollte sie nicht.

»Nichts mehr?«, fragte er noch.

Ich rieb mir mit der Hand über mein Herz. »Wenn wir uns schicksalsmäßig wiedertreffen, dann sind wir vielleicht richtig.«

Er schüttelte den Kopf, fast ungläubig. »Sie würden dich mögen. Wenn du den Menschen die Chance auf deine Art geben würdest.«

»Hör auf«, nuschelte ich. »Hör auf damit, Siwon.«

Er zuckte die linke Schulter und sein beigefarbener Mantel verrutschte ein wenig. Dann drehte er sich um, zog die Tür auf und verschwand mit seinem klappernden Koffer.

Ich saß den Rest des Nachmittags im Badezimmer. Mit seiner Playlist im Ohr und Tränen auf den Wangen.

Ich wusste nicht, wohin mit mir. Wohin zur Hölle.

Taemin: Vorlesungen sind für heute vorbei. Wie geht's dir?

Nach meinem Hilferuf gestern Nacht war er sofort gekommen. Zwischen der Kunst in meinem Zimmer, hatte er mich in den Arm genommen. Einfach so. Und er hatte komisch aufmunterndes Zeug gesagt, bis ich mit zu ihm in die Wohnung gekommen war, um meinen Schmerz mit Bier zu ertränken. Um 04:00 Uhr morgens war ich auf seiner Couch eingeschlafen, mit unvergesslichen Träumen bis zum nächsten Morgen.

Ich: Es ist Zeit für Soul.

Taemin: So schlimm?

Ich: Nein.

Taemin: Die Lüge konnte ich bis hier riechen. Also

schaue ich auf jeden Fall vorbei. Ich besorge noch Schokoladen-Pies und Soju. Alkohol soll gut für laute Gedanken sein.

Ich: Joe und 22 sind besser.

Taemin: Die Mischung macht's. Bis später also.

Ich stellte mich unter die Dusche, weil Tränen und Wasser gleich aussahen. Es gab Momente, da sah man keinen Sinn mehr im Leben.
Warum, weshalb, wieso?
Und nur eine Antwort.
Keine Ahnung, verflucht.
Manche Menschen zerbrachen dann. Andere fanden einen neuen Weg, die übrigen verblassten, während die Farbenwelt von außen auf sie niederprasselte. Ich fragte mich, ob mein lilagelber Regen zu schwach war. Mich einfach nicht mehr anmalte.
Bin ich schon unsichtbar genug, um vergessen zu werden?

Kapitel 21

Nur eine kleine Raumfahrt

Siwon

Ahri hatte mich zum Bahnhof gebracht, ich ließ sie nicht gerne allein in der Stadt, ich hatte ihr damals in Sunnies Zimmer versprochen, nicht wieder wegzugehen.

Aber ihr Kopfschütteln war so eindeutig gewesen. *»Du bist nicht weg. Nur eine kleine Raumfahrt entfernt. Wenn ich dich vermisse, rufe ich an, wenn ich dich umarmen will, fahre ich euch besuchen.«*

Also stand ich jetzt nach der einstündigen Fahrt am Bahnhof in Dongho-Dong und betrachtete die Menschen, vor allem ihre Gangart. Sie liefen schief durchs Leben, gerade, schräg und mehr links als rechts. Da war eine Familie und es tat weh, zu beobachten, wie sehr der Mann seine Kinder zu lieben schien, wie unendlich tief er seine Frau ansah. Mit leerem Blick sah sie zurück, als sehe sie ihr Glück nicht. Als hinge sie an etwas anderem, einer anderen Familie oder einfach an einem Traum, einem Wunsch, der niemals Wirklichkeit geworden war. Eine Gruppe Jugendlicher kreuzte mein Sichtfeld, sie lachten, redeten aufeinander und übereinander ein, wirkten ausgelassen wie freie Seelen. Wie lange ich schon nichts mehr in dieser Art unternommen hatte, mit einer Freundesgruppe. Kein Kinobesuch, kein Abend in einer Bar oder ein Tagestrip in die Berge, da war einfach keine Zeit gewesen. Ich vermisste schwerelose Tage.

»Siwon!«

Mama kam auf mich zu. Mit offenen Armen, weil sie mich mit der Spanne ihrer Arme liebte. Und ich liebte sie, mit allem, was ich war, zurück.

Man verlor sich nur, wenn man die Arme schloss und nicht mehr mit allem liebte. So wie Papa einfach nicht mehr offen war.

Mama umfasste mein Gesicht und zog mich dann zu sich heran, sie war klein, also beugte ich mich zu ihr und drückte sie genauso fest.

»Hey«, flüsterte ich in ihr dunkles Haar und blinzelte, damit das Brennen meiner Augen aufhörte.

»Bist du hungrig?«

»Hat Oma etwa gekocht?«

»Mhm.«

»Dann immer.«

Sie griff nach meinem Koffer und zog ihn hinter sich her.

Klacker. Klacker. Klacker.

Das fehlende Rad erinnerte mich wieder an Sunnie. Nach ihrem Tod war es abgebrochen und verschwunden und jetzt hinkte mein Gepäck. So wie ich humpelte, weil die Last des Lebens zu schwer drückte.

»Miga stand den ganzen Tag in der Küche«, erzählte sie. Oma stand immer in der Küche, wenn Besuch kam, weil sie wollte, dass man bei ihr aß, als wäre es ein Fest. Ich holte zu Mama auf und ging neben ihr her, griff nach dem Koffer und wollte ihn selbst ziehen, aber sie schüttelte nur den Kopf.

»Konntest du noch alles erledigen?«

»Ja. Ich habe sogar meine Arbeit behalten.«

»Oh, erzähl!«

Also fing ich an, ein wenig zu erzählen, nur ließ ich alles Schmerzhafte dabei weg. Wenn ich einige Zeit bei ihr lebte, würde ich ihr vielleicht auch mehr erzählen. Warum ich so still geworden war, warum ich an meinem Geburtstag weinend in der Dunkelheit gesessen hatte. Warum Chiron und ich einfach nicht funktionierten.

Aber jetzt, als wir den Bahnhof verließen und in ihren Truck stiegen, fühlte ich mich noch nicht bereit dazu. Wollte nach Hause, in die warme Küche von Miga und so viel essen, bis mein Bauch wehtat. *Besser Bauchweh als Herzweh*, dachte ich dabei.

Die Autofahrt verlief schweigend. Nicht unangenehm, eher wie eine beruhigende Decke der Stille.

Daydream-Ahri: Schreib mir, wenn du angekommen bist! Ob es dir gutgeht und ob die Luft da draußen gut für deine Lungen ist.

Daydream-Ahri: PS: Wehe du schickst mir Bilder von Migas Essen. Dann bin ich noch heute Abend bei euch!

Meine Mundwinkel zuckten, Mama wandte den Blick kurz von der Straße ab und sah mich an. Ich sperrte mein Handy wieder.

»Ahri«, sagte ich nur. »Sie fragt, ob alles gut ist.«

Auch Mama fing an zu lächeln, ein klein wenig und liebevoll.

»Es geht ihr gut«, erzählte ich, weil ich das Bedürfnis hatte, Mama ein bisschen etwas zu berichten. »Sie ist glücklich. Und nach allem, was passiert ist ... geht sie ihren Weg.«

Mit den Erzählungen über mich wartete ich noch. Erstmal musste ich überhaupt wieder damit anfangen, ihr Dinge zu berichten.

»Irgendwann muss ich Taemin kennenlernen. Er ist wohl ziemlich an ihrem Glück beteiligt.«

»Wenn man ihn fragt, warum er Ahri liebt, weißt du, was er antwortet?«

»Nein.«

»Weil sie tanzt wie er. Nur das.«

»Wie oft ich schon gehört habe, die wahre Liebe gibt es nicht«, sagte Mama und bog von der Hauptstraße in eine kleinere ab. Die Bäume wurden dichter und auch mein Heimatgefühl zog sich zusammen.

»Die wahre Liebe ist vielleicht nicht für immer und ewig, aber es gibt sie. In manchen Momenten, einzelnen Augenblicken. Und einige von uns dürfen sie kennenlernen.«

»Klingt echt.« Mein Blick ging zu ihr. »Hast du solche Momente erlebt?«

»Habe ich. Nicht so viele, aber sie waren da.«

Sie ließ es dabei und ich fragte nicht weiter. Als der Schotterweg anfing und mein Körper vibrierte, hielt ich beinahe die Luft an.

Ich drehte und drehte die Fensterkurbel und dann kam die Landluft herein, vom Wind getragen und flüsterte leise Geschichten aus der Welt. Ich lauschte dem Motorengeräusch, dem Luftzug und als Mama bremste, weil Hühner unseren Weg kreuzten, löste sich etwas in meiner Brust.

»Ich laufe den Rest«, sagte ich plötzlich und Mama hielt den Wagen an. Sofort sprang ich aus dem alten Van und sah ihr durch die Staubwolke hinterher, wie sie den Weg weiterfuhr. Bis er irgendwo weiter vorne in einem Hof und dem Haus endete.

Die Hühner scharrten sich um mich, wollten Essen und Neuigkeiten und erkundeten meine Schnürsenkel. Meine Beine trugen mich schnell voran, die Bäume säumten sich am Wegrand und dahinter sah ich freie Felder, dann Wald und hier und da ein paar Häuser. Kleinere Höfe, keine Hochhäuser, die in die Wolken stachen und einem die Sicht versperrten.

Als ich Omas Haus erblickte, atmete ich ein. Tief und klar.

Da stand sie vor ihrem traditionellen Hanok und sie winkte, mit dem Herzen in den lachenden Augen und offenen Armen. Weil auch Miga sie noch nie vor der Familie verschlossen hatte. Ich begann zu rennen, Tränen schossen mir in die Augen.

Jetzt gerade, da kann ich richtig durchatmen, Sunnie.

Migas Dachboden war alt, feine Staubschichten überdeckten in Kartons verpackte Erinnerungen. Bilder von Jahren, die längst vorbeigestrichen waren. Ich setzte mich mit einer der Kisten auf die Couch. Braunrot war sie, nicht mehr knallig wie früher einmal. Es knarzte leise, als ich an die Rückenlehne sank und die Büchse auf meinen Knien betrachtete.

Ahri, Siwon & Sun-Nyu.

Omas Handschrift war geschwungen und schön, unsere Namen mit Tinte. Es konnte noch nicht sehr lange her sein, dass sie es geschrieben hatte. Vorsichtig öffnete ich den Deckel und sah auf einen Haufen Bilder, Fotos, Zettel mit Schriftzeichen darauf. Behutsam ließ ich meine Finger über die Habseligkeiten tanzen, konnte mich nicht entscheiden, welches ich zuerst herausnehmen sollte. Irgendwann fiel mir eine Notiz in die Hand, geschrieben von Miga, wie ein Tagebucheintrag.

2005 - 23.06
Wie groß sie werden, unsere drei Engel. So ähnlich sie sich auch sind, ihre Arten könnten unterschiedlicher nicht sein. Hara sagt mir oft, wie ähnlich sich ihre Töchter sind. In Verhalten und dem Denken, aber wenn ich sie beobachte, sehe ich ganz unterschiedliche Seelen. Ahri sieht nach oben in den Himmel, sucht nach Sternen und Wolken. Sie fragt mich wieder und wieder, wie die Planeten heißen. Als ich ihr erzählt habe, der Eris sei erst dieses Jahr (05. Januar 2005) entdeckt worden, erkor die Kleine ihn zu ihrem Lieblingsplaneten aus. Das ist ein glückliches Datum für einen Zwergplaneten, erzählte sie mir und schenkte mir ihr erstes, richtiges Planetenbild.

Ich unterbrach meinen Lesefluss und nahm ein gezeichnetes Bild aus der Box, betrachtete die roten Kreise und Kinderstriche, undefinierbar, wenn man nicht wusste, was es darstellen sollte. Am Rand stand: *Ahri, 5 Jahre*. Die Zeichnung war deshalb besonders, weil sie in jungen Jahren schon ein so großes Interesse für die Welt gehabt hatte. Oder das, was außerhalb von ihr geschehen war.

Ich las weiter.

Sun-Nyu sieht nicht nach oben - sie ist dort. Schon immer zwischen den Sternen, wie ihr Name es vorhersagt. Wenn sie rennt, dann springt sie dabei, als könnte sie fliegen. Wenn sie fällt, breitet sie die Arme aus, weil Fallen für sie kein Sturz ist. Eher eine Möglichkeit, erneut abzuheben. Sun schenkte ihre Füße nicht der Erde, sondern allem, was sich weich und luftig anfühlt.

Wenn meine Tochter Hara sagt, ihre Mädchen wären sich so ähnlich, sehe ich die zwei an. Eine, die auf der Erde angekommen ist, mit den Wünschen hinauf zu Planeten und nicht gefundenen Phänomenen. Die andere weit oben, den Kopf in den Wolken und mit Blick auf die Erde, wo ist, was sie liebt.

Siwon ...

Mein Hals fühlte sich trocken an. Oma beschrieb uns, als sehe sie in unsere Seelen. Blass erinnerte ich mich, wie sie draußen in dem großen Garten gesessen, in ihrer Korbschaukel und uns beim Spielen zugesehen hatte. Manchmal ein Buch auf dem Schoß, an anderen Tagen Stift und Papier und wohl diese Gedanken im Kopf.

Siwon ist weder Himmel noch Erde. Ich frage mich, was er selbst sein will. Er sitzt schon den ganzen Tag im Speicher und durchwühlt meine Stoffe, sortiert sie nach Farben und kombiniert sie neu. Wenn er rennt, stolpert er über seine eigenen Beine. Wenn er redet, passen die Worte manchmal nicht hintereinander und er muss es noch mal und noch mal versuchen. Wenn Ahri ihm die Himmelsfarben zeigt, sieht er den Glanz darin nicht. Wenn Sun-Nyu ihm vom Fliegen berichtet, kann er es sich kaum vorstellen. Aber wenn er lacht, dann ist es laut und ehrlich. Sein Humor zeugt von Intelligenz und innerem Wissen, nur scheint er diese Stärken nicht gerne zu zeigen. Zeigt nicht, wie schlau er ist. Dass er zuhört, wenn ich Ahri von Pluto, Mars und der Erde erzähle, dass er Sun-Nyu beobachtet, wenn sie zeichnet und Farben mit neuen Farben mischt. Und doch, manchmal kommt mir der Gedanke, dass Siwon jemand ist, der seinen Platz in der Welt nicht sieht. Jemand, der ein wenig umherirrt und nirgendwo Rast findet ...

Ich hob schnell den Blick nach oben und hielt still, die Augen weit geöffnet mit verschwommener Sicht. Die Tränen durften nicht überlaufen, weil ich nicht immer weinen wollte, wenn die Menschen Wahrheiten über mich sagten.

Die Fotos zeigten uns Kinder über die Jahre hinweg, wie wir größer wurden und Patschhände irgendwann kein Seil zum Springen mehr schwangen, sondern Oma in der Küche halfen. Einmal hatten wir hier unsere Geburtstage gefeiert. Ein kühler Novembertag und wir waren mit wehenden Haaren im Garten gestanden und hatten drei Laternen in den dunklen Himmel steigen lassen. Auf jeder ein Name, ein Wunsch und ein Traum geschrieben. Das Foto war einmal geknickt, ich steckte es in meine Hosentasche und blinzelte, weil da noch immer stille Tränen in mir wohnten. Kurz zuckte ich zusammen, als die Dachbodentür knarzte und Miga ihren suchenden, alten Blick durch den dämmrigen Raum warf. Es musste schon spät sein, nur das Licht der schwachen Lampe an einem Dachgiebel spendete noch einen Schein.

»Da lag ich wohl richtig mit meiner Vermutung, dich hier zu finden«, schmunzelte Oma, setzte sich in den Sessel neben mir und überschlug ihre Beine. Miga trug Leinenkleider, als gäbe es nur diese auf der Welt. Behutsam schloss ich die Kiste auf meinem Schoß und stellte sie auf den Boden zu meinen Füßen.

»Schöne Erinnerungen?«

Ich sah Oma nicht an, weil sie die Trauer in meinem Blick sehen würde. Aber es war vermutlich zu spät, immerhin konnte sie in unsere Seelen sehen. »Ich habe einen Brief von dir gelesen. Oder Tagebucheintrag. Vom 23.06.2005.«

Miga legte ihre Arme auf die Lehnen, ihr Blick ruhte auf mir, ich konnte ihn spüren. »Oh. Das Jahr des Eris«, erinnerte sie sich. Dann lachte sie leise. »Aber was ich geschrieben habe, weiß ich um Himmels Willen nicht mehr. Das Alter nimmt Erinnerungen mit sich.« Sie lachte noch immer leise.

»Du hast über uns drei geschrieben«, murmelte ich. »Über Ahri und wie sie nach Sternen und Wolken sucht. Sunnie, die rennt und dabei Sprünge macht, damit sie für Momente fliegt.«

Jetzt wandte ich den Kopf doch, erwiderte Migas braunen Blick, der so viel Wärme für mich übrighatte.

»Du hast auch über mich geschrieben«, flüsterte ich, ihr Gesichtsausdruck war so offen.

Und es war, als sehe sie tatsächlich in mich hinein, als sie sagte: »Erzähl mir dein Herz, Siwon.«

Erzähl mir dein Herz, erzähl mir dein Herz, erzähl mir alles.

»Du hast recht«, flüsterte ich in die staubige Ruhe, die Staubflocken umfingen meine Worte und trugen sie überallhin.

»Du hattest schon damals recht. Ich sehe meinen Platz nicht in dieser Welt. Mittlerweile denke ich, es ist meine Funktion, rastlos zu sein. Mal hier, mal da. Etwas hinterherjagend, was nicht meine Wünsche sind, weil ich niemals welche losgeschickt habe.«

Mein Blick ging wieder nach oben, die Dachbalken wurden unscharf, mit dem Blick voller Tränenwasser.

»Siwon?«

Tränen purzelten, als ich Miga ansah, schnell rannen sie über meine Wangen, fingen sich selbst und überholten einander.

»Ja?«, wisperte ich.

»Da gab es ein Jahr, einen Geburtstag, da haben wir Laternen in den Himmel geschickt. Kannst du dich erinnern?«

Mit der Hand zog ich das geknickte Foto aus meiner Hosentasche. »Ja, genau damals.«

Ich starrte das Bild an. Ahri lachte im Schein ihres Lichts, das in der Papierlaterne schimmerte. Mein eigener Blick war Chaos.

Ein lachendes Auge, ein weinendes, mein schiefes Lächeln. Sunnies Gesicht sah man nicht, die Dunkelheit verschluckte es, sicher hatte sie unter Tränen des Glücks gestrahlt. Im Hintergrund stand Papa und klatschte, Mama war bei ihm untergehakt.

»Welchen Wunsch hast du geschrieben? Welchen Traum?«

»Weiß ich nicht mehr«, sagte ich automatisch. Aber ich wusste es.

Erzähl mir dein Herz. Erzähl mir ...

»Mein Wunsch war Ahri und Sunnie gewidmet. Mein Wunsch ist für immer ihnen gewidmet und mein Traum ...« Neue Tränen bildeten sich und ich wischte mir mit dem Handrücken über die Wangen.

»Mein Traum waren echte Gefühle.«

Danke, Chiron. Für das Zimmer, für die mexikanischen Chips, für erste Gefühle.

»Du hast sie noch nicht erlebt?«

»Keine Ahnung«, murmelte ich und ein Stich fuhr durch mein Herz. Innerlich lachte ich mich selbst aus, weil ich an ihn dachte. Wir kannten uns einen Monat und ich fühlte mich, als hätte ich etwas bei ihm zurückgelassen. Was mich nun für immer an ihn denken ließ.

»Du musst ehrlich mit dir sein«, begann Miga und ich hielt mich an ihrem Blick fest, weise Augen in einem Faltenbett, Falten, die von jahrelanger Welterfahrung sprachen. »Wenn du nicht zu dir selbst ehrlich bist, wie soll dein Traum in Erfüllung gehen?«

Wieder hatte sie recht.

Sie beugte sich vor und griff nach meiner Hand, ihre kühl, meine warm. Leicht drückte ich zurück, hielt noch immer an ihrem Braun fest. »Sag nicht *keine Ahnung*, Siwon. Denn die hast du.« Sie hob unsere Hände an mein Herz. Und es schlug wild, so wild und chaotisch.

»Da. Da ist sie, die Ahnung.«

»Miga?« Mein Blick fiel noch einmal auf das Foto in meinem Schoß, auf die glühenden Papiertüten, die einen Weg nach oben gefunden hatten. »Wenn du jetzt einen Wunsch und einen Traum aufschreiben könntest, was würdest du schreiben?«

»Noch einmal mit deinem Opa tanzen«, antwortete sie sachte. »Um fünf Uhr morgens, kurz vor Sonnenaufgang.« Wie sie ihn vermissen musste.

»Traum oder Wunsch?«

»Traum, Siwon. Traum, weil Wünsche näher scheinen.«

»Und dein Wunsch?«

»Dass du ihn findest, deinen Platz in dieser Welt.«

Wir saßen noch bis kurz vor Mitternacht unter dem Giebel des Daches und stellten uns vor, von dort aus zu den Sternen sehen zu können. Das erinnerte mich an Ahri. Miga lachte, weil ich ihr von meiner Arbeit im *Rock 'n' Roll* erzählte und das erinnerte mich an Sunnie.

»Wie geht es dir ganz ehrlich, Miga?«, fragte ich danach und sie fing leise an zu erzählen. Von ihrem Hof und den Menschen, die täglich vorbeikamen, um ihr zu helfen. Bei ihr Gemüse und Eier kauften und Geschichten von außerhalb berichteten. Von der Stadt und dem Leben in einem Fluss, immer mitgerissen. Ihr Rücken tue manchmal weh, dann setze sie sich draußen in die Korbschaukel und atme dreimal tief durch. Einmal für ihr Alter. Einmal für den Rücken. Einmal für die Zukunft. So alt sei sie auch wieder nicht, sagte sie. So alt, um sich zur Ruhe zu setzen. Dann füttere sie die Hühner, Schafe und kümmerte sich um den Garten. Es gehe ihr besser, seit Mama hier wohnte. Nicht, weil sie es allein nicht mehr schaffe, sondern weil sie es vermisst habe, Menschen um sich zu haben, die sie liebte. Und ich dachte daran, wie gut diese Entscheidung gewesen war, jetzt hier zu sein.

»Wie geht es dir, Siwon?«

Meine Hand fand erneut mein Herz.

Poch, poch, stolper, poch.

»Ich antworte dir darauf ein anderes Mal. Wenn es lauter schlägt und nicht mehr so ... unregelmäßig.«

Sie lächelte mir zu und schenkte mir Kraft damit.

Als ich später in dem Zimmer im zweiten Stock lag, schaltete ich mein Handy ein. Den ganzen Tag hatte ich die Menschen ignoriert.´

Mai: Hey Loser. Du bist einen Tag weg und ich vermisse dich. Nach meinem Training wollte ich zu dir vor an die Rezeption und du warst nicht da. Mit dieser Nachricht will ich dir nur sagen: Bleib nicht zu lange weg. Bitte.

> Ich: Vor ein paar Wochen hast du auch ganz gut ohne mich überlebt, oder nicht? Also halte durch!

Sie tippte lange. Ihre Antwort machte das Atmen noch ein wenig leichter und ich schrieb ihr, dass sie mein Lieblingsloser war und mich wirklich aus der Einsamkeit rettete.

Mai: Vor ein paar Wochen wusste ich eben noch nicht, wie gut es tut, mit dir zu reden. Und zu schweigen. Ich mochte unsere Schichten im Café zusammen. Aber die Arbeit bei Nam ist für mich in den letzten Wochen wirklich gut gewesen – wegen dir. Du bist jemand, der einfach akzeptiert, was ich erzähle. Du zeigst mir, dass ich mutig sein sollte. Machst mir klar, was ich kann und ein bisschen mehr an mich selbst glauben darf. Ich hasse mich dafür, diesen kitschigen Text zu schreiben. Aber ja, deswegen vermisse ich dich jetzt. Loser sein macht allein keinen Spaß, weil man sich dann wirklich wie einer fühlt.

Ich starrte an die weiße Decke des Zimmers, erinnerte mich an Migas Worte. Vielleicht war genau das mein Wunsch. Menschen wie Mai zu finden. Freunde, Familie. Jemanden finden, bei dem ich einen Platz hatte. Damit ich einfach ein bisschen Ich bei ihnen sein konnte.

Erzähl mir dein Herz, Siwon.
Nur wusste ich nicht, wie das gehen sollte.

Kapitel 22

Aber mein Herz tat noch immer weh

Siwon

Es wurde ziemlich still in mir. Zumindest die ersten Tage lang. Beinahe dachte ich, es ginge mir gut. Ich fing an zu zeichnen. Fertigte Entwürfe an, folgte unzähligen Modeseiten auf Instagram, schlug Sunnies Tagebuch auf. Ahri hatte mir eines in die Hand gedrückt, bevor ich in den Zug hierher gestiegen war. Sun-Nyu hatte auf manchen Seiten nichts geschrieben, sondern nur Skizzen erschaffen und ich studierte sie genau. Malte sie nach, machte etwas Neues daraus. An einem Mittwochabend erstellte ich auf Pinterest einen Ordner mit dem Namen: *Modedesign und ein bisschen mein Traum*.

Dann scrollte ich durch ästhetische Bilder, ausgefallene Looks, Anleitungen und verschiedene Schnitte für Jeanshosen. Und als ich hundertdreiundsechzig Pins gemerkt hatte, sperrte ich meinen Handybildschirm.

Was Papa wohl dazu sagen würde, wenn er wüsste, dass sein Ärztesohn ein Modedesigner werden wollte? Wie sein Blick von überrascht zu wütend wechseln würde. So gut konnte ich es mir vorstellen. Und dann würde er immer wieder den Kopf schütteln, mir nicht zuhören. Nur seine eigenen Wünsche und Bedürfnisse anhören, niemals die meinen.

Einen Abend später fragte mich Mama, ob es mir wirklich gut ginge. Sie nahm mich in den Arm und strich über meinen Hinterkopf, sie flüsterte: »Du darfst auch traurig sein, Schatz. Ich weiß, dass es in letzter Zeit für dich nicht leicht war. Du musst vor mir nichts verstecken.«

»Weiß ich«, würgte ich hervor, hielt mich ein paar Sekunden in ihrer Umarmung fest. Dann ging ich in mein Zimmer, ließ das Licht aus, legte mich auf das Bett und starrte an die Decke. Versteckte mich wieder, weil ich doch nicht wusste, wie man sichtbar war. Irgendwann liefen mir Tränen über die Wangen, einige rannen aus dem Augenwinkel über meine Schläfe. Ich blinzelte, aber anstatt zu verschwinden, drängten nur noch mehr hervor.

»Es geht mir gut«, flüsterte ich. »Ich bin okay.« Mein Herz glaubte dieser Stimme in meinem Kopf nicht und tat weh. »Alles wird gut.« Ich rieb mir mit dem Handballen über meine Brust, weil ich dachte, dann würden die Gefühle dort drinnen zur Ruhe kommen. Dann richtete ich mich auf und lehnte mich mit angezogenen Knien an die Wand, umarmte mich selbst. Jemand ging draußen im Flur an meinem Zimmer vorbei, wenige Sekunden später hörte ich Miga lachen.

Ich dachte an alles, was ich verloren hatte. An Eun-Mi und die Abende, an denen wir trotz aller Schwierigkeiten gelacht hatten. Auch an mein Studium und die freie Zeit, in der ich mit einer Kommilitonin am Sincheon River mittags gesessen und Dalgona getrunken hatte, anstatt zu lernen.

Ich dachte an Papa.

Sunnie lachte in meinem Kopf, es hatte wie Omas Lachen geklungen und grob wischte ich mir die Salzperlen von den Wangen. Ich hatte auch mein Lachen verloren. Und Chiron. Meine Gedanken drehten sich um den Mann mit den Kunstgedanken, den finsteren Blicken und um meine ersten, echten Gefühle. Am allermeisten hatte ich mich selbst verloren.

Und das tat wohl am heftigsten weh. Es zog an mir, zertrümmerte meinen Traum, meine Stärke, holte mich ein und brachte mich zu Fall.

»Aber alles wird gut.« Sprach ich zu mir selbst, damit es erträglicher wurde. Mama ging ins Bett, denn ich hörte ihre Tür zufallen. Vielleicht saß Miga noch im Wohnzimmer, strickte und summte leise Melodien. *Jeder Lebensmoment hat einen Grund,* wollte ich mir einreden. *Dieser Schmerz ist wichtig, alle Tränen lohnen sich, irgendwann macht es Sinn.*

Aber mein Herz tat noch immer weh.

Um kurz nach elf starrte ich auf Papas Telefonnummer. Sie leuchtete mir von meinem Handybildschirm entgegen, mein Daumen zitterte und dann drückte ich auf die Ziffern. Ich zuckte zusammen, als ich seine dunkle Stimme hörte.

»Bist du das, Siwon?«

»Hallo, Papa.«

Dann war es still. Wir hatten zu lange nicht geredet und jetzt schien es, als wäre so viel zwischen uns verblasst.

Ich presste mir das Handy gegen mein Ohr, hörte seine Atemzüge, sagte: »Tut mir leid, weil ich deinen Traum nicht lebe.« Es klang tränenerstickt und zerrissen, viel zu mitgenommen.

Papa räusperte sich.

»Siwon …« Wieder räusperte er sich. »Du scheinst viel durchzumachen. Hara hat mir einiges erzählt.« Mehr brachte er vermutlich nicht hervor, denn wieder wurde es still.

»Hasst du mich deswegen?«

Keine Ahnung, was mein Herz in diesem Moment machte. »Hasst du mich, weil ich nicht diesen Traum lebe?« Fühlte sich an, als würde es zerbersten. Doch das war wohl okay, weil Papas Worte es wieder zu heilen versuchten.

»Ich hasse dich nicht«, jetzt flüsterten wir beide. »Du bist mein einziger Sohn, ich habe für dich nur das Beste gewollt. Und ich dachte, du willst das auch. Siwon, du bist unheimlich schlau. Also habe ich dich meine Klinik übernehmen und leiten sehen. Wäre Sun-Nyu …«, er unterbrach sich selbst. »Hätte sie den Unfall nicht gehabt, hätte ich vermutlich nie verstanden, warum du kein Arzt sein willst.«

»Warum? Warum musste sie für diese Erkenntnis sterben?« Ich selbst zuckte bei diesen Worten zusammen, eine Gänsehaut überzog meinen Körper, meine Wangen klebten von den getrockneten Tränen.

»Weil ich dadurch gemerkt habe, dass man ein Leben nicht lenken kann. Es kommt, wie es kommen soll. Und wenn deine Träume nicht meine sind, muss ich das akzeptieren.«

Für einige Sekunden ließ ich seine Worte sacken, sie gruben sich in mein Herz und fügten Stellen, die gebrochen waren. Fühlte sich zumindest danach an und je mehr ich mir das vorstellte, desto besser fühlte ich mich.

»Geht es dir gerade nicht gut, Siwon? Warum rufst du mich um kurz vor Mitternacht an?«

»Ich habe die Stille zwischen uns gehasst, Papa. Vielleicht mehr als ich diese Arztzukunft hasste. Deswegen habe ich angerufen.«

»Wie du merkst, bin ich nicht so mutig gewesen. Also danke für diesen Anruf.«

Vielleicht waren das die ehrlichsten Worte, die er je zu mir gesagt hatte. Es war seltsam, so offen mit ihm zu reden, keine Abscheu in mir zu spüren. Aber so wichtig. Weil er doch nur mein Vater war, mit den dunklen Augen und dem breiten Lächeln, das ich mir jetzt vorstellte. Gerade als ich mich verabschieden wollte, fragte er leise: »Was ist denn dein wirklicher Traum?«

Und ich sprach es zum ersten Mal laut aus. Vor dem Mann, von dem ich dachte, er wäre unheimlich wütend auf mich. Der etwas ganz anderes von mir erwartet hatte.

»Ich interessiere mich für Mode. So wie Sunnie und vielleicht will ich eines Tages ein Modedesigner werden.« Klang wie ein Kindertraum, mit einer Stimme voller Hoffnung sagte ich es, holte schnell Luft und hielt sie dann an. Mein Daumen schwebte über dem Auflegen-Button. Wenn seine Reaktion mich verletzte, dann würde ich auflegen, mich wieder verstecken.

»Es soll wohl so sein. Sun kann ihre Leidenschaft nicht weiter ausüben. Aber du, Siwon. Du kannst das.«

Ein neues Gefühl machte sich in meiner Brust breit, genau konnte ich es nicht benennen, aber ich vermisste ihn plötzlich so stark wie nie zuvor.

»Papa?«

»Hm?«

»Was ist mit dir? Geht es dir gut?«
Bist du einsam ohne uns?

»Ich komme klar. Mach dir keine Gedanken um mich.«

»Okay.« *Hast du gelogen?*

»Vielleicht willst du mich irgendwann in Seoul besuchen kommen?«

»Ja. Vielleicht irgendwann.«

Kurz danach legten wir auf. Ich steckte mir Kopfhörer in die Ohren, starrte wieder geradeaus. Das Gespräch hallte in mir nach, ergab mit dem Song eine ganz eigene Melodie. Während *Suggi* in seinem Lied *Grind* davon sang, dass er einfach nur zu Hause sein wollte, liefen mir abermals kühle Tränen über die Wangen.

»Alles wird gut«, wisperte ich wie zuvor.

Dann rollte ich mich auf meinem Bett zusammen, schluchzte in mein Kissen, aber hörte es wegen der Musik nicht. Fühlte mich allein, verzweifelt, nicht genug. Ich irrte so sehr herum und mein Herz fragte in dieser Nacht leise: Können wir bitte irgendwo ankommen?

Ich krümmte mich zusammen, betete, dass die Stacheln meines Kaktuslebens mich nicht zu tief treffen mögen.

Kapitel 23

Gefährliche Kombination

Chiron

Fehler begehen war leicht. Manchmal wusste man schon währenddessen, wie falsch es war. Andere Male erst viel später. Ich wusste es, wusste es ganz genau.

Und tat es trotzdem.

Ich: Willst du vorbeikommen. Ich brauche Ablenkung und eine zum Ziehen, hast du was?

Dai: Dich gibt's noch? Schon vergessen, dass ich dich hasse? Amseln sind nicht so mein Ding.

Ich: Scheiß auf Amseln. Ja oder nein?

Dai: Warum nicht. Mit dir hat's immer Spaß gemacht.

Ich sagte ihm, dass ich nicht umgezogen war, und ich wusste, dass es ein großer Fehler war, aber ich wusste mir nicht mehr anders zu helfen. Ich brauchte sein Gras und Rauch in meinen

Lungen, der alles vernebelte, damit ich wieder an nichts denken musste. Und ich brauchte jemanden, der mir mein Hirn auf stumm stellte.

Er kam noch an diesem Abend.

Taemin war bei Ahri, er würde mich nicht aufhalten. Ich wünschte mir später, er hätte es getan.

Dai war groß. Gut gebaut, schwarze Haare und schwarze Augen und ein überhebliches Lächeln, das ich mal schön gefunden hatte.

»Immer noch diese scheiß Bude«, war das Erste, was ich hörte, als ich die Wohnungstür aufmachte.

Ich sagte nichts.

»Fuck, ich hasse dich wirklich. Schaust immer noch so gut aus wie vor einem Jahr. Besser, die grauen Haare sind besser«, sagte er zu mir und ich zuckte mit den Schultern. Versteifte mich, weil ich bei der Geste an Siwon dachte.

VERSCHWINDE AUS MEINEN GEDANKEN, brüllte ich ihn innerlich an. Aber er hörte mich nicht, er war ja nicht mehr da.

Nicht mehr da. Einfach nicht mehr da.

»Hast du was zum Rauchen?«

»Immer.«

Er gab mir eine Selbstgedrehte und ich zog mir die nächste halbe Stunde den Kopf damit weg. Meine Sicht verschleierte, ich fühlte mich leicht und schwer und nicht mehr von dieser Welt. Dieses Gefühl war gut, wirklich gut, ich mochte es, nicht von hier zu sein.

»Willst du vögeln?«

Ich nickte einfach und wir taten es uns gegenseitig, ohne Scham und wie früher, beinahe gewohnt. Mein Kopf drehte sich, als ich kam und auf ihm zusammensackte. Schweißfilme überzogen unsere Körper. Schweißfilme, die uns nichts neues zeigten. Sie glänzten nur und taten, als wäre es gut gewesen. Der Sex mit ihm war damals gut gewesen. Das erste Mal. Beim dritten Mal noch immer. Aber kurz bevor er gegangen war, hatten mich keine Lustblitze mehr durchzuckt. Ich hatte nur mit ihm geschlafen, um so zu tun, als wäre unsere Liebe noch intakt. Oder dieses Etwas zwischen uns, das wir Liebe genannt hatten und was lediglich einsame Gefühle gewesen waren.

Eine Stunde später nahm er mich von hinten. Stieß sich in mich, bereitete nur sich Lust, ich spürte kaum etwas, nur seine Hände, die meinen Hintern gepackt hielten. Ich versank in Gras, seinem Orgasmus und meiner versteckten Angst, die sich zusammen mit dem Joint in Rauch auflöste.

»Wie früher.« Dai saß auf der zweiten Couch, nackt und breitbeinig und ich lag auf dem Rücken, starrte nach oben.

»Wie früher. Guter Sex mit dir.«

Fand ich nicht. Nicht mehr.

»Mhm«, machte ich.

»Was los?«, nuschelte er und aß einen Keks, in dem mehr als Mehl und Milch verbacken war.

»Nichts.«

»Warum schreibst du mir dann?«

»Ablenkung.«

»Bist wieder so kalt wie am Anfang, hm?«

»Nein.«

»Bleib so«, sagte er. »Die weichen Kerle mag niemand. Dein Gefasel von deinem Vater und wie viel Angst du hast, das war gruselig. So richtig tief war das.« Er lachte laut. »Passt so gar nicht zu dir und deinem dunklen Blick.«

»Was ist aus der Amsel geworden? Früher wolltest du, dass ich mich zeige.«

»Ich wollte, dass du dich mit *mir* zeigst.« Er grunzte und lachte trocken. »Aber das hast du nicht. Und dann wurdest du sensibel wegen deines Vaters und wolltest alles bei mir abladen. Das war mir zu viel, echt.«

»Fick dich.«

Fick dich, mit deinen Farben und deiner Wut die keinen verfluchten Sinn haben.

Bevor ich es greifen konnte, verblasste die Erinnerung im Dampf.

»Wie auch immer. Zeig dich, aber erzähl den Menschen nicht so viel von dir.«

Mach ich nicht.

»Malst du noch?«, fragte er weiter.

»Nein.«

»War auch gar nicht dein Ding, das Malen. Ich meine, wer findet Kreise als Himmel schön?«

Ich schloss die Augen, weil die Welt sich drehte und mich nicht in diesem Karussell mitnahm. Zu lange, hatte ich nichts geraucht und jetzt zu viel. Sein Gelaber ging mir gegen den Strich.

Van Gogh, wollte ich antworten. *Van Gogh und ich finden Kreise als Himmel schön. Wilde Umrundungen, die sich zu fangen scheinen und niemals ankommen, weil sie vor Angst davonlaufen.*

»Stimmt wohl. Jetzt male ich ja nicht mehr. Ist also egal.«

Zwischen den rosagelben Morgenstunden verschwand er.

»Meld dich wieder. Falls du *Ablenkung* brauchst. Hab grad niemanden, also bist du eh die beste Wahl.«

Ich schlug die Tür hinter ihm zu und duschte mich um sechs Uhr morgens, wusch ihn von mir ab.

Dann erbrach ich mich. Würgte über der Schüssel und hatte das Gefühl, meine Lunge würde anstelle meines Herzens schlagen. Tränen schnürten mir die Luft ab. Aber ich weinte nicht, weil ich einschlief, bevor mich alles einholen konnte.

Siwon

Am nächsten Morgen hatte ich Fieber, wälzte mich den ganzen Tag in einem unruhigen Schlaf hin und her. Mama brachte Suppe, ich wollte Musik hören, aber es war zu laut und mir wurde schwindlig. Ich träumte von Sunnies Unfall, sah ihr zerschmettertes Auto auf der Brücke, hörte ihre Stimme dieses letzte Mal am Telefon. In meinem Traum schrie sie mich an, brüllte, verwandelte sich in einen Zombie und wollte sich mein Herz holen. Mit tränenüberströmtem Gesicht wachte ich auf, trank hastig aus dem Wasserglas, das Mama auf meinen Nachtisch gestellt hatte, und fiel dann erneut in einen Fieberschlaf. Diesmal war Chiron da. Und er lachte, er streckte die Hand vor mir aus und sagte: »Tanzen wir?«

Es schneite Kirschblüten um uns herum und er sah wunderschön aus, ganz anders, irgendwie nicht so zerbrochen. Also nahm ich seine Hand. Und plötzlich verschwand sein Lachen. »Wir funktionieren nicht. Wir funktionieren nicht. *Wir funktionieren nicht.*« Seine Stimme wurde immer lauter. »Wir funktionieren nicht, Seon Siwon!«

Ich zuckte zusammen und riss schwer atmend die Augen auf.

»Ach, fuck«, keuchte ich. Einige Minuten starrte ich nur an die Zimmerdecke, dann tastete ich neben mir nach meinem Handy und entsperrte es. Es war bereits später Nachmittag. Ohne genauer darüber nachzudenken, ging ich auf den Chat mit Chiron, las die letzte Nachricht.

> **Ich: Es gibt keinen Mango-Soda-Drink. Soll ich dir was anderes mitbringen?**

Er hatte mir nie darauf geantwortet, sich nur an jenem Abend über den fehlenden Drink beschwert. Meine Finger tippten plötzlich wie von selbst, ich konnte sie nicht steuern.

Ich: Glaube, ich vermisse dich. Und ich denke an dich. Fieber und du, Chiron, ihr seid eine gefährliche Kombination für mein Herz.

Sofort löschte ich das Getippte wieder. Blockierte seinen Kontakt.

Später am Abend war das Fieber deutlich gesunken. Und ich fühlte mich gesund genug, um mit Mama auf der Couch im Wohnzimmer eine Dokumentation über irgendeine Wüste zu schauen. Ich wollte reisen und meinen Lieblingsort auf diesem Planeten finden. War an diesem Abend rastlos, gab Chirons Nummer wieder frei. Keine Ahnung, warum.

Und dann schrieb mir Ahri. Taumelnd stand ich von der Couch auf und lief in mein Zimmer, las die Nachricht noch einmal.

Daydream-Ahri: Was lief zwischen dir und Chiron? Ihr habt euch geküsst? Willst du mir davon erzählen? Bin für dich da.

Sie rief an, bevor ich irgendwas antworten konnte.

Kapitel 24

Komplizierte Welt

Chiron

Mein Schädel hämmerte, es pochte und überkam mich erneut. Ich riss die Augen auf, stützte mich neben mir auf kühlem Untergrund ab und erbrach mich auf dunkle Fliesen.

»Verdammt«, keuchte jemand und sprang zurück. »Neben dir ist die Toilette!«

Mein Blick war verschwommen, also tastete ich weiter nach der kalten Keramikschüssel und übergab mich ein weiteres Mal in die Toilette. Mein Körper tat weh, als hätte ich mich mit jemandem geprügelt. Der Sex mit Dai war dem wohl gleichzusetzen.

Jemand gab mir eine Handvoll Klopapier und ich wischte mir den Mund ab, lehnte mich dann mit dem Rücken gegen die Fliesenwand und sah nach oben. Taemin spülte und wischte neben mir. Sah dann zu mir und sein Gesicht war ein einziges Fragezeichen, umfangen mit Sorge.

»Fuck«, murmelte ich.

»Ja. Das dachte ich auch.«

»Frag nicht, was passiert ist.«

Er nickte und ging zum Waschbecken hinüber, dort befeuchtete er ein Tuch und wischte mein Erbrochenes von seinem Hosenbein.

»Tut mir leid.«

Er sagte dazu nichts.

»Warum hast du mir nicht geschrieben?«

Ich lachte. »Weil du mich nicht vögelst.«

Sein Gesicht wurde blass. Ich wollte die Worte zurücknehmen, aber einmal freigelassen, ließen sie sich nicht mehr einfangen.

»Du warst gestern nicht allein«, stellte er fest. Dann ging er vor mir in die Hocke und suchte meinen Blick.

»So gut konnte es ja nicht sein, wenn du jetzt kotzend über deinem Klo hängst und mich ansiehst, als hättest du drei Stunden geweint.«

»Habe ich nicht.«

»Hast du gekifft?«

»Ja«, flüsterte ich und Taemin raufte sich die Haare.

»Scheiße.«

»Ja.«

Er reichte mir die Hand und bot an, mir beim Aufstehen zu helfen. »Komm schon, Mann. Du warst die ganze Nacht hier, geh ins Bett.«

»Dai war hier.«

»Deine Ex?«

»Er ist ein Mann. Ich habe dich belogen. Er ist ein Mann.«

Erkenntnis zuckte über sein Gesicht. Meine Geschichte, ich hätte eine Freundin gehabt, war nur gelogen gewesen.

»Chiron … Ruf ihn nicht mehr an. Er kann dir nicht helfen«, sagte Taemin, zog mich nach oben und ich wankte im Stehen.

»Niemand kann das. Also ist es egal.«

»Ahri und ich gehen heute nicht in die Uni, wir bleiben bei dir und du schaltest jetzt einen Gang runter.«

»Bin schon unten.«

»Wir bleiben trotzdem.«

Als wir aus dem Badezimmer traten, machte Ahri einen Schritt aus dem Wohnzimmer zu uns in den Gang.

»Chiron«, wisperte sie und ich lächelte ihr schief zu.

»Ich seh beschissen aus. Schau nicht zu genau hin, vielleicht findest du meine Geheimnisse.«

Ahri schluckte, das sah ich sogar über die Entfernung hinweg. Ich spürte den Joint nachklingen, erneuter Nebel umfing mich und meine Augenlider wurden schwer.

Jetzt hörte ich die beiden miteinander reden. Sie waren echt *erwachsen* und *vernünftig* und *fucking perfekt* zusammen.

Ich riss mich von Taemin los und ging zu meiner Zimmertür, stieß sie auf und stolperte über einen Farbbottich. In meinem Bett verkroch ich mich unter meiner Decke und sah zu der Leinwand hinüber, auf der schwarze Ängste mit Orange übermalt waren.

Meine Tür öffnete sich langsam und Ahri lugte herein.

»Brauchst du jemanden, der zuhört?«

Ich lachte auf und Tränen rannen über meine Wangen. Ich war sowas von aus dem Leben gerissen. Einfach nicht mehr gerade.

»Meine Geschichte ist ziemlich einsam. Haha. Ich bin schwul und ängstlich und von innen ganz schwarz und ich habe deinen Bruder geküsst. Siwon ist echt voll richtig und gerade und ehrlich. Haha. Ich hasse Gefühle, Ahri. Ich hasse so viel, dass ich gar nicht mehr weiß, wie lieben geht. Haha.«

Bei jedem *Haha* rollte eine Träne.

»Weißt du, warum ich den Himmel so liebe?«, begann sie, ohne auf meine Geständnisse einzugehen und ich lauschte ihren Geschichten. Über die blaue Weite des Himmels, die Sterne dahinter, manchmal sah man sie glitzern. Über Wolken, die an schönen Tagen Farbe von der Sonne fingen, sie erzählte von Planeten und Sonnenbahnen. Weil sie sich da oben wohler fühlte, da wo so viel Unergründetes war.

Ihr erzähltes Universum begleitete mich in einen erneuten Schlaf.

Siwon

»Hast du Gefühle für Chiron? Bist du schwul? Oder bisexuell? Hilfe, ich weiß nicht, wie ich dich das fragen soll!«

Meine Hand, die das Telefon umfasst hielt, wurde feucht, ich zuckte zusammen und bekam Herzklopfen. Meine Schwester atmete laut aus, die Luft flimmerte angespannt.

»Ich bin schwul, Ahri«, flüsterte ich. Und irgendwie zerbrach da etwas in mir bei diesen Worten. »Ich wollte es dir sagen. Ich wollte. Aber wie? Warum überhaupt? Ich hasse, dass es noch nicht normal ist. Man wird noch immer komisch angesehen.«

Ich schluckte nervös.

»Chiron hat es mir gerade gesagt«, erzählte sie leise. »Und ich … ich verstehe deinen Schmerz jetzt besser. Deine Rastlosigkeit, wie verloren du warst. Und …« Sie hielt inne und holte tief Luft. »Siwon, ich hatte Angst, auch dich zu verlieren. Weil du manchmal so weit weg in deinen Gedanken warst. Ich vermisse, wie du vom Leben erzählst.« Mein Herz zitterte wie nie zuvor.

»Ahri …«

»Du kannst mir alles sagen. Und ich werde dich nicht komisch ansehen!«

»Trotzdem kann ich da draußen in der Welt nicht wirklich ich sein. Südkorea entwickelt sich dahingehend weiter, aber … aber es ist so oft noch ein Tabuthema. Wie soll ich darüber reden, wenn dieses Land es auch nicht tut?«

»Fang klein an, Siwon«, sagte sie leise. »Sei erst mal für dich richtig, nicht für unser Land. Und rede mit mir, erzähl Mama davon. Du musst deine Gefühle nicht sofort mit der Welt teilen, das habe ich auch noch nicht getan.«

Ich rieb mir über die Augen und eine Müdigkeit machte sich in meinem Körper breit. »Dann verstecke ich mich doch.«

»Tust du nicht. Die wenigsten Menschen legen ihre tiefsten

Gefühle offen dar. Du musst das auch nicht machen. Siwon, du solltest dich jetzt erstmal selbst kennenlernen.«

Alle Worte der Welt flüchteten sich aus meinem Kopf und ich konnte ihr nicht antworten, meine Lippe zitterte. Aber Stück für Stück fiel etwas Last von meinen Schultern und rollte davon.

»Du versuchst, wie alle anderen einfach jemanden zum Festhalten und Lieben zu finden. Einen Platz zum Glücklichsein, *Nightmare*. Es wird immer Leute geben, die dich deshalb seltsam ansehen. Nur du selbst solltest dich nicht komisch finden.«

»Danke, Ahri.«

Ich meinte dieses Danke so sehr.

»Und jetzt erzähl mir alles.«

Ich saß in meinem dunklen Zimmer und erzählte ihr von mir. So richtig. Sie lachte, flüsterte, holte tief Luft, klatschte oder hörte einfach zu. Einmal quietschte sie sogar und es hörte sich so sehr nach Sunnie an. Das heilte mich ein kleines bisschen.

»Wie geht es ihm?«, wollte ich wissen.

Kurz blieb es still. Dann: »Nicht wirklich gut. Chiron verliert sich, weil er nichts zum Festhalten hat, weißt du?«

»Ich weiß«, hauchte ich. »Aber ich kann nicht sein Rettungsring oder so was sein. Er tut mir nicht gut. Wir sind beide viel zu traurig, um zusammen glücklich zu sein.«

»Bist du eigentlich deswegen gegangen?«

»Er hat mich tatsächlich rausgeworfen. Aber früher oder später wäre ich wohl auch von allein gegangen.«

Ahri seufzte. »Komplizierte Welt.«

»Findet etwas zum Festhalten für ihn, okay?«

»Wir versuchen es, Siwon. Versprochen.«

Ja, komplizierte Welt. Ganz schön heftig so ein Leben, voller wann-ist-endlich-alles-gut-Fragen.

Kapitel 25

Weißt du noch?

Chiron

Mein bester Freund saß diesmal vor mir, als ich meine verklebten Augen öffnete und in das dämmrige Zimmer spähte.
»Wie viel Uhr ist es?«
»Kurz nach acht. Abends.«
Schnell rappelte ich mich auf, die Laken waren klebrig. Schweiß perlte noch immer auf meinem Rücken und mir war kalt. »Ich muss arbeiten«, murmelte ich zerstreut.
»Puma hat dir freigegeben.«
Ich starrte Taemin entgeistert an und schüttelte immer wieder den Kopf. »Ich will trotzdem arbeiten gehen.«
»Und dann? Begrüßt du späte Kunden mit verquollenen Augen und grimmigen Worten?«
»Sei nicht immer so direkt.«
Ich schlug die Decke zurück und setzte mich an den Bettrand, Taemin saß auf dem Stuhl an meinem Schreibtisch. Er drehte hin und her, mir wurde davon schwindelig.
»Was ist los, Chiron?«
Keine Antwort. Ich zog mir mein Shirt über den Kopf und

ging zu meiner Kleiderstange, er drehte sich in meine Richtung und sah mich weiterhin fragend an. »Du ... du kannst mit mir reden. Wenn es wegen deiner Sexualität ist oder der Grund, warum Siwon ausgezogen ist ...«

»Lass das.«

»Ich kann gehen. Wenn es das ist, was du willst. Dann findet dich nächstes Mal vielleicht der Vermieter im Badezimmer, oder niemand. Wenn du mich als Freund nicht willst, gehe ich.«

»Taemin ...«

Er wartete auf den ganzen Satz. Aber ich brachte ihn nicht zu Ende, alles war leer. Oder zu voll. Und ich wusste nicht, was ich davon aussprechen sollte.

»Können wir es nicht wie früher machen? Einfach nicht über alles reden?« Meine Hand griff nach einem schwarzen Shirt und ich sah ihn an. Sein Blick war getroffen. Schmerzlich getroffen.

»Können wir nicht. Ich will dir nicht dabei zusehen, wie du dich selbst mit Drogen und deinem Ex-Freund zerbrichst und aufhörst, das zu tun, was du liebst.«

»Und was wäre das bitte?«, rief ich frustriert und das T-Shirt fiel auf den Boden. Taemin lehnte sich nach vorne.

»Mit Farben malen. Menschen beobachten und zeichnen. Das Leben einfangen. Weißt du noch? Weißt du noch, als wir uns vor einem halben Jahr Wahrheiten erzählt haben?«

Ja. Ja, verdammt, weiß ich noch.

Damals hatte ich mich gefragt, ob ich es irgendwann bereuen würde, weil er sie sich sicher alle gemerkt hatte. Jetzt hielt er sie mir entgegen.

»Du magst Wasser, hast du erzählt ...«

»Ich weiß beschissen noch mal, was ich gesagt habe.«

Er ignorierte mich. »Du hast von Wellen und Tieren gesprochen. Wassertiere, die wir kaum kennen, weil sie in dunklen Tiefen schwimmen. Deine dritte Wahrheit war, dass du Umarmungen eines der schönsten Dinge auf der Welt findest.« Er stand auf, ich wich zurück. Bis an die Kleiderstange und ein paar Bügel fielen zu Boden.

»Warum versteckst du es so sehr? Was hält dich davon ab, den Menschen von dir zu erzählen?«

Erzähl den Menschen nicht so viel von dir.

»Weil du zerrissen wirst, wenn du deine Wahrheiten in die Welt frei lässt. Genau von den Personen, denen du es erzählst.«

»Hast du Angst, ich könnte das tun?«

»Ja.« Meine Stimme brach einfach ab, kein Ton, nur ein Kratzen.

Er verzog das Gesicht, Schmerz mischte sich in seinen klaren Blick und er schüttelte kaum merklich den Kopf.

»Gibt es eine Sache auf der Welt, vor der du keine Angst hast?«

Die Erwiderung blieb mir im Hals stecken und ich drückte mir mit der Hand auf meine nackte Brust. Hob mein Shirt auf, ging an ihm vorbei zu meiner Zimmertür. Wollte weg von ihm und seinen Fragen, die direkt in meinem Herzen landeten, wie spitze Pfeile.

Die Türklinke in der Hand drehte ich mich noch einmal um.

»Geh nicht«, murmelte ich. »Ich weiß nicht, wie ich dir von mir erzählen soll, aber du bist mein seltsamster Mensch und ich …« So sehr kämpfte ich um eine klare Stimme. »… brauche dich.«

Ich ging, als ich den Satz beendet hatte, was nicht zu meinen Worten passte. Doch ich konnte mal wieder nur verschwinden. Duschte, damit Wasser mich fortspülte. Mich ganz und gar, mit allen Gedanken, Ideen und Erinnerungen.

Ich lag in dieser Nacht allein auf meiner Couch im Wohnzimmer, sah durch das große Fenster in den Himmel zu Ahris Sternen und den Planeten, die man sich nur vorstellen konnte. Dann versank ich auf unzähligen Internetseiten. Scrollte durch Preise und Artikel, sah Pflanzen über Pflanzen an. Ich hatte kaum Geld, ein paar Überbleibsel von dem Job bei Puma. Sonst ging alles für die Miete drauf und dennoch tat ich es.

Monstera.

Sie war groß und schön. Ich kaufte noch eine kleinere dazu,

aber ich konnte den Namen nicht aussprechen. Und eine Pflanze, die von der Decke hing. Drei, für alle guten Dinge. Ich übersah den Preis dafür und kaufte sie um kurz vor Mitternacht, weil ich an *ihn* dachte. Immer, seit er weg war. Ich hörte seine Playlist, als Mitternacht vorbei war, spielte die Melodien wieder und wieder ab. Sie waren perfekt. Für alle Stimmungen, für das Leben, für mich.

Seine Zufallswiedergabe, die ich neu mixte.

Ich wollte Taemin schreiben und ihn fragen, ob er auch an Ahri gedacht hatte, seit sie ihm zugelächelt hatte. Was sein Herz getan hatte, als Ahri ihn das erste Mal geküsst hatte. Aber bei ihnen war es gut ausgegangen. Sie waren noch immer zusammen, erzählten sich ihre Liebe jeden Tag. Siwon und ich waren Verlangen nach etwas Unmöglichem.

Ihr habt es nicht versucht, wie kann es unmöglich sein?

Ich drehte die Musik lauter und lauter, bis die Lautstärkenbegrenzung aufblinkte.

Midnight Blue – B.I

Sein Lied. Es war mein Lied für ihn. Meine Dauerschleife in dieser Nacht und als es zum siebten Mal lief, schrieb ich eine Nachricht.

Ich: Ich soll anfangen, zu malen, Künstler sein ist ja vielleicht mein Ding. Hast du gesagt. Symphysodon-aequifasciatus-Fische sind am schönsten zu zeichnen.

Dann hasste ich mich die restliche Nacht für diese Nachricht und beging den nächsten Fehler. Ich schrieb Dai. Er kannte einen Club, in dem man Joints nicht versteckt drehen musste. Nächsten Samstag, lud er mich mit der Adresse ein und ich fragte mich, wie ich die nächsten Tage bis dahin überstehen sollte. Womöglich krankmelden und das restliche Geld für Videospiele ausgeben, die ich schon lange nicht mehr gespielt hatte. Ich könnte malen, bis mir die Farben ausgingen.

Verkauf deine Kunst wieder.

Das Handy in meiner Hand zitterte, als ich meine eigene Website eingab.

search.LimC-kunstfarbe.kr

Da waren noch Fotos von vergangenen Gemälden und Zeichnungen, für Preise, die viel zu niedrig für diese Kunst waren. Aber damals war Geld nicht alles gewesen.

Als ich Kommentare von letzter Woche sah, brannte es in meinem Herzen und meinen Augen. Die Menschen hatten mich nicht vergessen. Ich war nicht unsichtbar geworden, immerhin war lilagelber Regen auf mich niedergeprasselt.

Ches98: Verkaufen Sie noch? Ich brauche einen ehrlichen Künstler für ein Projekt. Melden Sie sich, falls Sie noch malen, Herr Lim!

HanSo: Falls Sie noch Wünsche entgegennehmen: Ein tanzendes Mädchen. Meine Tochter tanzt und ich brauche ein Geburtstagsgeschenk, Ihre Kunst würde perfekt passen.

Mein Bildschirm wurde schwarz und ich warf das Handy ans andere Ende des Sofas. Atmete einmal, zweimal durch und stand dann auf. Früher hatte ich die Wünsche der Menschen gemalt und ihnen verkauft, es hatte mir Spaß gemacht. Jetzt daran zu denken, weckte in mir Verzweiflung, also verdrängte ich meine Website und alles, was damit einhergegangen war. Ich bildete keine Menschen mehr ab und ich zeichnete auch nicht mehr für sie.

Draußen streifte ich durch unsere Straße, kalte Perlen auf der Haut. Irgendwas zwischen Schneeflocken und Wassertropfen. Die kühle Luft beruhigte meine Lungen und zog frisch durch meine Gedanken. Seine Playlist klang dort nach.

Ich konnte mir selbst nicht erklären, warum ich so unglaublich neben der Spur stand. Was mich aus dem Leben geworfen hatte, seit Siwon eingezogen war. Davor hatte ich es doch hinbekommen.

Du hast lediglich verdrängt. Jetzt hast du Gefühle zugelassen und Geheimnisse ausgesprochen. Natürlich bist du deswegen unruhig, weißt nicht wohin.

Eine streunende Katze setzte sich neben mich auf die Straßenseite, sie war mager und klein. Ich sah sie nicht zum ersten Mal hier.

Ihr Miauen durchzuckte mich, es klang wie ein Hilferuf. Meine Finger streichelten durch ihr raues und nasses Fell und ich versuchte sie zu beruhigen. Das kleine Wesen setzte sich sanft in meinen Schoß und dort blieb sie.

Die einsame Katze, die Nacht und mein wildes Herz, das laut, laut schrie und doch nicht gehört wurde.

Kapitel 26

Was, wenn, dachte ich

Siwan

Erst nach drei Tagen öffnete ich seine Nachricht. Ich dachte, dann hätte ich mehr Abstand dazu und könne objektiv sein.

Lim Chiron: Ich soll anfangen zu malen, Künstler sein ist ja vielleicht mein Ding. Hast du gesagt. Symphysodon-aequifasciatus-Fische sind am schönsten zu zeichnen.

Eilig schloss ich unseren Chat wieder und wechselte auf meine Musik-App. Nur um ihm und seinen Gedanken zu entfliehen und der Erinnerung an die Nacht, als wir gefrühstückt hatten. Meine eigene Playlist leuchtete mir entgegen, auch sie erinnerte mich an ihn. Daran, dass ich sie bei ihm gelassen hatte.
»Wir fahren zum Markt nach *Dongho-Dong*«, rief Mama aus der Küche. »Willst du mitkommen?«
Von der Couch aus rief ich zurück, ich würde lieber hierbleiben und so fuhren sie ohne mich und ich blieb sitzen, zwischen den weichen Kissen. Hier fühlte ich mich wohl. Migas Haus war groß, eine Küche, in der man gut zusammen kochen konnte, ein Wohn-

zimmer, in welchem man Geburtstage mit der gesamten Familie feiern konnte. Die alte Holztreppe nach oben führte in die Schlafzimmer, Gästeräume und Bäder. Auch oben gab es eine Art Wohnzimmer, wir sahen dort abends fern. Und der Dachboden. Den Miga schon lange als kleine Wohnung ausbauen wollte, es aber nie getan hatte, weil dort zu viele Erinnerungen gelagert wurden. Aber hier unten in dem großen Wohnraum, mit den Bildern und Fotos an den Wänden, dem niedrigen Tisch zum Essen und der weichen Couch, hier fühlte ich mich am wohlsten. Doch jetzt gerade war mir unwohl. Es lag an seiner Nachricht, die er kurz vor Mitternacht geschickt hatte. Ich wollte wissen, wie es ihm ging, was er dabei gedacht hatte. Ob er tatsächlich angefangen hatte, zu malen?

Diese Fische kannte ich, als ich sie im Internet suchte. Ich hatte einen Schlafanzug mit ihnen darauf, nur wie sie hießen, das hatte ich nicht gewusst. Er anscheinend schon.

Symphysodon aequifasciatus.

Wer solche Namen wohl erfand? Vermutlich der gleiche, der sich Ganga und Immergrün ausgedacht hatte. Ich starrte die bunten Flossen der Tiere an, ihr Schillern und die Formen, die sich tatsächlich wie flüssige Farbe um die glatten Körper zogen.

Bevor ich mich stoppen konnte, tippte ich schon eine Antwort. Was konnte schon dabei sein?

Ich: Warum heißen sie nicht einfach Farbschlierenfische oder sowas? Symphysodon aequifasciatus kann sich doch niemand merken.

Die Sonne stand an diesem Wochentag hoch, was ungewöhnlich im Dezember war. Aber ich genoss die Lichtstrahlen, die den Holzboden vor der Couch berührten. Ich versuchte, an alles zu denken, nur nicht an eine mögliche Antwort von ihm. Aber das tat ich trotzdem nach einer Weile.

Lim Chiron: Du kannst sie ja so nennen. Es ist doch ohne

hin viel besser, sich seine eigene Welt zu erschaffen. Eigene Welt, eigene Worte, eigene Farbschlierenfische.

Meine Kehle fühlte sich trocken an, als ich noch mal über seine Zeilen las. Schrieb er mir da tatsächlich?

>Ich: Bist du das, Lim Chiron?

Lim Chiron: Ja, Seon Siwon.

>Ich: Schreibst du so, wie du denkst?

Lim Chiron: Ja.

>Ich: Aber du sprichst nicht so, wie du denkst.

Lim Chiron: Nachrichten kann ich löschen. Und dann ist es, als hätte ich die Worte niemals gesagt. Menschen vergessen Geschriebenes viel schneller als Gesagtes.

>Ich: Die Nachrichten habe ich gelesen. Wenn du sie löschst, erinnere ich mich an sie. Deine Logik geht nicht auf.

Lim Chiron: Du solltest aufhören, meine Nachrichten genau zu lesen. Magst du Katzen?

>Ich: Äh, was?

Lim Chiron: Egal. Sag mal eine Farbe. Nicht blau.

Mein Blick schweifte durch Migas Zimmer, die braunen Möbel, das schwarze Klavier und die orange Tischdecke.

>Ich: Orange.

Und das war's. Es kam keine Antwort mehr, nicht, als ich draußen mit Mama den Garten goss. Auch als ich die Hühner fütterte und den Schafen Gesellschaft leistete, blieb der Chat leer.

Abends beim Essen erzählte Miga von dem morgigen Fest des Nachbarhofes. Wir seien eingeladen und sie brauche meine Hilfe beim Kochen, weil sie etwas zu essen mitbringen wollte. Ich versprach ihr zu helfen, mit den Gedanken war ich allerdings nicht voll bei ihnen. Ich dachte an meinen Abschied vor einer Woche. An Chirons letzten Satz. An mein Gespräch mit Eun-Mi. Es war gar nicht so schlimm gewesen, nicht so groß, wie ich gedacht hatte. Als wäre es … normal. Und das war es ja irgendwie. Wie lange ich mein Geheimnis mit mir herumgetragen hatte, weil ich angenommen hatte, die Menschen würden mich dafür hassen. Mich ausgrenzen, weil ich nicht den Weg ging, den sie gingen. Ich begegnete Mamas Blick über den Tisch hinweg, sie lächelte mir vorsichtig zu, als wüsste sie, wie laut die Gedanken gerade in mir pochten.

Was, wenn, dachte ich.

Was, wenn ich es ihr sagte. Meine Sexualität aussprach, ihr erklärte, warum ich jetzt hier war und nicht mehr bei Chiron in Daegu. Ich hatte Angst vor ihrem Blick und der Enttäuschung darin. Oder der Verzweiflung, etwas sei falsch mit mir. Es wäre zu schwer für mich, es ihr zu sagen, ihr in die Augen zu sehen und zu erzählen, warum ich so still geworden war.

»Hast du keinen Hunger, Siwon?«, fragte sie jetzt und ich blinzelte die Bedenken weg. Schnell rührte ich in meiner Hühnersuppe und nahm einen großen Löffel.

»Doch, doch«, murmelte ich.

Oma legte ihre Hand auf meine, hielt mich davon ab, einen weiteren Löffel zu nehmen.

»Ist okay, du musst jetzt nicht essen. Ich lasse dir für später etwas stehen«, sagte sie so sanft, wie nur Miga es konnte. »Hara, holst du noch die Nachspeise?« Mama nickte und machte sich auf in die Küche, um das Mango-Bingsu zu holen. Ich drückte Migas Hand und stand dann ebenfalls auf.

»Ich helfe Mama«, erklärte ich und ging durch den Flur in die Küche. Mama blickte auf und Überraschung kroch in ihre Gesichtszüge. Sie bereitete drei Schüsseln vor und füllte das Mango-Mousse hinein.

»Hast du Lust, später noch einmal mit rauszufahren? Ich habe meinen Ordner im Kinderhort vergessen und fahre, um ihn zu holen.«

Sie hob den Kopf, als ich nicht gleich antwortete.

»Du musst nicht.«

»Doch, ich komme mit. Luftschnappen tut bestimmt gut!«

Ich setzte mich auf die tiefe Fensterbank, ein Fell lag dort und zwei Kissen. Mein Blick schweifte nach draußen in den Hof, über die Kieselsteine bis zum Garten.

»An was denkst du heute?«

»Warum heute?«

»Weil dein Blick niedergeschlagen ist.«

Mama, ich ... ich bin hergekommen, weil Chiron und ich nicht zusammenleben können. Wir haben uns geküsst. Und jetzt denke ich zu viel an ihn, ich fühle mich zu ihm hingezogen und ...

»War die Wohnung zu teuer? Oder der Mitbewohner unangenehm?«, stoppte sie meine Gedankenwahrheit. Warum konnte ich es nicht sagen? *Warum, warum, warum?*

»Nein, er ...« Ich drehte den Kopf zu ihr. »Er hat mich rausgeworfen«, gab ich wenigstens einen Teil zu. Mamas Augen wurden groß. »Gibt es einen Grund dafür?«

Ja. Ich bin der Grund.

»Nope.« Meine Hände ballten sich zu Fäusten. »Er hat keinen genauen Grund genannt.«

»Ich bin froh, dass du angerufen hast. Hier kannst du ehrlich sein und dich wieder richtig ins Leben stellen, okay?«

»Okay, Mama«, flüsterte ich, ihre Worte bohrten sich in mich. *Hier kannst du ehrlich sein und dich wieder richtig ins Leben stellen, okay?*

Ob ich das wirklich konnte, wusste ich nicht. So fühlte es sich kaum an. Da hing ich krumm und schief an meinem Lebensfaden und ich konnte daran nicht einfach tanzen wie Taemin. Es fühlte sich an, als könnte ich einfach gar nichts tun. Einfach dort hängen und warten, bis das Leben mich wieder geraderückte.

Draußen vor der Kindertagesstätte wartete ich an einem Stein auf Mama, bis sie mit ihrem vergessenen Ordner wieder kommen würde. Die Luft hier war kalt und beißend, aber es tat gut, sie zu atmen. Mama arbeitete hier, seit sie zu Oma gezogen war und sie schien die Arbeit hier zu mögen. Es war ruhig hier, nicht mitten in der Stadt, aber noch nah genug, um viele Kinder aufzunehmen. Ich scharrte mit dem Fuß über den Kies und zuckte zusammen, als jemand sagte: »Deine Schuhe gehen kaputt, wenn du Steine kickst.«

Erschrocken sah ich auf und betrachtete den kleinen Jungen vor mir, der mich interessiert musterte. Seine Füße steckten in grünen Gummistiefeln und als er die Lippen verzog, sah ich zwei Zahnlücken.

»Oh, wirklich?«, antwortete ich und sah auf meine Schuhspitzen.

»Mhm. Meine Mama sagt das zu mir«, murmelte er. Dann: »Kann ich mich zu dir setzen?«

Ich rückte zur Seite und er krabbelte zu mir nach oben auf den Stein. Der Kleine lächelte.

»Wie ist dein Name?«, fragte er. Seine Stimme noch so jung und leicht, ich mochte, wie federleicht er Worte aussprach. So ganz ohne Gewicht und Bedeutung.

»Seon Siwon«, erwiderte ich. »Verrätst du mir auch deinen?«

»Lim Yongha.«

Ich ließ keine Erinnerungen zu.

»Klingt schön«, sagte ich einfach.

»Mein Spitzname ist Yon, aber den Namen mag ich gar nicht so sehr. Weil meine Mama mich Yongha genannt hat, und warum brauche ich dann einen Spitznamen?«

Sein Wortstrudel ließ mich lächeln.

»Ich habe gar keinen Spitznamen.«

»Seon Siwon ... Seon Siwon ... hmm«, machte er. Dann drehte er sich blitzschnell in meine Richtung. »Won?«

»Wie Geld?«

»Dein Name ist blöd. Man kann keinen schönen Spitznamen machen«, klagte Yongha und ich lächelte ein zweites Mal.

»Aber du sagtest doch, wir brauchen keine Abkürzungen. Wir haben doch unsere ganzen Namen.«

»Dann ist dein Name doch nicht blöd.«

Ich stieß ihn sachte mit der Schulter an, wollte fragen, woher er kam und ob er ganz allein hier unterwegs war.

Er kam mir zuvor: »Wie alt bist du? Hast du schon geheiratet?«

»O nein«, lachte ich auf. »Ich bin einundzwanzig.«

»Ich bin schon fünf«, erzählte er stolz und hob seine kleinen Finger in die Luft, das dämmrige Licht verschluckte sie beinahe.

»Hast du keine Angst vor der Dunkelheit hier draußen?«, fragte ich ihn und seine großen Augen musterten mich verwirrt.

»Vor ... vor was denn?«, murmelte er. Er sah sich um. »Vor den Bäumen, vor den Sternen? Vor dir?«

Kinder dachten wohl nicht ans Alleinsein. Verlassenwerden. Herumirren. Sie dachten an Sterne und Bäume und sie hatten keine Angst davor. Der kleine Junge sprang von dem Stein und fiel dabei auf den Boden, doch er rappelte sich sofort wieder auf und kicherte.

»Ich habe keine Angst in meiner Welt. Das hier ist doch mein Zuhause, Seon Siwon.« Er breitete die kurzen Arme aus und drehte sich einmal im Kreis.

»Yongha! Yongha, kommst du zum Essen?«, rief eine Frauenstimme aus einem der Nachbarhäuser und der Junge blieb in seinen Drehungen stehen. Er winkte mir.

»Auf Wiedersehen«, sagte er höflich und verbeugte sich tief. »Wenn du wieder hier bist, will ich dich fragen, was du am schönsten auf der Welt findest.« Er stolperte über einen Zweig und grinste. »Mein Opa fragt mich das. Und ich frage die Leute deshalb auch.«

»Was findest du denn am schönsten?«, wollte ich wissen, doch er bog um die Ecke und war weg. Ich starrte auf die Stelle, an der er verschwunden war und erschrak erneut, als er wieder auftauchte.

»Blaubeeren«, flüsterte Lim Yongha. Ganz leise, als wäre es ein Geheimnis, das er mir da verriet. Dann hüpfte er nach Hause. Mit seinen schwarzen Nachthaaren und den schlanken Beinen, die über den Boden stolperten und die immer wieder aufstanden, wenn er fiel.

Auch wenn ich es nicht wollte, fragte ich mich still und heimlich, ob Lim Chiron früher einmal wie dieser Junge gewesen war.

So schwerelos und mit einer Welt ohne Angst, in der Blaubeeren das Schönste waren und ein Lachen dem Fall folgte.

Kapitel 27

Ich verriet ihm so viel

Siwon

Das Zimmer, in dem ich bei Oma wohnte, war klein. Mit einem Schreibtisch, einem Schrank und einem Bett. Aber gemütlich. Da war der blaue Teppich auf dem Boden, die beigefarbene Tapete an der Wand, ein Bild von Mama und Papa, als sie jung gewesen waren. Es war nicht sehr spät, aber ich lag im Bett und versuchte zu schlafen.

Ich öffnete noch einmal unseren Chat. Fand nur noch meine Nachrichten vor.

Ich: Warum heißen sie nicht einfach Farbschlierenfische oder sowas? Symphysodon aequifasciatus kann sich doch niemand merken.

Ich: Bist du das, Lim Chiron?

Ich: Denkst du so, wie du schreibst?

Ich: Aber du sprichst nicht so, wie du denkst.

Ich: Die Nachrichten habe ich gelesen. Wenn du sie löscht, erinnere ich mich an sie. Deine Vorstellung geht nicht auf.

Ich: Äh, was?

Ich: Orange.

Chiron hatte seine Nachrichten gelöscht und ich dachte fieberhaft über seine Antworten nach.
Wenn du sie löscht, erinnere ich mich an sie.
Aber das tat ich nicht. Ich wusste, er war ehrlich gewesen. Er hatte irgendwas über die Menschen gesagt, nur konnte ich mich nicht an seine Formulierung erinnern. Und je länger ich auf seine gelöschten Nachrichten starrte, desto mehr verblassten sie in meinem Kopf.

Ich: Noch wach?

Lim Chiron tippt …

Schnell legte ich mein Handy neben mich und rollte mich auf die Seite, widerstand dem Drang, ihm direkt zu antworten. Ich war hier aufs Land gekommen, um ihn und den letzten Monat hinter mir zu lassen. Mein Leben auf die Reihe zu bekommen und vor allem die Vergangenheit nicht immer und immer wieder an mich heranzulassen. Mein Bildschirm leuchtete dreimal auf, also sah ich doch nach.

Lim Chiron: Ja, noch wach.

Lim Chiron: Willst du dich erkundigen, wo die Nachrichten sind?

Lim Chiron: Ich habe sie gelöscht, weil da zu viel Ehrlich-

keit war.

> Ich: Was ist für dich das Schönste auf der Welt, Chiron?

Der Herzschlag in meiner Brust wanderte in meinen Hals und vermischte sich mit meiner Atmung. Leise Hoffnung machte sich in mir breit, ich wollte so sehr eine ehrliche Antwort von ihm.

Lim Chiron: Weiß ich nicht.

> Ich: Wahrheit?

Lim Chiron: Ja. Ich kann dir keine Antwort geben.

> Ich: Was hast du erlebt? Dass für dich alles in Schwarz untergeht?

Lim Chiron: Hör auf, so direkte Fragen zu stellen.

> Ich: Nope.

Lim Chiron: Ich will deine Fragen aber nicht.

> Ich: Dann schreib mir auch nicht. Direkte Fragen sind einfach ich.

Lim Chiron: Was ist für dich das Schönste?

Meine Finger verharrten auf der Tastatur und ich biss mir auf die Unterlippe, überlegte. Lachen, glückliche Kinder, Liebe, Sterne, das Glitzern des Meeres. Da war so viel und nichts davon fühlte sich echt an. Nicht als das Schönste, nicht meine Wahrheit.
Ich kann dir auch keine Antwort geben.
Langsam tippte ich, löschte wieder.

Lim Chiron: Fällt dir nichts ein?

Wieder tippte ich, es dauerte eine Zeit, bis ich alle Worte geschrieben hatte.

Ich: Vorhin habe ich einen kleinen Jungen getroffen, er hieß wie du. Und er hat mich das gefragt. Also habe ich zurückgefragt. Und seine Antwort war so simpel, fast schwerelos. Mir kam der Gedanke, wie er einfach durch das Leben stolpern kann, ohne wirklich zu fallen. Und wie schmerzlos er denken und fühlen muss. Vielleicht hatte ich früher ein Schönstes auf dieser Erde. Nur kann ich mich nicht mehr daran erinnern und jetzt muss ich mir wohl etwas Neues suchen.

Lim Chiron: Was hat der Junge geantwortet?

Ich: Blaubeeren.

Er rief an. Und mein Herz setzte aus.
Ich hob ab und sagte nichts.
»Einfach Blaubeeren?«, flüsterte Lim Chiron und seine Stimme brach. So hatte ich ihn noch nie gehört, so leise und verletzt und ehrlich. Ich hatte keine verdammte Ahnung, warum er angerufen hatte und warum ich den Anruf mit zitternden Fingern angenommen hatte. Ich schloss die Augen.
»Ja, einfach Blaubeeren. Und dann ist er stolpernd davongerannt.«
»Was hast du geantwortet? Auf seine Frage, meine ich.«
»Nichts.«
»Geht es dir besser? Wo du jetzt bist?«
Ich atmete zittrig ein. »Wa… Was?«
»Ahri hat erzählt, du würdest Abstand und Ruhe brauchen, also bist du gegangen. Und ich frage dich, ob es dir besser geht.«
»Du hast mich rausgeworfen, Chiron«, murmelte ich zerstreut.

»Deswegen bin ich gegangen.« Vielleicht wäre ich auch von selbst verschwunden, aber vermutlich erst später. Wenn alles noch viel chaotischer gewesen wäre.

»Hätte ich nicht. Ich hab's gesagt, aber ich hätte dich nicht rausgeworfen«, sagte er heiser und schluckte dann hörbar.

»Vielleicht ist es trotzdem besser so«, antwortete ich. »Die Ruhe hier, die frische Luft und … keine Gefühle.«

Wir schwiegen und lauschten dem Atem des anderen, ich verfolgte zumindest seinen. Ein und aus. Ein und aus. Dann nahm ich meinen Mut zusammen, mit vollem Herzen und geschlossenen Augen, um die Welt nicht sehen zu müssen. Die Welt, die es mir so sehr erschwerte. Stellte wieder meine direkten Fragen: »Weiß jemand von deiner Sexualität? Hast du … hast du es erzählt?«

Er antwortete nicht sofort. Kurz dachte ich, er hätte aufgelegt. Doch da war sein Zitteratem, seine Angst durch den Hörer.
»Ja«, flüsterte er. »Taemin weiß es.«

»Wie hast du es ihm gesagt?«

»Ich habe ihn angeschrien.«

Wir flüsterten nur noch, weil die Wirklichkeit wohl schon lange zu laut war. »Und du, Siwon?«

»Meine Exfreundin weiß es. Eun-Mi, hab dir mal von ihr erzählt.«

»Hast du sie geliebt?«

»Nein.«

»Warum hast du mich gefragt, ob ich meine Sexualität schon erzählt habe?«
Jetzt öffnete ich die Augen und sah nach oben. Blinzelte. »Ich würde gerne meiner Mutter davon erzählen. Von … von mir.«

Ich verriet ihm so viel in dieser Nacht. Grub ein bisschen in meinem Wellenherz, nach den Geheimnissen am Grund. Und Lim Chiron war viel mutiger als jemals zuvor.

»Ich habe ihr damals einen Brief geschrieben. Es ist feige, aber es ist trotzdem ehrlich.«

»Deine Mutter weiß es? Und dein Vater?«

»Nein, nur sie.« Es klang einsam, wie er das sagte. Als wäre da immer nur sie. Ich fragte nicht weiter.

»Ich bin nicht so gut im Briefeschreiben, weißt du?«, sagte ich stattdessen und lachte dabei, es klang hohl.

»Es muss nicht gut sein. Nur ehrlich.«

»Warum hast du mich angerufen?«

»Weil ich betrunken bin«, murmelte Chiron.

Das tat weh. Weil er vermutlich nicht er selbst war, mit vernebeltem Kopf Dinge sagte, die er nüchtern niemals mit mir geteilt hätte.

»Morgen werde ich es bereuen.«

»Tu ... tu es nicht.«

»Was?«

»Bereuen. Alkohol verleitet Menschen zur Wahrheit. Dinge zu sagen, die vielleicht nicht richtig sind, aber die sie wirklich denken. Also bereu es nicht.«

»Wenn man mich gelehrt hätte, das Leben zu schätzen ...«, fing er plötzlich an. »Dann hätte ich dir vielleicht meine Welt erzählt. Und dich geküsst, um mich danach nicht zu entschuldigen. Ich hätte dich nicht angeschrien und dir vielleicht sogar meine Pinsel voller Farbe gezeigt.«

»Warum sagst du so was, Lim Chiron?«

Eine Sekundenstille verging, wie schon oft zwischen uns.

»Weil auch ich Träume habe«, wisperte er und ich bildetet mir ein, seine Tränen fallen zu hören.

Tropf, poch, tropf, poch, poch, poch. Ein Herzschlagweinen.

»Meine Träume sind da, sind nicht unsichtbar. Nur einfach mit Schwarz übermalt, Seon Siwon.«

Dann legte er einfach auf.

Kapitel 28

Randvoll

Siwan

Die Nachrichten in unserem Chat verschwanden. Alle. Auch die ersten Kennenlerngespräche für meinen Einzug. Dann tippte er eine halbe Ewigkeit, ich war durcheinander wegen seinem Anruf. Mein Herz versuchte, mit mir zu reden, aber ich verstand die schnellen Herzschläge nicht. Denn sie schienen sich zu überschlagen und zu verheddern.

Lim Chiron: Wie schreibt man jemanden an, ohne dass es komisch wirkt? Hey? Hi? Hallo? Ähhhm. Also hier ist Lim Chiron.

Lim Chiron: Vergiss die erste Nachricht. Drei Lieblingsdinge auf dieser Erde: Karamell-Ahorn-Mais-Cracker, Kinderfilme und Kreise, Farben, Van Gogh-Himmel. Jetzt du.

Er tat so, als wäre das unser erstes Gespräch. Also löschte auch ich alle Nachrichten, fühlte mich danach sogar ein wenig leichter.

Manchmal brauchen Menschen zweite Chancen, dachte ich. Und ich verurteilte mich dafür, weil ich so verdammt schwach war, ihn und seine Kunstgedanken einfach nicht vergessen konnte.

Ich: Das sind fünf Dinge, welche zwei streichst du?

Ich: Meine drei: Playlists, Pinterest-Mode-Ordner und Frühling.

Lim Chiron: Denk dir einfach zwei Punkte weg, ich kann nichts streichen.

Und dann schickte er noch seine *Sturmblau-Playlist.* Ich hörte sie wieder und wieder. Bis weit in die Nacht hinein, hatte *Pinwheel* von *Seventeen* im Ohr und ein Flattern im Herzen.
Ein bisschen Hoffnung und wieder dieses vielleicht.

Ich postete für Sunnie, ließ sie damit eine Winzigkeit weiterleben.

@piecesofthesun
Komplizierte Welt, findet ihr nicht auch?

@aalife_quotes: Nicht aufgeben, Sun.
Was, wenn wir sie irgendwann verstehen?

Antwort an @aalife_quotes: Für all diese Was und Wenn's, für die sollten wir weitermachen.

Chiron

Tränen, trinken und Träume waren keine gute Kombination. Dann wurde ich ehrlich und offen und sagte Dinge, die ich sonst versteckt hielt. In dieser Nacht war ich wie früher gewesen. Der schüchterne Junge, der leise von Dingen erzählte, die er mochte und dabei versuchte, zu lächeln, wie die Menschen es alle immer taten. Und dabei war ich mein jetziges Ich so leid. Meine Wut und mein Herzstechen, die Badezimmerminuten allein mit dem Alkohol. Also hatte ich ihn angerufen und jetzt fühlte ich mich kraftlos.
So als hätte er einfach alles aus mir herausgeholt und mit zu sich genommen. Das war vermutlich gut, weil ich jetzt nichts mehr fühlen musste.

Seine Playlist spielte die Nacht in Dauerschleife, als ich Kaffee trank und Pancakes machte. Ich fragte Taemin, was das Schönste auf der Erde für ihn war und er antwortete: *Glühwürmchen, Süßigkeiten und tanzen, bis einem das Herz explodiert.*

Und in mir wuchs der Wunsch, irgendwann einmal auch so eine Antwort geben zu können. Mit einem Pancakestück im Mund, holte ich die Plane aus der Kommode und malte seit einem Monat wieder in meinem Wohnzimmer. Einen Menschen, auch wenn Dai diese Zeichnungen so hässlich gefunden hatte. Auch wenn Menschen mir so wehgetan hatten. Die ersten Pinselstriche landeten auf dem grellen Leinwandweiß.

Ein tanzendes Mädchen, irgendwie Ahri und irgendwie eine Fremde, ich malte ihr Gesicht voller Gefühl, mit Tränen in den Augen.

Die Pinselstriche auf dem Papier färbten auch mich, Strich für Strich und Bogen um Bogen. Der Wunsch, die Wut und Einsamkeit in mir einfach loszulassen, wurde übermäßig und klopfte so schnell in meinem Herzen. Genau jetzt, wollte ich sein, wie ich mit meinem Vater gewesen war.

Sie würden dich mögen. Wenn du den Menschen die Chance auf deine Art geben würdest.

Ich malte den letzten Strich und lächelte unter Tränen die gemalte Frau an, die tanzend das weiße Bild mit dunklen Schatten füllte. Und dann tupfte ich mit Violett um das Schwarz herum, schenkte ihr farbige Glückstränen und lila Spritzer, für ihren Freiheitssprung.

Vielleicht ist Künstler sein, dein Ding.

Mein Mund verzog sich, weil da Schmerz war und so viel randvolle Gefühle. Eine Träne purzelte aus meinem verschwommenen Blick.

»Fick dich, Siwon. Warum bist du mitten in meinen Herzschlägen?«

Zweites Bild
Zweifel
Dezemberwind

Kapitel 29

*Ein bisschen verloren in dieser Welt,
aber trotzdem da*

Siwon

An Mama.

Ein Junge hat mir gesagt, Briefe sind feige und trotzdem ehrlich. Also schreibe ich dir meine Gefühle in diesen Brief und hoffe, du verstehst, wie ehrlich ich jedes Wort meine.

Seit ich fünfzehn bin, ist das Leben für mich nicht mehr so einfach, wie es für einen Teenager hätte sein sollen. Das liegt nicht nur an den Menschen, auch zu großen Teilen an mir selbst. Weil ich zu viel gezweifelt habe. Und zu wenig vertraut. Ich dachte, mit mir stimmt etwas nicht und ich bin allein damit. Ich bin davon ausgegangen, du willst keinen Sohn, der fühlt, wie er eben fühlt. Ich glaubte, Papa gefallen zu müssen. Also habe ich Medizin studiert. Und Eun-Mi als Freundin genommen, weil sie gepasst hätte. Das hätte sie wirklich. Sie ist ziemlich lustig und man kann mit ihr die Zeit überbrücken. Manchmal ist sie wütend und unausstehlich, unhöflich zu anderen, aber sie hat ihre Gründe.

Wenn ich mich nicht in Männer verlieben würde, hätte sie gepasst. Ich bin deshalb still geworden, weil ich dachte, dann merkt es keiner. Dann bin ich für euch noch richtig und nur für mich selbst falsch. Du hast diese Wahrheit von mir verdient und ich hoffe, du siehst mich nicht als einen anderen Menschen. Weil das bin ich nicht. Ich bin immer noch dein Siwon, ein bisschen verloren in dieser Welt, aber trotzdem da.

PS: Dieser Junge, der sagte, Briefe wären feige, aber ehrlich, hat sich ein bisschen in meine Gedanken geschlichen. Und wäre alles anders gelaufen, hätte ich ihn dir vielleicht eines Tages vorgestellt.

Siwon.

Draußen bei den Schafen war es an diesem Morgen ruhig. Ein kalter Wind fegte über die Wiesen, aber er heulte nicht. Ich saß auf einer Holzbank vor dem Zaun und sah den Tieren beim Grasen zu, wie sie friedlich beisammenstanden und sich wärmten, sobald die kalten Böen zu stark wurden. Wenn Mama aufwachte, würde sie meinen Brief finden und lesen und dann wusste sie es.

Mein Geheimnis, was nie eines hätte werden dürfen.

Eineinhalb Wochen waren vergangen, seit Chiron mitten in der Nacht angerufen und mir ein bisschen was von sich erzählt hatte. Seitdem schrieben wir hin und wieder. Er war nicht mehr so verschlossen wie damals, als ich bei ihm gewohnt hatte. Ich fragte ihn nicht, was dazu geführt hatte, weil dann vielleicht wieder alles zwischen uns verschwand.

Eineinhalb Wochen, in denen ich über mich nachgedacht und die Welt hier zwischen Feldern und Bauernhöfen erkundet hatte. Der Bauer neben Oma hat eine Tochter und als wir auf seinem Hoffest gewesen waren, hatte sie mit mir tanzen wollen. Sie hatte geflirtet, mir tief in die Augen gesehen. Und ich hatte ihr gesagt, dass ich erst eine Trennung hinter mir hatte und im Moment keine Beziehung bräuchte. Dabei hatte ich irgendwie an Chiron gedacht, nicht an Eun-Mi.

Aber Letztere hatte mir gestern geschrieben.

Eun-Mi: Danke für deine Erklärung. Es geht mir besser, seit du zu mir ehrlich warst und ich verstehe es jetzt ein bisschen mehr. Ich konnte mit meinen Eltern reden und habe ein paar Dinge für mich klar bekommen. Übrigens, ich habe jemandem mein lautes Lachen gezeigt. Er ist in mein Café gekommen und hat unfassbar viele Mochis bestellt und ich habe gelacht und ihm seinen Wunsch erfüllt. Vielleicht lerne ich mich neu kennen und verstehe, warum Offensein etwas Schönes ist. Was ist mit dir, Siwon? Wie geht es dir, wo bist du jetzt? Hast du einen Mann kennengelernt, der dein Herz höherschlagen lässt?

Noch hatte ich ihr nicht geantwortet, weil ich gestern Abend zu müde dafür gewesen war. Ich würde es heute nachholen, denn ich hatte große Wertschätzung für das, was sie geschrieben hatte.

Ja, Eun-Mi. Da gibt es tatsächlich jemanden.

Lim Chiron: Der Kater hat überlebt.

                      Ich: Hast du ihn jetzt bei dir zuhause?

Lim Chiron: Ja. Er schläft den ganzen Tag.

Ich lächelte auf mein Handy, unser Chat war voll von zufälligen, willkürlichen Nachrichten. Wir erzählten uns immer öfter, was wir dachten und was wir erlebten. Vorgestern hatte er geschrieben: *Ich habe eine Frau angemotzt, weil sie so unendlich langsam an der Kasse war. Und dann bin ich ihr hinterhergelaufen und habe mich entschuldigt. So richtig seltsam, wie man das halt eben macht.*

Und ich hatte geschrieben: *Ich habe online die Art and Movement University gestaltet, auf die auch Ahri und Taemin gehen. Und da ist etwas, das mich interessiert. Aber ich verrate nicht, welches Studium. Vielleicht kehre ich nach Daegu zurück, um wieder in Hörsälen zu sitzen und so was, wer weiß?*

Gestern Nacht hatten wir uns Oberflächlichkeiten erzählt, hinter denen man die Tiefgründigkeit herauslesen konnte.

Lim Chiron: Lieblingsjahreszeit?

Ich: Frühling, weil ich dann immer Hoffnung habe.

Ich: Und deine?

Lim Chiron: Spätsommer, weil die Welt dann in schönste Farben getaucht ist.

Ich: Feuer oder Wasser?

Lim Chiron: Wasser.

Lim Chiron: Weinen oder lachen?

Ich: Ich lache lieber, weine mehr.

Ich: Musik oder Farben?

Lim Chiron: Das gilt nicht.

Lim Chiron: Welches Tierkreiszeichen bist du?

Ich: Schlange.

Ich: Und du bist Tiger?

Lim Chiron: Woher weißt du das?

Ich: Hab's ausgerechnet.

Ich: Was wolltest du mal werden, als du noch klein warst?

Lim Chiron: Pirat.

Wir taten, was wir konnten, um zurück in die Normalität zu finden. Wie alle anderen unsere Leidenschaften zu entdecken, um nicht einsam und kraftlos in dunklen Ecken zu sitzen und zu weinen.

Ich: Hast du einen Namen für den Kater?

Lim Chiron: Orange.

Ich: Warum nicht Grau?

Lim Chiron: Weil du Orange als Farbe genannt hast, nach Blau. Und so heißt er jetzt eben.

Als ich Schritte hinter mir hörte, legte ich mein Handy beiseite und sah zu Mama, die durch das gefrorene Gras auf mich und die Bank zu kam. Unsere Blicke trafen sich und aus ihren Augen rollten Tränen, durchsichtig und fortlaufend. Sie kam weiter auf mich zu, ich stand auf und sie schlang die Arme um mich, drückte meinen Kopf an ihre Schulter. »Natürlich«, flüsterte sie an meinem Ohr und wiederholte es noch mal. »Natürlich bist du mein Siwon. Das bist du immer. Egal, was.«

Sie ließ mich nicht los und weinte an meiner Schulter und sagte Dinge, die ich von ihr nicht erwartet hatte. Voller Liebe und Zärtlichkeit und richtig, richtig aufrichtig. Dann setzten wir uns auf die Bank und sie hielt meine Hand, während wir auf die Schafe sahen und der Dezemberwind unsere Backen rot werden ließ.

»Willst du mir von dem Jungen erzählen?«, fragte Mama und ich wollte. Aber ich wusste gar nicht, was ich ihr da schon sagen konnte. Sie schien es zu bemerken, denn sie sagte: »Zum Beispiel, was anders hätte laufen können.«

Die Minuten verstrichen, bis ich zum Sprechen ansetzte. »Es war nicht so leicht zwischen uns. Weil er Angst hat und ich feige bin und wir uns deshalb nicht gut verständigen konnten. Also hat er mich rausgeworfen.«

»Magst du ihn sehr?«

Ich entzog ihr meine Hand und räusperte mich, meine Wangen wurden trotz des Dezemberwetters warm.

»Es muss dir nicht peinlich sein, Siwon. Ich bin deine Mutter, ein Mensch, der dir zuhört. Und Gefühle sind etwas Großes auf der Erde. Du kannst also auch mit mir darüber reden.«

»Ich weiß«, murmelte ich. Vielleicht konnte ich das wirklich. Bevor ich aber antworten konnte sagte sie noch: »Miga hat den Brief auch gelesen. Es tut mir leid, das war nicht mein recht. Du hättest es ihr selbst geben müssen, aber sie war da, als ich ihn gelesen habe. Es tut mir aufrichtig leid, Siwon.«

Ich sah sie von der Seite an und lächelte zögerlich. Ein Mundwinkel, ein zweiter, ganz sachte angehoben.

»Schon gut. Was hat sie gesagt?«

»Genau in ihren Worten?«

Ich nickte und hielt die Luft an.

»Mein Junge findet seinen Platz also tatsächlich. Ein Anfang, Hara, ein großer Schritt ist das.« Mama wischte sich über die Wangen und lachte auf. »Das hat sie zu mir gesagt. Und Siwon, das ist es tatsächlich. Ein so großer Schritt.«

Ich konnte nicht glauben, dass einfach alles seinen Lauf nahm und die Dinge besser wurden. Meine Gefühle nicht mehr so erdrückend waren und ich leichter atmen konnte.

Als flüsterte das Glück ganz leise: *Jetzt bist du dran.*

»Ja, ich mag ihn. Ich weiß nur nicht, wie viel. So ein bisschen, vielleicht?«

Sie schmunzelte über meine Worte und sah nach oben. »Hast du mit ihm gesprochen, seit du nicht mehr bei ihm wohnst?«

Kopfnicken und Schulterzucken.

»Würdest du ihn gerne wiedersehen?«

»Weiß nicht. Vermutlich ist es dann wieder so schwierig.«

»Aber vielleicht ist es auch besser, seit ihr Abstand hattet. Und seit du mir von deinen Gefühlen erzählt hast.«

Ja, vielleicht.

»Danke, Mama. Für deine Umarmung. Und deine Worte. Und dass du zuhörst.« Es war nicht einfach ihr das zu sagen, meine Kehle zog sich dabei zusammen und ich biss mir auf Innenseite meiner Wange. Sah sie nicht an, um mich vor ihren ehrlichen Blicken zu schützen.

»Sun-Nyu ist einmal zu mir gekommen«, fing Mama auf dem Rückweg zu Omas Haus an zu erzählen. »Sie hat gefragt, ob du homosexuell bist. Und ob sie dich das fragen könne.« Mama lächelte. »Sie kannte dich gut.«

Sun war nie mit dieser Frage zu mir gekommen. Aber wahrscheinlich hatte sie es auf ihre Weise getan, indem sie mich gefragt hatte, ob ich Eun-Mi lieben würde.

»Vermisst du sie sehr?« fragte ich und Mama nickte.

»Ja. Aber das ist okay, weil ich dadurch weiß, wie sehr ich sie geliebt habe und noch liebe.«

Ich behielt diese Worte fest in Gedanken. Eine neue Ansicht, die mir Kraft schenkte.

Wie sehr ich sie noch liebe.

»Ich denke, es ist einfacher, weil ihr zu dritt wart.« Mama sah mich von der Seite an, ihre Arme hinter dem Rücken verschränkt. »Wenn sie ein Einzelkind gewesen wäre … Manchmal frage ich mich, wie ich dann getrauert hätte.«

»Und wie jetzt?«

»Mit euch. Ich halte an Ahri und dir fest. Sun-Nyu ist in Ahris Zügen, dort überall. Und du hast ihr Lachen, wenn es voll und laut ist.« Sie zuckte mit den Schultern. »Sie ist mit euch noch hier, ein wenig zumindest.«

»Ich weiß auch nicht, was ich ohne dich und Miga gemacht hätte. Oder ohne Ahri.«

Kurz dachte ich an jenen Nachmittag, als ich Eun-Mi verlassen hatte, mit einem Koffer und Tüten durch Daegu gejagt war und dann Wochen in diesem dunklen Hotel gesessen hatte. Ich dachte auch an mein letztes Telefonat mit Sun, Minuten bevor sie ihren Unfall gehabt hatte. Und wie sehr der Knall zusammenprallender Autos durch den Telefonhörer mir seit jenem Septembertag in mein Herz stach. Obwohl ich mich kaum daran erinnern konnte, weil mein Gehirn mich automatisch vor dieser Erinnerung beschützen wollte.

Mama griff sachte nach meinem Arm, bevor wir in das Haus gehen konnten. Sie sah mich liebevoll an.

»Du hast gesagt, du wärst feige. Angst hat unendlich viel mit Mut zu tun, Siwon. Weniger mit Feigheit. Also hör auf die Angst und verwandle sie zu Mut.«

»Sie ist aber so laut in meinem Kopf«, murmelte ich. Mamas Gesichtsausdruck wurde wissend und sie legte meine Hand über mein Herz – genau wie Miga es vor Wochen getan hatte.

»Wenn du Angst und Mut gleichzeitig hast, wo pocht es dann schnell?«, fragte sie und ihr Blick war eindringlich, auf angenehme Art und Weise.

»Hier«, flüsterte ich und presste meine Hand auf das schlagende Ding in meiner Brust. Das so viel fühlen konnte und wehtat, mich wieder und wieder daran erinnerte, was es bedeutete, zu leben.

»Hör auf dein Herz.« Ihre Worte bedeuteten mir alles. »Dein Kopf spricht von Feigheit und Unsicherheit.« Sie legte ihre Hand über meine. »Aber hierauf solltest du hören.«

Okay, Mama.

Auch Oma riss mich in ihre Arme, aber sie gab mir auch einen Klaps und rief mit roten Wangen: »Wie lange wolltest du es hinter dem Berg halten? Hätte ich den Ehemann erst bei der Hochzeit kennengelernt?«

Sie jagte mich durch den Flur in die Küche und ich lachte aus der Brust heraus, weil alles einfach überschwappte.

»Einen Tag vorher. Da hätte ich es dir schon noch gesagt«, erwiderte ich und sie schnaubte aufgebracht.

Dann wendete sie sich ihrem Braten zu, den sie für den Abend zubereitete. Ich saß bei ihr in der Küche, lauschte dem leisen Radio und knackte Nüsse, die vom Herbst noch in ihren Schalen ruhten. Miga sah mich irgendwann lange an und ich rutschte unruhig auf der Sitzbank hin und her.

»Was denn?«

»Sei nicht für dich falsch, nur um für andere richtig zu sein. Das tut deiner Seele nicht gut, Siwon.«

Chiron

Der kleine graue Kater schlief neben mir auf der Couch, er schnurrte und röchelte, wegen seiner Erkältung. Er war viel zu dünn und viel zu klein und der Tierarzt sagte, wenn ich ihn nicht von der Straße mitgenommen hätte, wäre er gestorben. Jetzt lag er neben mir und schlief sich Kraft ein, um später wieder die Welt zu erkunden. Sein Fell war lang und weich, wenn er die Augen öffnete, leuchteten sie mir hell entgegen.

Ich stand auf und er reckte sich, fuhr seine kleinen, aber spitzen Krallen aus. »Guten Morgen, Orange«, sagte ich.

»Ich gehe jetzt los und hole dir Futter. Beweg dich nicht zu viel und stell nichts an!« Meine Brauen zogen sich zusammen und Orange musterte mich mit einem niedlichen Katzengesicht. »Warum fühle ich mich wie eine Helikoptermutter?«, murmelte ich und warf mich in meinen schwarzen Mantel.

Draußen war es eisig, kein Wind, einfach kalte Luft, die sich um mich zog. Wie eine Winterjacke. Ich joggte mit geballten Fäusten in den Taschen zu Pumas Laden und stürzte in die Wärme des Ladens. Sie erschrak, als ich hereinpolterte.

»Himmel«, rief sie vorne an der Kasse, legte eine Hand auf ihre Brust und sah mich mit zusammengekniffenen Augen an.

»Hast du eine interessante Geschichte mitgebracht oder warum so eilig?«, fragte sie mich und sortierte weiter den Tresen.

»Ich bin kein Märchenerzähler«, erwiderte ich und ging zu ihr.

»Davon spreche ich auch nicht, mein Lieber. Eher von den wahren Erzählungen.« Ihr Blick schien zu lächeln.

»Wie sieht es heute in deinem Kopf aus?«

»Alles durcheinander«, sagte ich und setzte mich auf einen Stuhl an der Essenstheke. Sah zu ihr hinüber.

»Und was ist am lautesten?«

»Ich habe mich gefragt, wie es wäre, auf dem Spielplatz zu malen.«

Puma strich sich eine graue Strähne nach hinten und sah aus dem großen Fenster nach drüben zu dem Park. »Nur wenn du es probierst, wirst du es herausfinden.«

»Ja, das ist nervig«, stellte ich fest. »Wie sieht es in deinem Kopf aus?«

»Ich frage mich, warum du die letzten zwei Wochen mexikanische Chips anstatt Karamell-Ahorn-Mais-Cracker gekauft hast. Hat das einen bestimmten Grund?«

Keine Ahnung.
Ja.
Keine Ahnung.
Vielleicht.

»Nicht wirklich. Sie erinnern mich nur an jemanden«, gestand ich und das Tempo meiner Herzschläge zog an. Ich sah nach draußen, weg von ihr.

»An deinen letzten Mitbewohner, der Kunst mochte?«

Sie ahnte zu viel, womöglich wusste sie es auch. Puma traf in mein Schwarz und ich konnte nicht anders, als ihr die Wahrheit offenzulegen.

»Ja, irgendwie an ihn.«

»Es scheint dir besser zu gehen, seit er weg ist«, erwähnte Puma bedacht und jetzt sah ich sie doch wieder an.

»Woran machst du das fest?«

»An der Art, wie du mit mir sprichst.«

»Wie ... ich ... okay?«

»Vermisst du ihn, auch wenn es dir besser geht?«

»Zu ehrliche Fragen gelten nicht.«

»Aber das sind die besten.« Die alte Dame schmunzelte und stand auf. Sie ging nach hinten in den Aufenthaltsraum, ich folgte ihr nach kurzer Zeit. Dort drückte sie mir eine Kaffeetasse in die Hand und setzte sich zu mir an den runden Tisch.

»Warum sollte ich ihn vermissen?«, wollte ich wissen.

»Oh«, machte sie und lächelte. »Das machen wir Menschen beizeiten. Wenn wir etwas ersehen, was einmal war und nicht mehr ist«, erklärte sie und strich über ihre faltigen Hände.

»Siwon ist noch«, erwiderte ich, ohne nachzudenken.

»Du hast mir nie seinen Namen verraten«, murmelte Puma.

»Manchmal würde ich doch zu gerne wissen, wie er so ist. Ihn fragen, wie er es geschafft hat, dich zu berühren.«

»Er hat schwarze Haare«, fing ich an. »Eine goldene Brille, gerade Nase, aber sein Lächeln ist schief. Er sagt manchmal so richtig seltsames, ehrliches Zeug und er zuckt mit den Schultern. Auch wenn er die Antwort weiß. Er sagt Nope und … und…« Ich stoppte, als Puma gedämpft lachte. Sie hielt sich die Hand vor die Lippen und schüttelte den Kopf. Sah mich an, als hätte sie jemanden vor sich, den sie nicht kannte.

»Ich habe dich noch nie so viel über einen anderen Menschen reden hören. Du regst dich auf, du schimpfst über die Leute, aber du erzählst nicht, was du an ihnen magst.«

»Ich habe nicht erzählt, was ich mag.«

Sie warf mir einen so wissenden Blick zu, dass mir heiß wurde. Und ich stand auf, weil es mir zu eng wurde in diesem Raum. Schnell trank ich den Kaffee und sagte: »Der Grund, warum ich hier bin, ist Katzenfutter.«

Dann erzählte ich ihr von Orange und wie ich den Kater von der Straße eingesammelt hatte. Puma meinte, es passe zu mir. Sie wollte mein Geld für das Futter nicht annehmen und sagte, ich solle verschwinden und meinen Tag leben. Nicht mit einer alten Dame abhängen. Es war bestimmt und dennoch liebevoll.

»Soll ich wirklich nicht zahlen?«, versuchte ich es noch einmal. Puma wedelte mit der Hand, bis ich zum Ausgang ging.

»Nope«, rief sie mir mit rauer Stimme hinterher.

Am Nachmittag rief mich eine fremde Nummer an und ich hob misstrauisch ab. »Ja?«

»Lim Chiron?«, fragte eine helle Stimme. Ich kannte sie nicht und wollte schon auflegen, aber die Tatsache, dass sie meinen Namen kannte, hielt mich zurück.

»Wer ist da?«

»Jeong Linya. Taemins Schwester. Und ich hoffe, du bist nicht zu sehr verwirrt. Natürlich hätte ich auch schreiben können, aber ich dachte, anrufen wäre einfacher also ... ja«, endete sie etwas leiser und ich setzte mich an den Esstisch in meiner Wohnung.

»Taemins Schwester also?«, fragte ich und erinnerte mich an alles, was er zu ihr erzählt hatte. Herzfehler, jünger als er, wohnte bei ihrer Mutter. »Warum rufst du an?«

Linya lachte, es klang unsicher. »Ja, also ... Was hältst du von Überraschungsbesuchen?«

»Nichts.«

»Wie ... wie nichts?«

»Ich halte nichts von ihnen. Da kann schnell was schiefgehen.«

»Und deswegen rufe ich dich an«, erklärte sie und ich verstand noch immer nichts. Womöglich war es das seltsamste Telefonat in meinem gesamten Leben. Genauso komisch wie die Situation, in der Taemin und ich uns kennengelernt hatten. Es lag wohl in der Familie.

»Du musst mir helfen, damit nichts schiefgeht.«

»Also du willst mich überraschen und warnst mich schon mal vor?«, fragte ich und wollte lachen. Weil das absurd klang.

»Nein«, sagte sie. »Ich will meinen Bruder besuchen, aber er soll nichts davon wissen. Deshalb wollte ich dich fragen, ob du mir dabei hilfst.«

»Bei was genau?«

»Mich vom Bahnhof abholen, Taemin ablenken und ihn dann mit mir zusammen überraschen.«

Ich zog meine linke Augenbraue hoch.
Schweigen.

»Chiron? Bist du noch da?«

»Ja«, erwiderte ich jetzt und legte mein Handy auf den Tisch vor mir, stellte auf Lautsprecher. »Warum kommst du nicht angekündigt?«

»Weil ich viel zu lange kein überraschtes Gesicht mehr gesehen habe. Wenn einem alles entgleist, die Augen groß werden, der

Mund offen stehenbleibt. Und vielleicht sogar Tränen überlaufen, weil man bis obenhin voll mit Glück ist. Weißt du? Ich würde es gerne an meinem Bruder sehen und ich vermisse ihn so sehr, also komme ich vorbei.«

»Okay. Ich mache es.«

»Einfach so?«

»Wie, einfach so?«

»Na ja, Taemin sagt manchmal, du hast eine harte Schale. Ich dachte, es wäre schwieriger, dich zu überzeugen.«

Ich zuckte die Schultern und lächelte. Ich lächelte. *Lächelte.* Fühlte sich eigentlich ganz gut an.

»Du hattest mich bei: Weil man bis obenhin voll mit Glück ist.«

»Oh«, machte sie und mir entwich noch weitere Ehrlichkeit.

»Ich weiß nicht, wie es ist, wenn das Glück zu voll ist, Linya. Also will ich es erleben. Deswegen mache ich es.«

»Du bist ein Held«, rief sie und es klapperte bei ihr. So als wäre etwas heruntergefallen. Sie schimpfte.

»Entschuldigung«, sagte sie dann eilig. »Ich bin gerade im Krankenhaus und an komische Kabel angeschlossen.« Sie lachte, als wäre das lustig. In mir zog sich etwas zusammen, mein Magen fühlte sich seltsam flau an.

»Gibt es etwas, dass du unbedingt machen willst, wenn du ein neues Herz hast?«, fragte ich geradeheraus.

»Du bist direkt. Das ist gut.« Dann schien sie nachzudenken. »Von einem Felsen ins Meer springen.«

»Warum genau das?«

»Weiß nicht. Weil ich nicht springen, fliegen und nur selten schwimmen darf. Nicht tauchen.« Ihr Atem wurde lauter. »Und das alles auf einmal passieren würde.«

»Alles auf einmal klingt gut. Dafür lohnt es sich bestimmt zu kämpfen.«

Mit ihr war es leicht, zu reden. Ein junges Mädchen mit einem kaputten Herzen und der unendlichen Hoffnung in jedem zweiten, stolpernden Schlag. Sie erzählte von großen Träumen und ich mochte, mit ihr darüber zu sprechen. Fühlte mich dabei nicht unter Druck gesetzt.

»Und was willst du machen, wenn dein Herz sich richtig anfühlt?«

»Mein Herz ist nicht kaputt.«

»Ich weiß«, bestätigte sie. »Aber jedes Herz hat irgendwie und irgendwo einen Knacks. Fühlst du dich denn gerade richtig?«

»Nein.«

»Siehst du. Also, was willst du machen, wenn du dich richtig fühlst?«

»Die Antwort wäre komisch und lächerlich. Also behalte ich sie wohl besser für mich. Da ist sie sicher aufbewahrt.«

Taemins Schwester schnaubte leise. »Deine Wahrheit ist laut ausgesprochen auch sicher, in dieser Welt geht nichts verloren.«

Ich starrte mein Telefon an. Siebzehn war dieses Mädchen und ich hatte Taemin nie geglaubt, wenn er sagte, sie hätte ein Universum an Ideen und Wünschen in ihrem Kopf. Jetzt verstand ich ihn.

»Macht irgendwie Mut, dir zuzuhören.«

Orange sprang auf meinen Schoß und ich streichelte den Babykater hinter den Ohren, wartete, ob sie dazu etwas sagte.

»Irgendwas kann wohl jeder gut«, antwortete sie. Und dann: »Hey! Für einen Griesgram bist du ziemlich einfühlsam!«

Ich lachte ironisch auf. »Du hast mich in einer sentimentalen Phase erwischt.«

»Wie gut für mich.«

»Also, wann willst du kommen?«, fragte ich sie und sah auf Orange hinunter, der an meinem Daumen leckte.

»Nach Weihnachten. Ich schreibe dir alles Wichtige noch mal.«

»Okay.«

Es entstand eine kurze Pause, ich wollte auflegen. Doch dann sagte ich noch etwas: »Wenn ich richtig bin, will ich laut lachen.«

»Dann wirst du das«, erwiderte sie vorsichtig. »Eines Tages. Und eines Tages ist manchmal schon bald.«

»Dito, Linya. Schaust du gern Filme?«

»Mhm, warum?«

»Ratatouille ist gut. Die Zeit im Krankenhaus soll mit Disney wohl gar nicht so langweilig sein.«

»Danke, Chiron.« Dann legten wir auf. Ein vermeintlich unbekanntes Gefühl machte sich in mir breit. Aber ich kannte es. Von früher, als ich klein und mein Vater an meiner Seite gewesen war.

Damals, als ich begonnen hatte, zu malen. Dieses Gefühl war nicht unbekannt, nur einfach lange nicht aufgekommen.

Zufriedenheit.

Heute Nachmittag fühlte ich es wieder, für einen winzigen, winzigen Moment.

Kapitel 30

Ohne Geschwindigkeitsbegrenzung

Chiron

Dai war sauer auf mich. Weil ich ihm abgesagt hatte und er unbedingt Sex wollte. Aber ich wusste, das tat mir nicht gut. Lag wohl an Taemin und seinen Worten, die er so ernst gemeint hatte.

Ich will dir nicht dabei zusehen, wie du dich selbst mit Drogen und deinem Ex zerbrichst und aufhörst, das zu tun, was du liebst.

Er hatte mich damit getroffen und ich wollte meinen besten Freund nicht wieder zurückstoßen. Also gab ich meinen Ex auf. Er rief oft an, schrieb, wie feige ich mal wieder sei. Ich wollte seine Nummer löschen, aber ich tat es nicht. Keine Ahnung, was mich noch hielt. Ich würde nicht mehr antworten, nur einfach noch nicht alles löschen.

Seon Siwon: Was wäre, wenn ich zurückkomme nach Daegu?

Ich: Dann wärst du wieder hier.

Seon Siwon: Gute oder schlechte Idee?

Ich: Beides.

Seon Siwon: Hm.
Seon Siwon tippt ...

Es schneite seit gestern und die Menschen hingen draußen Schmuck, Glitzer und alles Weihnachtliche auf. Christen feierten das Fest bei uns genauso wie die westliche Welt, groß und voll und heilig. Aber auch die anderen Religionen nahmen den fünfundzwanzigsten Dezember als Feiertag an. Ich hatte Weihnachten nie gemocht, meine Eltern auch nicht. Wir hatten den Tag ausfallen lassen.

In manchen Jahren war ich dennoch zur Kirche geschlichen und hatte mich auf einen Stein gestellt, um durch das Fenster hineinzusehen. Da waren die ehrfürchtigen Gesichter der Menschen gewesen, die beteten und an etwas Großes glaubten. Ich hatte auch an etwas glauben wollen, aber ich hatte nicht gewusst, an was. Gott, Buddha, sie waren in so vielen Köpfen.

Damals hatte ich auch etwas für mich gewollt.

Glaube an dich, Chiron. Glaube ganz fest an dich.

Wie lange ich nicht an seine Worte gedacht hatte. An ihn und sein liebevolles Lächeln, seine rauen Hände, die mich getragen hatten, wenn ich nicht mehr konnte. Mit meinem Vater war auch der Glaube an mich selbst verschwunden. Also vertraute ich seit langem einfach gar niemanden mehr. Nicht mir oder meiner Mutter, oder einem Gott.

Taemin und Ahri wollten über Weihnachten zu Ahris Familie fahren und dort auch Siwon besuchen. Sie hatten gefragt, ob ich mitkommen wollte.

Nein, eher nicht.

Was hätte ich dort schon zu suchen gehabt? Ich saß lieber in meiner stillen Wohnung, mit Orange und gutem Essen und den Gedanken an Kirchenfenster und leuchtende Gesichter. Während ich mich in meinem Bett aufrichtete und mir die Augen rieb, in denen sich der Schlaf noch festhielt, starrte ich weiter auf unseren Chat.

Seon Siwon tippt ...

Schon lange. Wenn er noch ...
Mein Telefon klingelte. Seine Nummer leuchtete mir entgegen. Mein Herz setzte aus. Ich rieb mir über die Brust, um es wieder in Gang zu bringen und es fuhr ohne Geschwindigkeitsbegrenzung los.
»Ja?«
»Hi«, sagte er außer Atem und ich hielt für ihn die Luft an, während er schnell atmete. »Früh zu joggen ist keine gute Idee. Nur so, falls du das mal vorhast.«
»Habe ich nicht.«
»Gut. Also ...«
»Du hast ewig getippt«, stellte ich das Offensichtliche fest. Umklammerte mein Handy, wie ich damals die Hand meiner Mutter umklammert hatte, als wir die Nachricht über Papa erhalten hatten. Das tat ich immer, wenn mir Situationen nah gingen. Dann hielt ich mich fest, um nicht im Weltenwasserfall zu ertrinken.
»Ja«, bestätigte er durch das Telefon und wurde kurz leiser. Es rauschte, dann war er laut. »Du magst keine tiefgründigen Fragen ...«, begann er.
Ich lehnte mich an mein Bettkopfende und sah an die graue Wand gegenüber. Dort stand die Gitarre, die ich nie benutzte. Sah immer noch cool aus, als wäre ich Künstler durch und durch. Dabei war ich einfach verloren und nichts wirklich.
»Das habe ich nie gesagt«, unterbrach ich ihn. »Ich mag nur einfach die tiefgründigen Antworten danach nicht.«
Kurz blieb er still. Dann: »Also was ... was wäre, wenn wir uns wiedersehen? Wir haben vier Wochen zusammengelebt. Haben

uns drei Wochen nicht gesehen. Was wäre, wenn wir uns wiedersehen?«

Dann würde ich wirklich im Weltenwasserfall ertrinken.

»Keine Ahnung, Siwon.«

»Weißt du, was meine Oma sagt? Dass da immer eine Ahnung ist im Herzen und man darauf hören sollte.«

Meine Hand lag noch immer über dem Pochen. Und wie es pochte, schnell, *wirklich schnell.*

»Als was willst du mich wiedersehen?«

Freund? Fremder? Bekannter?

»Dich, einfach dich.«

»Es wäre keine gute Idee. Ich …«, meine Stimme brach und ich räusperte mich. »Ich fange an, mich selbst zu akzeptieren. Wenn wir uns sehen, weiß ich nicht, was es mit mir macht.«

»Lass es uns rausfinden.« In seiner Stimme klang eine so tiefe Bitte, dass sich mein Magen zusammenzog. Weil ich diese Sehnsucht fühlte, ich wusste, wie das war. Jeden Tag dachte ich an ihn und seine Blicke durch die goldene Brille und die Gefühle, die schon da gewesen waren.

»Okay«, murmelte ich. »Wir sind Idioten, weißt du? Wir wissen, wie es endet. Mit Schmerz und Tränen, weil wir nicht füreinander gemacht sind.«

»Ich weiß«, erwiderte er. »Ich weiß. Aber ich kann nichts dagegen machen.«

»Gegen was, Seon Siwon?«

Er atmete schnell und ich fühlte mich leicht an einem trüben Wochentag. Ich wartete auf seine Antwort, wartete immer, wartete auf ihn und unser verkorkstes *Irgendwas* und wusste verdammt noch mal nicht, was wir da eigentlich taten.

»Gegen dich. Ich kann nichts gegen dich machen, Lim Chiron.«

»Ich hasse deine Ehrlichkeit.« *Eigentlich überhaupt nicht.*

Er legte auf und ich schloss die Augen.

Als ich sie wieder öffnete, war da eine neue Nachricht.

Seon Siwon: Ich hasse deine Playlist. Fühl mich sturmblau, wenn ich sie höre, und denke dann ständig an dich.

Wir wussten wohl beide, wie sehr das eine Lüge war. Panik stieg in mir auf. Er und ich, wir waren zu viel. Alles um uns herum war zu viel.
Zu viel, so viel, zu viel.
Ich rief Taemin an und verabredete mich mit ihm im Kino, um meinen Kopf in einem Film und Charakteren zu verlieren. Kino, um nicht an mein eigenes Leben zu denken. Taemin, um über ihn zu reden und nicht über mich. Nach draußen, um nicht an meine Wohnung und erste Küsse erinnert zu werden.

Siwon

Am vierundzwanzigsten Dezember war mir so langweilig, dass ich anfing zu nähen. Während die Welt draußen in Weiß versank und Kinder die Zungen nach Schnee ausstreckten, fing ich an, Stoffe zusammenzunähen. Eine Hose. Schwarz, mit blauen Wellen. Cordstoff für die Beine, irgendeinen meerblauen Fetzen für die Wellen. Ich nähte sie an den untersten Bund, an die Knie, noch einen Streifen links oben. Migas Nähmaschine war alt, es gelang mir dennoch, mit ihr umzugehen. Am Abend betrachtete ich mein Werk, sah Nähte, die unsauber waren, und der Reisverschluss verlief schief. Aber man würde es beim Tragen der Hose nicht sehen.

»Hier steckst du schon wieder«, schnaufte Oma und trat zu mir auf den Dachboden. Sie sah auf den Nähtisch und die fertige Hose, ihre Augen wurden groß.

»Hast du die Wellen draufgenäht?«

»Eigentlich … habe ich sie komplett genäht.« Es war mir unangenehm. Was, wenn sie ihr nicht gefiel? Nicht meine erste Arbeit, aber gut war ich noch lange nicht.

»Dann solltest du weitermachen damit. Ich sehe Talent, Siwon.« Migas Augen glitzerten geheimnisvoll und sie ging wieder nach unten, mit der Bitte, in einer halben Stunde zum Essen zu kommen. Geschafft ließ ich mich auf den Stuhl an dem Tisch nieder und sah auf mein Handy. Eun-Mi hatte gefragt, ob wir uns sehen wollten. Nochmal reden und ein bisschen abhängen. Aber ich durfte ehrlich sein, wenn ich keine Lust dazu hätte.

Ich lächelte, weil sie so anders klang. Viel freier. Und auch Mai sagte mir, wie gut es Eun-Mi inzwischen ging. Unsere Beziehung war auch für sie schwer gewesen, denn was war man in einer unerwiderten Liebe?

Mai: Du fehlst hier! Schwing deinen Arsch zurück nach Daegu!

Ich: Sei nicht nervig und lass mir Zeit!

Mai: Ich mache mit. Bei dem Wettbewerb. Anfang Januar. Ich mache mit Siwon!!!!

Ich: Gut, okay, ich schwinge meinen Arsch zurück nach Daegu. Versprochen.

Unsere Nachrichten in Großbuchstaben wurden von einem eingehenden Anruf unterbrochen.
»Ahri?«, fragte ich und sie atmete scheinbar erleichtert auf.
»Siwon!« Ihre Stimme klang panisch.
»Was? Was ist los?«
»Kannst du uns vom Bahnhof abholen?«
»Ich … bitte was?« Mein Mund blieb offenstehen. »Warum klingst du so panisch?«
»Weil ich nicht weiß, wie Überraschungen funktionieren!« Ihre Stimme war inzwischen ein wenig schrill und aufgeregt und mein Herz machte einen Satz. Taemin lachte im Hintergrund und sie nuschelte schmollend etwas.
»Am Bahnhof in Dongho-Dong?«, fragte ich und stand auf.
»Ja. Wir kommen über Weihnachten als Überraschung. Mama und Miga wissen nichts, also musst du jetzt helfen. Die Busse fallen wegen des Schnees aus.«
»Wann?«
»Jetzt.«
»Ihr seid schon da?«
»Ja.«
Und ich lachte. Laut und voller Vorfreude. Ein Gefühl, das viel zu lange geschlafen hatte. Vorfreude auf sie und Taemin und ein Weihnachten mit allen.
Ich hatte sie in den letzten Wochen vermisst.

»Bin bald da. Hoffe, der Schnee lässt es zu.«
»Fahr vorsichtig«, sagte sie noch und die Worte waren ein kleiner Riss für meine Freude, aber ich verdrängte die Gedanken an Autounfälle und alles, was wir erlebt hatten.

»Ich bin kurz weg, wartet mit dem Essen nicht auf mich«, rief ich in die Küche und lief dann aus dem Haus. Nahm Migas Truck und fuhr los, um die Überraschung abzuholen.

Kapitel 31

Schon wieder, was, wenn?

Siwon

Meine Schwester und ich saßen draußen auf der Schaukel, mit nassen Hosen und kalten Beinen. Den Blick zum Himmel, für Ahri und ihre Sterne. Der Schneematsch drängte durch meine Kleidung, aber ich blieb sitzen und lauschte dem Rieseln. Seit die beiden gestern Abend angekommen waren, hatten wir nicht mehr zu zweit geredet, die Zeit war voller Lachen und Freude vorbeigegangen. Jetzt, nach unserem Weihnachtsessen, saßen wir draußen und atmeten tief die Luft des Winters, in unsere warmen Lungen.

»Warum bist du hier, Siwon?«, fragte sie irgendwann.

»Wo soll ich sonst sein?«

»Bei *ihm*?«

Mein Blick wanderte zu ihr, während sie noch immer in den Himmel sah und vermutlich die Sterne vermisste, weil die Schneewolken sich heute Nacht davorschoben.

»Er ist alles, was ich gerade gar nicht brauche. Dunkel und schwer und kalt und manchmal so verdammt verletzlich.« Auf meine Lippen schlich sich ein trauriges Lächeln. »Alles, was mir nicht guttut.«

»Dein Lächeln sagt etwas anderes.« Ahri musterte mich und lehnte sich dann an mich, Schulter an Schulter. Sie atmete tief durch.

»Denkst du viel an ihn?«

»Manchmal.«

Manchmal jeden Tag.

»Was er wohl macht?«, murmelte sie vor sich hin.

»Er sitzt in seiner Wohnung mit Orange und denkt vermutlich an alles Traurige. Er mag Weihnachten nicht.«

»Hat er das gesagt?«

Ich nickte und dachte an seine Nachrichten, die er vorhin geschickt hatte. Plötzlich setzte sie sich auf. Starrte mich an. Sie sprang von der Schaukel und ich wippte allein hin und her.

»Ich hab's«, stieß Ahri hervor. »Du fährst zu ihm! Jetzt!«

Meine Augenbrauen wanderten in die Höhe.

»Wie im Film! Wir besorgen dir das letzte Ticket des Abends und du fährst zu ihm nach Daegu und dann sitzt er nicht mehr in seiner Traurigkeit!« Sie klatschte in die Hände.

»Das Leben ist kein Film«, widersprach ich ihren Ideen. Ließ ihren Vorschlag keine Sekunde zu, blockte alles ab.

Sie kam auf mich zu, langsam ging sie vor mir in die Hocke und nahm meine Hände. Ihre in Handschuhen, meine kalt und bloß.

»Manchmal, hast du gesagt …« Sie fing meinen Blick und sah mit Schneewimpern zu mir auf, lächelte bedeutsam. »Manchmal denkst du an ihn. Und manchmal kann das Leben wie ein Film sein, oder nicht?«

Ich schloss die Augen und schüttelte den Kopf, ihre Idee drängte sich zwischen die Scherben, die ich in den letzten Wochen zu heilen versucht hatte. Ahri sah mich an, wie Sunnie mich früher angesehen hatte. So voller Wissen und voller Energie.

Hoffnung schimmerte in ihren Augen.

»Was, wenn dieses manchmal heute ist, Siwon?«

Ich blickte auf unsere Hände hinunter, auf die weißen Handschuhe um meine Finger.

Was, wenn, was wenn, was wenn?

»Ich habe gesagt, er sei dunkel und schwer und kalt. Das war gelogen, glaube ich.« Sie folgte meinem Themawechsel, ohne mit der Wimper zu zucken, hörte mir weiter zu. Ich zog sie wieder neben mich auf die Schaukel und wir lehnten uns gegeneinander.

»Vermutlich ist er voller Farbe und klar und einfach so leicht in dieser Welt. Nur habe ich das viel zu selten gesehen.«

»Würdest du ihn gerne besser kennenlernen?«

»Wenn es nicht funktioniert, tun wir uns damit nur weh.«

»Das tut ihr auch, wenn ihr es nicht versucht.«

»Verflucht«, stieß ich aus und sah nach oben. Der Gefühlssturm in mir ließ nicht nach, wurde wilder und gefährlicher. Wohin mit mir? Wohin mit ihm? Wohin mit uns? Wohin, wohin …

»Du darfst jetzt auch mal etwas für dich tun, Siwon.« Sie setzte sich seitlich zu mir und sah mich fest an. »Erst Suns Tod, unsere Trauer und unendlich schmerzliche Wochen. Eun-Mi und das Studium. Dein Geheimnis und Chiron. Du steckst immer ein. Jetzt bist du an der Reihe.« Ihr bittender Gesichtsausdruck ließ mich nicht mehr los.

»Mach das, was du willst. Alle anderen sind egal.«

»Was, wenn ich falsch entscheide?«

»Dann machst du aus dem Falsch ein Richtig. Für dich richtig! Weißt du noch, was Sun in diesem Tagebucheintrag geschrieben hat?«

Ich nickte. Natürlich wusste ich es.

Für mich genau richtig werden, das ist mein Ziel im Leben.

»Glaubst du, sie hat es geschafft?«

»Ja. Sun war immer für sich selbst richtig. Und deswegen kannst du das auch, okay?«

»Okay«, wisperte ich in die Weihnachtsnacht und atmete Mut, Schnee und alles Dunkle hier draußen ein.

Meine Schwester stand auf und zog mich von der Schaukel hoch. »Lass uns reingehen, bevor wir zu Schneemännern werden!«

Ich folgte ihr über den Hof, drückte die aufkeimende Nervosität nieder und atmete flach. Aber alles in mir wurde hektisch. Wirbelte und drehte und festigte sich dann.

»Ahri?«

»Hm?«

»Hilfst du mir, ein Ticket zu buchen? Jetzt?«

Chiron

Run boy Run ...

Mit blutender Nase lachte ich laut auf und das Blut sprudelte über meine Lippen.

»Fick dich!«, brüllte ich dem dunklen Himmel zu. Meine zwei neuen Lieblingsworte. Ich taumelte und fiel beinahe auf meine wunden Knie. Mir war schlecht und schwindelig. Ich drehte mich, obwohl sich meine Beine nicht bewegten und mir verschwamm die Sicht.

»Das Leben ist scheiße. So verdammt, verdammt scheiße.« Tränen brannten sich über mein Gesicht. Blut vermischte sich mit Salzwasser und ergab sicher einen Rosafluss.

»Es zerreißt mich, sobald ich anfange zu träumen!« Meine Stimme hallte über die Straßen, doch niemand hörte mich. Allein, ganz allein. Die Welt und ich. Während ich versuchte, sie zu lieben, hasste sie mich. Schoss auf mich ein, wie auch auf meinen Vater geschossen wurde.

»Hier!« Mit ausgebreiteten Armen lief ich zu dem Spielplatz vor meiner Straße. Ein Blitz fuhr mir durch den Ellbogen. Sie hatten ihn mir gebrochen. Meinen Arm einfach gebrochen. Der Schmerz ließ mich jetzt doch in die Knie gehen und vor den Schaukeln brach ich zusammen. Lachte wie ein Irrer, um nicht weinen zu müssen.

Run boy run!

Mein Kopf schlug auf dem Boden auf, die Nacht wurde dunkler.

»Ich kann nicht mehr rennen. Wohin überhaupt?«

Mein Wimmern hörte nur der Schnee, der mich kühlte und den Schmerz linderte. Die Augenlider fielen mir zu und es fühlte sich an, als verschwinde ich langsam aus dieser Welt.

Siwon

Der Zug war beinahe leer. Eine alte Dame, ich und eine Gruppe junger Leute fuhren stadteinwärts. Alle Welt war wohl zu Hause oder in den Kirchen. Und ich tat endlich, was ich wollte.
Meine Hände zitterten. Noch immer war alles so kopflos und so laut. Mamas Tränen, Migas Lächeln, Ahris Hilfe, Taemins Nicken.
Sie standen hinter mir, hatten am Bahnhof gewinkt.
Ich blätterte jetzt in Sunnies Tagebuch, um nicht an mein Vorhaben zu denken. Ihre Worte lenkten mich ab. Es tat zwar weh, weil es immer wehtat, von ihr zu lesen. Aber ich vermisste sie echt und stark und ich saugte ihre Gedanken auf. Es war das Einzige von ihr, was ich noch hatte.
Und wenn ich voll von ihren Worten war, dann postete ich auf ihrem alten Instagram-Account, um etwas von ihr in die Welt zu setzen.
Denn irgendwie bist du noch da, Sunnie.

@piecesofthesun: Glaubt ihr, Liebe ist auch manchmal verkorkst und gar nicht kitschig? Fühlt es sich ab und zu falsch an und macht einen doch glücklich? Ist der größte Gedanke vielleicht, dass man traut, sich zu verlieben? Meint ihr, jemand kann dein Herz ganz stark festhalten und du fühlst dich noch immer frei?
Ist es richtig, sein Herz für die Liebe zu riskieren?

Zweimal, fünfmal, nochmal. Ich las die Zeilen wieder und wieder, wünschte mir Sunnie an meine Seite und eine Umarmung von ihr.

Kommentar von @anja.ik: Ja, auf jeden Fall. Es lohnt sich, Liebe lohnt sich, Sun.

Sie schrieben noch immer mit ihrem Namen und ich blieb versteckt, zeigte mich nicht der Welt, ließ die Wahrheit nicht zu.

Als der Zug im Zentralbezirk Jung-gu einfuhr, vermisste ich sie am stärksten. Und ich redete mir schnell ein, sie wäre auf Reisen. Auf ihrer Erdenerkundung, weit weg und doch irgendwie hier auf diesem Planeten. Es wurde erträglicher und machte mir Mut. Wenn sie jetzt hier wäre, würden ihre Augen strahlen. Womöglich ein bisschen so wie Ahris vorhin.

Nachdenken bringt nichts, wenn dein Herz schon entschieden hat.

Also los, los, los. Und lächle dabei. Lächle, wenn du tust, was sich für dich richtig anfühlt!

So was hätte sie gesagt und sie hätte mich fest in ihre Arme geschlossen. Zusammen mit der alten Dame stieg ich aus und fuhr die Rolltreppe nach unten zur Straße.

Siwon?, fragte Sunnie in meinen Gedanken.

Was ist?

Umgekehrt heißt Leben, Nebel. Also ist es ganz normal, dieses Herumirren und nichts sehen können. Aber heute nimmst du die ganze Universums-Hoffnung und bist mutig!

Der Schnee knirschte unter meinen Schuhen.

Ich verspreche es, Sunnie.

Kapitel 32

Nicht weg und nicht da

Siwan

Mit schnellen Schritten und dem Ansatz eines Lächelns überquerte ich die Straße und lief beschwingt von Mutgefühlen auf den Park zu. Wie er reagieren würde, wusste ich nicht, aber wenn ich es nicht versuchte, fände ich es nie heraus. Also würde ich bei Chiron klingeln. Oder klopfen, wenn es immer noch keine Klingel gab und würde ihn dann fragen, ob wir zusammen traurig sein wollten. Taemin hatte mir die Schlüsselkarte seiner Wohnung gegeben, falls ich die Couch im Wohnzimmer bräuchte. Aber wir hofften nicht darauf. Vielleicht hatte Chiron sich wirklich verändert, nicht nur beim Schreiben, vielleicht wollte er tatsächlich ein bisschen Farbe in sein Grau lassen und …

Mit einem panischen Schrei im Hals blieb ich stehen und riss mir die Kopfhörer aus den Ohren. Die Schaukeln schwangen hin und her. Eisiger Wind fegte über den Spielplatz.

Und er lag still.

Graue Haare auf dunklem Boden, komplett reglos. Mein Atem blieb nach dem Schrei im Hals stecken und ich konnte mich nicht bewegen, nicht mal zu ihm – gar nichts.

»Chiron«, flüsterte ich, der Wind trug die Worte fort.

Totenstille.

Sein Kopf war der Erde zugewandt, der rechte Arm schräg abgewinkelt. Als ich tief Luft holte, setzte sich alles wieder in Bewegung. Ich rannte zu ihm, kniete mich auf den Boden, wusste nicht, wo ich ihn berühren konnte. Wo waren seine Schrammen, seine Verletzungen?

Was ist passiert?!

Ich wollte ihn anschreien, aber da war kein Ton mehr in mir. Vorsichtig nahm ich sein Gesicht in meine Hände und drehte es zu mir. Ich erschrak. Seine Augen waren offen, seine Nase blutig, seine Lippe dick.

»Chiron?«, fragte ich wieder und wieder, aber er blieb weiter stumm. Seine leblosen Augen waren das Schlimmste. Panik stieg in mir auf und ich tastete zittrig nach seinem Puls. Fand keinen.

»Chiron?«, schrie ich panisch und meine Finger tasteten an seinem Handgelenk herum. Mein Herz sank und sank, als ich kein Pochen spürte. »Nicht noch jemand. Nicht noch jemand«, weinte ich in die Mitternacht und sah in sein zerschrammtes Gesicht. Ich drehte seinen Körper auf den Rücken und drückte zwei Finger auf seinen Hals ...

Poch, poch. Poch. Poch, Poch. Poch.

Ich fing an zu weinen, wollte träumen und in einer schmerzfreien Realität aufwachen, aber natürlich passierte das nicht.

Mit bebenden Bewegungen suchte ich mein Handy.

119 würde die Hilfe sein. Rettung. Fast verlor ich die letzte Beherrschung, als ich an meine Schwester denken musste. Und das bei Sun 119 nicht die Rettung gewesen war. Bei ihr war überhaupt niemand die Rettung gewesen.

»Verdammt, Chiron«, schluchzte ich.

»Hör auf, zu weinen.«

Beinahe ließ ich mein Telefon fallen, starrte ihn an. Seine Lider flatterten, er röchelte. Ich beugte mich über ihn, um mehr verstehen zu können, aber da sagte er gar nichts mehr.

Ich gab den Vorfall auf und man schickte einen Krankenwagen auf den Weg. Die Frau in der Leitung erklärte mir, wie man eine stabile Seitenlage machte. Weil ich gerade auf nichts von meinem abgebrochenen Medizinstudium zurückgreifen konnte. Ich zog seinen Kopf auf meinen Schoß und beobachtete seine Atmung, seine Augenlider, sein Alles.

Ich sagte nicht, dass alles gut werden würde.

Ich sagte nicht, dass er wieder heil werden würde.

Ich sagte, dass ich ihn vermisst hatte.

»Ich wollte heute Abend ehrlich sein. Und dir noch mehr über mich und mein kleines Leben erzählen. Dir sagen, dass wir zusammen bunt sein können ... oder so was kitschiges.« Mein Körper zitterte, seiner blieb still. Er kam nicht noch einmal zu sich.

»Was hat das Leben mit dir gemacht?«, fragte ich ihn und wollte schreien, weil er so gebrochen in meinen Armen lag.

Warum, warum?

Als der Notarzt kam, nahmen sie ihn mir aus den Armen und trugen ihn auf einer Liege zum Fahrzeug.

Ich stand nur da. Fühlte mich wie damals vor dem Krankenhaus, als meine Schwester aus dem Leben gerissen worden war. Und ich weiter geatmet hatte. Mein Kopf tat weh, Schlucken brannte und ich weinte jetzt innerlich.

»Haben Sie ihn gefunden?«, wollte eine Frau wissen und ich wachte aus meinen Gedanken auf. Ich fokussierte die Sanitäterin, ihre blonden Haare und die großen Augen.

»Ja«, sagte ich. Und dann: »Er ist mein Freund.«

»Sie waren zusammen unterwegs?«

»Nein.«

»Ein Glück, dass Sie ihn trotzdem gefunden haben. Bei dieser Kälte kann das schlimm enden.«

Ich wollte ihr solche Worte verbieten, weil es mir nur Angst machte. Sie führte mich mit zu einem Wagen.

»Haben Sie Kontakt zu seiner Familie?«

»Wir ... wir führen eine feste Beziehung. Reicht das nicht?«

Mein Herz zerbarst wegen dieser Lüge. Und der plötzlichen Sehnsucht. Wenn wir und die Menschen nur nicht so verkorkst wären, vielleicht wäre es dann so gewesen.
Überraschen huschte über das Gesicht der Sanitäterin, ein Stirnrunzeln und ich wollte ihr diesen Ausdruck aus dem Gesicht wischen.

»Ja, das reicht«, murmelte sie endlich und bedeutete mir, einzusteigen.

»Kann ich bei ihm mitfahren?«

»Es ist kein Platz, sie stabilisieren ihn während der Fahrt.«

Also setzte ich mich zu ihr in den kleineren Krankenwagen und sah aus dem Fenster. Dachte nicht an das Wort *stabilisieren* und was bedeutete, so viel wusste ich aus meinem Studium noch. Er würde es schaffen.

Die Stadt flog an mir vorbei, Neonlichter blitzten und der Schneefall wurde dichter.

Weihnachten und eine Fahrt ins Krankenhaus.

Was, wenn dieses Manchmal heute ist, Siwon?

Unauffällig wischte ich mir über die Augen. Presste die Lippen aufeinander und verschloss mein verdammt, verdammt vibrierendes Herz.

Ja, Ahri. Dieses manchmal ist heute. Er hat mich gebraucht, er hat Hilfe gebraucht. Auch wenn ich wünschte, es wäre anders.

Die Frau neben mir am Lenkrad sagte etwas und ich zuckte zusammen, fragte unsicher: »Entschuldigung, ich war in Gedanken. Was haben Sie gesagt?«

Ihre rechte Hand kam meiner nahe, als wollte sie mir einen Händedruck geben. Wahrscheinlich gegen die Tränen, aber sie tat es nicht.

»Meine Kollegen sagten, Ihr Freund ist stark. Denken Sie fest an ihn, es soll helfen. Auch wenn es wehtut, an ihn denken hilft.«

Während die Stadt an mir vorbeizog, weiße Kristalle auf die finstere Nachterde fielen, dachte ich also an ihn.

Lim Chiron, Kaffee, Pinselstriche, Schmerz, Pommes, Herzklopfen.

Allesgefühle.

»Siwon!«, rief Mai und lief auf mich zu, direkt in meine Arme. Drückte mich fest und schob mich dann zurück. »Bist du verletzt?«

»Nein. Nur er.«

Sie zog mich noch einmal in eine Umarmung und diesmal erwiderte ich es. Tränen blieben mir im Hals stecken und ich atmete zitternd auf. Mai nahm meine Hand und zog mich zu den Eingangstüren des Krankenhauses, nach draußen in den kalten Schneewind. Die Dunkelheit drückte auf uns herab.

»Draußen lässt es sich besser atmen«, sagte sie.

Das Notfallteam für Nachtoperationen hatte Chiron noch in dieser Nacht versorgt und als er in den Operationssaal geschoben worden war und ich wie im Film davor hatte stehenbleiben müssen, war mir nichts anderes eingefallen, als Mai anzurufen. Weil ich jemanden zum Reden brauchte und ein bisschen Ablenkung. Jetzt war sie hier und machte mir das Atmen leichter. Und ich musste daran denken, wie sehr Glücksmenschen doch unser *Weiter* waren, wenn wir selbst auf *Stopp* drücken wollten.

»Willst du mir von ihm erzählen?«, fragte sie.

Auch wenn es wehtut, an ihn denken hilft.

»Tut mir leid, Siwon. Schlechter Zeitpunkt. Reden wir über …«

»Chiron ist Künstler«, unterbrach ich sie leise. Die Winternacht legte sich wie ein Mantel um uns, jeder Kristall schien mir zu lauschen, als Mais Griff um meinen Ellbogen immer fester wurde.

»Er hat es noch nicht zugegeben, aber er spricht über Farben wie du über das Tanzen. Er ist eher laut als leise. Ich glaube er … er hat die gleiche Angst wie ich.«

Meine Beine fühlten sich wackelig an, also blieb ich stehen und lehnte mich an die Hauswand, rieb mir mit den Händen über mein kaltes Gesicht.

»Wovor?« Mais Stimme war sanft und ruhig.

»Zu lieben«, wisperte ich.

Worte zermarterten mein Herz, jeder Schlag schrie mir zu und ich konnte nur einen Bruchteil davon erzählen. Bruchteile, weil ich kein Ganzes mehr war.

»Liebe«, sagte Mai und legte den Kopf etwas schräg. Zwang mich, sie anzusehen. »Liebe ist immer viel. Und neu. Und einfach alles auf einmal. Es ist riskant, die einzige Frage ist nur ...«

Ihr braungoldener Herbstblick bohrte sich durch den Winter zu mir, direkt in meine Angst. »... willst du dein Herz riskieren?«

Keine Ahnung, keine Ahnung, keine Ahnung.

Sag nicht keine Ahnung, Siwon. Denn die hast du.

»Und wenn alles schiefgeht?«

»Du kannst Gefühle nicht planen. Ein *wenn*, kannst du jetzt nicht beantworten.«

»Warum kann ich ihn nicht vergessen, Mai? Wir haben uns nur vier Wochen gesehen. Warum?«

Ihr Lächeln war offen und verständnisvoll. Sie nahm meine Hand und zog mich fort von der Hauswand, weiter den Weg entlang.

»Gefühle kennen keine Zeit. Vier Tage, vier Wochen. Unsere Herzen sind immer in Gefahr, wenn Menschen in unser Leben stolpern.«

»Warum sagst du so seltsam, richtiges Zeug?«

Sie zuckte mit ihren schmalen Schultern, die Beanie-Mütze über ihren geflochtenen Zöpfen verrutschte dabei.

»Hast du schon mal dein Herz riskiert?«

Ihre Finger verkrampften sich in meiner Hand. »Ja.«

»Und?«

»Er ist gegangen. Mit meinen Gefühlen im Gepäck.«

»Dein einziger Freund, von dem du damals erzählt hast?«

Mai nickte. »Avan war nicht bereit, etwas für mich zu wagen. Vielleicht ist er nicht nur gegangen, eher geflohen.«

»Weißt du, wo er ist?«

»Beim Militär«, flüsterte sie und ihre Stimme brach. Diesmal hielt ich ihre Hand fest umschlossen. Weil Erinnerungen uns alle heimsuchten. Sie waren wohl eines der gefährlichsten Dinge auf dieser Erde. Brennende Erinnerungen, die kein Wasser löschen konnte.

»Wartest du auf ihn?«

»Manchmal. Wenn die Hoffnung alles andere übertönt.«

Wir gingen einmal um das Gebäude herum. Sie lenkte mich ab, sie erzählte mir von sich. Vorne beim Eingang sah ich sie an.

»Warum hast du mir geraten, mein Herz zu riskieren? Wenn es dich selbst so zerrissen hat?«

»Ich habe es dir nicht geraten. Nur gefragt, ob du es willst.«

Ihr trauriges Lächeln traf mich tief. Sie klopfte gegen meine Brust. »Wenn du es hier drinnen willst, kannst du sowieso nichts mehr dagegen tun.« Mai machte eine Grimasse. »Außer weglaufen. Wie Avan es getan hat.«

»Danke, Rhee Mai.«

»Nicht dafür, Seon Siwon.« Sie ging zwei, drei Schritte vom Eingang zurück. »Ich werde morgen wieder vorbeischauen. Schaffst du es bis dahin allein?«

Ich zuckte die Schultern. »Klar.«

»Wieso bist du wirklich zurückgekommen?«, fragte sie noch.

Ich antwortete darauf nicht sofort, wippte nur auf den Fußballen, fand keine Worte. Und vielleicht war das für sie Antwort genug. Denn Mais Blick wurde ernst und dann so unendlich weich. »Du hast dein Herz schon riskiert«, flüsterte sie. »Wow.« Sie wischte sich über die Augen. »Ich heul gleich.« Und ihr lachendes Schniefen hallte durch den Winter, traf mich ein zweites Mal tief.

»Red keinen Unsinn«, murmelte ich.

»Du hast dein verdammtes Herz für ihn riskiert«, stieß sie aus und dann kam sie wieder auf mich zu. Umarmte mich fester als je zuvor, denn so zerbrechlich waren wir Menschen wohl gar nicht.

Chiron

Nicht weg und nicht da, so fühlte sich diese Nacht an. Vernebelter Kopf, dumpfe Verletzungen, alles unter Schmerzmittel. Einmal wachte ich schweißgebadet auf und dachte abermals, Dais Hand auf mich niederschlagen zu spüren. Dann war ich wieder weg. Als ich diesmal die Augen versuchte, zu öffnen, hielt jemand meine Hand umfasst.

Ein Echo hallte in meinem Kopf, er sagte: »Ich bleibe, ich bleibe, ich bleibe, ich bleibe.«

Beim nächsten Mal aufwachen, wusste ich es nicht mehr. Raum und Zeit verloren sich mit der Dunkelheit.

Ich glaube, Siwon sagte: »Bist du wach?«

Aber ich versteckte mich erneut in meinem schwarzen Traumland, löschte damit meinen Kopf, mein Herz und alle Gefühle.

Kapitel 33

Hier fühle ich mich einfach

Chiron

Damals war *er* bei mir gewesen. Als ich mir schon einmal den Arm gebrochen und wir auf der Fahrt ins Krankenhaus gelacht hatten. Zwischen meinen Kindertränen war Kichern hervorgesprudelt, weil mein Vater mich von meinem Schmerz abzulenken versuchte. Indem er das Lenkrad unseres Autos hin und her drehte, sodass mir die Strecke wie eine Rennbahn vorkam. Auf der Rückbank hatte ich mich wie ein Rennfahrer gefühlt. Ganz schnell und ganz kopflos und *ganz besonders*. Damals war mein Held an meiner Seite gewesen.

Fünfzehn Jahre später fühlte ich mich wie ein verdammter Versager, ohne Rennwagen und ohne Helden. Man verlor auf dem Weg durch das Leben sein Kichern, die Kindertränen und die Rennbahngefühle. Zurück blieb das Kaputte. Nicht ganz, nicht halb, alles dazwischen und nicht richtig. Es tat weh, so zu leben.

Also hatte ich versucht, alles abzustellen, nichts mehr zu sein, nur noch Schwarz und Weiß. Aber das war offensichtlich auch nicht richtig, tat auch weh.

Wie konnte ich sein? Wer konnte ich sein?

Ich wachte auf, aus freiem Fall, tauchte sprudelnd aus den Erinnerungen und keuchte nach Luft. Schmerz zuckte durch meinen Bauch, meinen Arm, mein Kopf drehte und drehte sich.

Tränen liefen automatisch über mein Gesicht.

»Wo ist mein Vater?«, wimmerte ich benebelt, wie ein kleiner Junge. Dieser Junge, der ich gewesen war.

»Chiron, Chiron, Chiron, Chiron?«

Ein großes Echo, widerhallend, nachklingend, andauernd. Das Licht war zu hell, als ich die Augen öffnete, also presste ich sie wieder zusammen.

»Ich will noch nicht weiterleben«, brachte ich über trockene und brennende Lippen. Warme Flüssigkeit lief mir über mein Kinn.

»Verdammt, verdammt!«, echote eine Stimme.

Es wurde wieder dunkel. Aber nicht dunkel genug. Der Schlaf kam nicht zurück, also tat ich, als wäre er es. Blieb still liegen, während jemand ein warmes Tuch auf meine Lippen drückte und mein kurzes Haar aus der Stirn strich. Irgendwas nuschelte die Person. Vielleicht war es mein Rennfahrerheld.

»Er ist wach?«

»Kurz, seine Augen sind wieder zugefallen ...«

»Herr Lim?« Jemand griff nach meinem Handgelenk und es ziepte, fühlte sich komisch an. »Können Sie mich hören?«

Ich nickte.

»Können Sie die Augen öffnen?«

Langsam hob ich die Wimpern an und diesmal war es nicht ganz so grell. Über mir stand ein verschwommener Mann in weißem Kittel. Er lächelte breit, als ich ihn mit tränennassen Augen musterte.

»Wie schön! Aus dem Reich der Träume aufgewacht! Wie fühlen Sie sich?«, fragte er.

Ich wollte mich mit beiden Händen aufstützen, aber als ich den rechten Arm bewegte, schoss Schmerz hindurch. Ich starrte auf den Gips. Weiß. Weiß und groß und er umschloss meinen Unterarm, von der Hand bis zum Ellbogen. Er umschloss meine Kunst, meinen Pinselgriff.

»Nein«, stammelte ich und starrte den Mann vor mir wieder an. »Nein, nein. Machen Sie das ab. Ich kann keinen Gips tragen … Ich…«

»Sie müssen. Sonst wird es nicht ordentlich heilen. Brauchen Sie den rechten Arm zwingend?«

Ja!!!

»Wie lange?«

Das Lächeln des Arztes wurde schmaler. »Etwa sechs Wochen, Herr Lim. Sie können froh sein, dass der Arm mit einem leichten Bruch davonkam.«

Froh sein. Froh sein?!

»Erinnern Sie sich an gestern Nacht?«

Der Spielplatz, die Schaukeln, meine zerrissene Stimme.

Und alles davor.

»Ich erinnere mich nicht.«

Dann klärte er mich über meine Verletzungen auf. Da war die Fraktur im rechten Unterarm, Hämatome an Rippen und Unterleib. Ich hatte eine minimale Gehirnerschütterung und meine Knie waren vom Fall geprellt. Nicht weiter schlimm, sagte er und ich wollte lachen. Drei Tage, dann könne ich nach Hause, wenn sich meine Werte gut hielten.

»Okay«, antwortete ich einfach. »Haben Sie mein Handy?«

»Alles hier.« Er nickte zum Betttisch neben mir. Mein Geldbeutel, Handy und ein Kassenzettel. Ich sah auf meine linke Hand hinunter, in der ein Venenkatheter steckte. Schnell wandte ich den Blick ab.

»Ihr Freund sitzt draußen. Soll ich ihn hereinholen?«

Mein Blick schoss zu ihm.

Freund?

Ich dachte an Taemin, weil das mein einziger Freund war. Aber er musste bei Ahris Familie sein. Wenn er nur wegen mir hergekommen war, würde er was zu hören bekommen.

»Er hat Sie im Park gefunden«, erklärte der Mann und entfernte sich von meinem Bett. Eine Vorhangkabine trennte mich von anderen Betten. Eingeengt fühlte ich mich.

»Welcher *Freund?*«, fragte ich mit bebender Stimme. Der Arzt schob den Vorhang beiseite und zuckte mit einer Schulter.

»Ihr ...«, er legte den Kopf schief. »Ihr Partner. Er hat Sie gefunden und ist seitdem hier bei Ihnen. Ich werde ihm sagen, dass Sie aufgewacht sind. Ruhen Sie sich gut aus, Herr Lim.«

Er verschwand. Und ich starrte ihm nach und dachte, dachte und dachte zu viel gleichzeitig.

Gestern Nacht.
Partner.
Ruhen Sie sich aus.

Mein Körper zuckte zusammen, als die Trennwand wieder zurückgeschoben wurde und Siwon vor mir stand. Außer Atem. Unendliche Sorge unter schwarzen Brauen und hinter goldener Brille. Er trug schwarze Hosen und ein blaues Hemd. Augenringe, blasse Haut. Ich richtete mich auf, ignorierte den pulsierenden Schmerz an meinem Bauch und dem Arm. Versuchte, zu grinsen.

»*Partner* also, hm?«

Er atmete sichtlich hektisch aus und kam zu mir, setzte sich auf den Stuhl neben meinem Bett. »Mir ist nichts Besseres eingefallen.«

»Wie fühlst du dich?«, fragte er weiter.

»Verprügelt.«

Noch mehr Sorge huschte über sein schönes Gesicht. Ich wollte die Hand ausstrecken und mit dem Daumen über seine gerunzelte Stirn fahren. Tat es aber nicht.

»Kannst du mich hier rausbringen?«, fragte ich ihn.

Er biss sich auf die Lippe. »Der Arzt meinte ...«

»Ich weiß. Aber ich fühle mich eingeengt. Ich muss raus hier.«

Diesmal setzte ich mich ganz aufrecht hin. Schmerzensstiche fuhren mir durch die Rippen und ich stöhnte leise.

»Chiron?« Siwon sprang auf.

»Alles gut!«

Ich sah ihn von unten an. Mit offenen Augen, in denen noch immer Tränen schwammen, sah ich ihm entgegen. »Bitte, Siwon.

Bitte«, flehte ich. »Bring mich hier weg.«

Er nickte. »Ich rede mit dem Arzt.«

Sein Blick hielt meinen gefangen, nur für einen Moment. Dann riss er sich los und ging. Bevor er ganz verschwinden konnte, drehte er sich um und kam wieder auf mich zu. Er nahm meine linke Hand, er drückte sie und strich einmal darüber, dort wo die Kanüle nicht war.

Aus Schmerz wurde Kribbeln.

»Was auch immer passiert ist. Mach es nie wieder!«, flüsterte er und verzog das Gesicht. Er wollte gehen, aber ich hielt schwach seine Finger fest.

»Warum warst du da?«

»Weil …« Vorsichtig löste er sich. Seine Worte sickerten mit dem Wind des Vorhangs leise in meinen Verstand, als er meine Kabine verließ.

»Weil ich dich vermisst habe.«

Als er wiederkam, tat ich, als würde ich schlafen. Er hielt meine Hand und er sprach mit mir. Über den Schnee vor der Tür und die Welt, in der ich mich nicht eingeengt fühlen müsse, weil sie groß genug sei. Zuhause würde Orange auf mich warten und Pinsel und laute Musik, wenn ich wollte.

Morgen, sagte er.

Morgen bringe ich dich hier raus und nach Hause, Chiron.

Irgendwann schlief ich wirklich ein. Unter seinem Händedruck und den Worten, die ich versuchte, nicht zu vergessen.

Mein Kopf wütete, als ich diesmal die Augen aufschlug. Siwon war nicht mehr da. Ich nahm halb blind mein Handy vom Nachtisch. Blinzelte mehrmals.

17:13 Uhr.

Nur noch eine Nacht. Er hatte gesagt, morgen dürfe ich gehen. Der Venenkatheter an meiner Hand war verschwunden und ich wollte aufstehen. Aus dem Bett und irgendwohin, nur nicht mehr hier zwischen Krankenhausvorhängen eingesperrt sein. Also beugte ich mich vor, schob die Beine unter der Decke hervor und stellte sie auf den Boden. Kaltes Linoleum ließ mich scharf einatmen. Mein Handy hielt ich fest in der Hand, ging ein, zwei Schritte. Weit und breit war kein Pfleger oder eine Pflegerin zu sehen, als ich aus meiner Kabine lugte. Ich lief eine Treppe hinunter, gelangte in einen langen Flur und sah am Ende einen Notausgang. Mein Arm pochte. Meine Seite und Rippen brannten. Meine nackten Füße liefen trotzdem schneller.

Draußen schneite es.

Ich ging um eine Hausecke und setzte mich auf eine Bank neben der Eingangstür, atmete ein und aus und ein und aus.

Wieder. Und wieder.

Irgendwann nahm ich mein Handy und wollte Taemin anrufen. Unter seinem Kontakt stand: *Taemins Schwester.*

Mein Finger tippte wie von allein auf *Anrufen.*

»Ja, hallo? Chiron?«

»Hi, Linya. Ich bin im Krankenhaus und dachte, du könntest mir eine Frage beantworten …«

»Alles«, sagte sie sofort und ich sah nach vorne. Auf den Parkplatz und das trübe Wetter, die Kälte, die sich über Daegu legte.

»Wie überstehst du es, wenn du einfach nur nach Hause willst?«

»Die Zeit im Krankenhaus soll mit Disney gar nicht so übel sein«, zitierte sie mich und ich nickte, ein Lächeln zupfte an meinen Mundwinkeln.

»Wie wahr«, antwortete ich.

»Wie lange musst du bleiben?«

»Bis morgen. Gebrochener Arm und Prellungen und so was.«

»Willst du mehr erzählen?«

»Ich glaube, das Leben will mich nicht glücklich. Immer wenn ich es werde, passiert etwas. Also vielleicht sind Krankenhäuser und das alles meine Bestimmung.«

Sie blieb einige Sekunden still.

»Das sind sie nur, wenn du es zu deiner Bestimmung machst. Vielleicht machst du es dir selbst kaputt, dein Glück«, sagte sie und ich wollte widersprechen. Aber sie fuhr schon fort: »Du glaubst nicht fest genug daran. Stehst nicht hinter deinem Lachen. Du bist überzeugt, das Leben will dir Schlechtes, Chiron. Und deswegen kommt es so.«

»Also?«, fragte ich schwach.

»Also sei mit dem Herzen glücklich. Nicht mit dem Kopf.«

»Wie soll so etwas gehen, Linya. Dafür bin ich nicht gemacht.«

»Da!«, rief sie. »Du tust es schon wieder! Rede dich nicht schlecht. Jeder Mensch ist für das Leben gemacht, was meinst du warum wir jeden Tag neu bestreiten? Weil wir dafür gemacht sind. Jeder auf seine Weise, aber jeder gut genug. Denk nicht mit dem Kopf an dein Glück und mit dem Herzen an alles Schlechte. Mach es andersherum.«

»Ich ...«

»Was ist deine Lieblingsfarbe, Chiron?«

»Grau ... Nein ... Nein, Orange.«

»Siehst du. Sei mit dem Herzen orange. Mit dem Kopf manchmal grau und mit der Seele orangegrau und dann sei richtig für dich. Abgemacht?«

Der Wind blies mir meine silbergrauen Haare ins Gesicht und ich gab dem Zupfen nach. Lächelte. Ein bisschen zumindest. Atmete den Winter ein und fühlte mich leichter, beinahe schmerzfreier. Auch wenn die letzten Stunden alles andere als zum Lächeln waren.

»Linya?«

»Wenn du dich bedanken willst, kein Grund dazu!«

»Wollte nur sagen, dass du ein verdammt starkes Herz hast, Linya.«

»Du bist erst der Dritte, der das sagt«, flüsterte sie. »Taemin, meine Mam und du. Nicht der Arzt oder mein Vater ... nur ihr.«

»Du hast eins. Es geht bei Herzen nicht darum, ob sie kräftig schlagen, oder? Viel mehr darum, wie viel sie fühlen. Und deins fühlt stark. Kämpfen lohnt sich wohl. Du bist das beste Beispiel.«

»Chiron?«

»Wenn du dich bedanken willst, kein Grund dazu.«

»Nein. Ich will dir nur sagen, dass du gut mit Worten kannst. Wenn du orange bist. Also mehr davon.«

»Vielleicht.«

Meine Füße fühlten sich eingefroren an, nachdem wir aufgelegt hatten. Aber ich blieb dennoch sitzen, um das weiße Leben hier draußen nicht zu verlassen.

Hier fühle ich mich nicht zusammengeschlagen.

Hier fühle ich mich nicht gedemütigt.

Hier fühle ich mich nicht eingeengt.

Hier fühle ich mich nicht verloren.

Hier fühle ich mich nicht schmerzhaft.

Hier fühle ich mich einfach.

Kapitel 34

Nein, es geht mir nicht gut

Siwan

»Morgen, habe ich gesagt!«, zischte ich durch zusammengebissene Zähne und suchte schon den dritten Gang ab. »Verdammt, Chiron, wo bist du?«

Noch hatte ich keinen Arzt informiert, aber wenn ich ihn nicht bald fand, würde ich das tun. Er war nicht bei Kräften und der Arzt meinte, bei seiner Gehirnerschütterung solle er Rollstuhl fahren für die nächsten zwei Tage.

»Was machst du nur mit mir!?«, stieß ich wütend hervor und rannte die Treppen nach unten in den Eingangsbereich. Es machte mich wütend, weil ich mir so viele Sorgen machte. Weil ich die ganze Nacht bei ihm gesessen und seine Hand gehalten hatte. Und wie er mich vorhin so tief angesehen hatte. Aus grauschatten Augen und intensiv, als wäre er froh, mich zu sehen. Als würde auch sein Herz schnell schlagen. Als fühle er wie ich und dabei hatte ich keine verdammte Ahnung, wie ich eigentlich empfand.

Aber ich fühle mich eingeengt. Ich muss raus hier.

Raus. Raus. Ich rannte die letzten Stufen hinunter, umrundete zwei stehende Frauen und lief auf die Türen zu. Er musste hier sein, hier irgendwo draußen und …

Da saß er.

Mit panischem Atem kam ich bei ihm an. Wasserdampfwolken bildeten sich vor meinem Mund, ich ging vor ihm in die Hocke und stützte meine Hände auf seine Knie. Sah ihn von unten an, schon wieder liefen die Tränen über.

»Ist das dein Ernst?«, fragte ich und Chiron starrte mir entgeistert entgegen. Da flackerte so viel in seinem Blick, für einen Bruchteil meinte ich, alles zu sehen. »Warum sagst du mir nicht Bescheid? Warum sagst du überhaupt nichts? Was … was machst du nur mit mir!?«, rief ich aus Frust und Angst und als er mit seiner freien Hand mein Handgelenk umfasste, zitterte ich. Er zog mich zu sich.

Mein Gesicht vor seines.

Sein grauer Blick, mein brauner. Augenverheddern. Farbenmischen.

»Atmen, Siwon. Ein. Aus. Ein. Aus. Ein«, raunte er und kam mir noch näher. Seine Lippe war wieder aufgeplatzt. Sein Blick wild. Sein Lächeln irgendwie verdammt echt.

Echt. Lächeln. Chiron.

In mir war die Panik so groß, es war einfach alles zu viel.

»Hör auf zu lächeln«, flüsterte ich. Obwohl ich für immer sein Lächeln vor meinen Lippen haben wollte.

»Warum?«

»Weil … weil ich dann nicht atmen kann.«

Wir starrten uns an. Er mich und ich ihn. Zwei Männer, keine Welt, nur wir zwei und Wahrheiten, die wir aus Schmerz sagten und aus Sehnsucht und vermutlich auch aus Verzweiflung.

»Bring mich hier weg«, sagte er wieder. »Es geht mir gut, Siwon.« Über seine Lippe und übers Kinn rann Blut, tropfte auf seinen blauen Krankenhauskittel.

»Wirst du weiter lügen?«, fragte ich zitternd. Noch immer hielt er mein Handgelenk. Noch immer so nah. Noch immer er und ich und keine Welt.

»Das war keine L …«

»Geht es dir wirklich gut?«

Sein sanfter Gesichtsausdruck verschwand und zurück blieben alle spitzen Kanten. Ich entzog ihm meine Hand und legte sie vorsichtig an seine Wange, ein blauer Fleck zog sich über seinen Wangenknochen. Wie oft ich schon anderen Menschen ihren Schmerz nehmen wollte.

»Nein, es geht mir nicht gut.« Seine erstickte Stimme brach mir mein Herz.

»Es geht mir nicht gut«, sagte er noch einmal. Jetzt atmeten wir beide schnell und rasend.

»Ich bring dich morgen hier weg. Und …« Ich lehnte mich zurück und stellte mich aufrecht vor ihn. Wie machte man das? Für jemanden da sein, der einen durcheinanderwirbelte?

»Und ich werde bleiben.«

»Wo?«

»Bei dir.«

Ich wollte umdrehen und gehen, aber er hielt in letzter Sekunde mein Handgelenk fest, zog mich zurück.

»Was?«, fragte ich.

»Erzählst du mir von deiner Panik?«

Erzähl mir dein Herz, Siwon.

»Welche von den …« Ich tat, als müsse ich nachzählen, aber bevor ich weitersprechen konnte, sagte er: »Alle. Alle, Seon Siwon.«

Ich sah auf seine langen Finger, die mein Handgelenk festhielten. Fest, als wollte er mich nicht mehr loslassen.

»Was ist passiert?«, fing ich leise an, die Schneeflocken tanzten und die Welt erwachte langsam wieder um uns herum. »Und warum siehst du mich jetzt so an? Bist ehrlich zu mir?«

Warum vorher nicht?

»Weil ich Angst habe. Und mein Kopf jetzt angeschlagen ist, Schmerzmittel meine Gedanken nicht filtern und du vor mir stehst.« Er grinste. Frech und verbissen, ganz und gar. »Mit deiner Brille, den schwarzen Haaren und Tränen.«

»Wenn du nicht kaputt wärst, würdest du so was auch sagen?«

»Keine Ahnung.«

Ich entzog ihm meine Hand. Schon wieder. Ich blinzelte und schob die Tränen auf das nasse Wetter und die Flocken in meinen Wimpern und sah zum Eingang des Krankenhauses.

»Ich suche einen Arzt. Geh rein und wärm dich auf«, sagte ich mit klarer Stimme. Jegliches Zittern war verschwunden.

Wenn du nicht kaputt wärst, würdest du so was auch sagen?

Die Antwort konnte ich mir zusammenreimen und es tat weh, weil ich ihn einfach okay haben wollte. Nicht ertränkt in Trauer und Wut und allem, was ihn gestern Nacht zusammenfallen hat lassen.

Meine Beine trugen mich fort von ihm und der Bank. Als er noch etwas sagte, stand er plötzlich direkt hinter mir.

Grub seine raue Stimme in mein Herz.

»Wenn ich nicht kaputt wäre, würde ich es nicht sagen.«

Ich atmete zittrig aus.

Er atmete zittrig ein.

»Aber ich würde es denken.«

Chiron

Am nächsten Nachmittag saß ich im Eingangsbereich neben einer Kaffeemaschine, hörte dem Gurgeln und Brummen zu. Roch die Kaffeebohnen und lehnte mich in dem roten Sesselstuhl zurück.

Wir durften gehen. Siwon unterschrieb noch etwas, ich hatte bereits alle Unterlagen unterzeichnet. Also wartete ich auf ihn und konnte es nicht erwarten, endlich aus diesem weißen Kasten zu kommen. Der Arzt war nicht erfreut gewesen, wollte mich noch einen Tag hierbehalten. Aber ich entließ mich selbst. Der Mann in Kittel konnte mich mal. Zuhause heilen war die richtige Medizin.

Zuhause.

Mit unruhigen Fingern zog ich mein Handy aus meiner Jogginghose, die ich gegen den Krankenhausanzug gewechselt hatte.

Mama.

»Chiron?«, erklang ihre helle Stimme. Ich presste das Telefon an mein Ohr und atmete schnappend nach Luft. Fixierte mich auf das Rumoren der Maschine neben mir und kniff die Augen zusammen.

»Hi, Mama.«

»Was ist los?«, fragte sie alarmiert.

»Nichts, ich …«

»Warum klingt deine Stimme so mitgenommen, Schatz? Was ist los?«

Sie wusste es immer. Sie wusste immer *alles*.

»Bin im Krankenhaus«, murmelte ich. »Bin in eine Schlägerei geraten.« Ich lachte betrübt.

»Hast du mitgeschlagen?«

»Nein. Ich war allein und sie zu … zu fünft oder so.«

»Warum?«

»Weil sie mich nicht akzeptieren.«

»Wie schlimm ist es?«

»Ein gebrochener Arm und ein paar Prellungen. Das wird schon wieder«, beschwichtigte ich sie. Obwohl das schon übel genug war.

»Das meine ich nicht«, flüsterte sie und ihre Stimme brach. »Ich meine die inneren Verletzungen, Chiron. Wie sehr macht es dir zu schaffen? Denkst du oft an deinen Vater? Oder an deine Sexualität?«

Mama war schon immer eine direkte Frau gewesen. Sie hatte mich gelehrt, zu bleiben, sich nicht zu verstecken. Nur hatte sich mit dem Tod mein Kopf und mein Denken verändert. Und ich hatte angefangen, mich zu verstecken. War fortgelaufen. Auch wenn es dadurch nicht wirklich besser wurde. Vielleicht erträglicher, aber nicht besser.

»Ich dachte, ich kann es.« Scharf zog ich die Luft ein, als ich mich aufrecht hinsetzte und meine Rippen pochten. »Ich dachte, ich kann es verdrängen. Aber es kommt hoch. Immer wieder.«

Ich war ein Meer und ich hütete Geheimnisse. Die Wellen trugen sie an den Strand zu den Menschen und ich konnte sie nicht behalten, sie schwappten über.

»Brauchst du mich, Chiron?«

Die Menschen in dieser Halle sahen mich nicht, gingen ihren eigenen Problemen hinterher. Führten ihren eigenen Kampf. Verloren oder gewannen. Waren ihr eigenes Wellenmeer.

»Bitte, sei ehrlich. Vielleicht brauchst du ein wenig Familie, eine Umarmung von mir. Jemanden zum Zuhören. Du kannst das ehrlich sagen, Schatz.«

»Kann ich dich besuchen kommen? Wenn es mir besser geht?«

»Natürlich«, flüsterte sie. Mit so viel Hoffnung in der Stimme. Hoffnung, nachdem ich mich so sehr vor ihr verschlossen hatte.

»Danke. Also ich ... ich melde mich dann einfach.«

»Du weißt, dass du hier bei mir immer einen Platz hast, oder? Auch wenn dein Vater nicht mehr hier ist und du hier kein Zuhause mehr siehst.« Ein Schlag wie gestern Nacht, mitten in mein Herz. »Ich bin noch hier.« Ihre vertraute Stimme zerbrach meine Mauern und die Wasseroberfläche.

Meine nächsten Worte waren leise, damit nur meine Mutter sie hörte.

»Kannst du etwas für mich machen?«

»Was denn?«

»Legst du ein Veilchen zu ihm?«

»Ja. Das mache ich.«

Bis Siwon zurückkam, verging nur noch kurze Zeit. Mamas Stimme vernebelte mir den Kopf und riss alte Wunden auf. Doch heilte mich gleichzeitig.

Vor fünf Jahren hatte sie mir mal einen Brief geschrieben. In meine tiefste Trauer hinein und ich hatte den Brief zerrissen, als der Schmerz zu groß gewesen war. Und dann in einer weiteren Nacht, die Schnipsel wieder versucht zusammenzukleben.

Ich bin dein Zuhause, Chiron. Schließ mich nicht aus deiner Welt aus, ich helfe dir. Wenn du dich versteckst und nicht mehr reden willst, ist das okay. Wir können uns zusammen verstecken, zusammen schweigen, weißt du? Keiner ist gerne allein.

Ich wollte dich in eine heile Welt gebären, wollte alles Glück für dich und als ich gemerkt habe, dass diese Welt nicht heil ist, wollten dein Vater und ich dir Mut machen. Jetzt ist er nicht mehr hier und du schließt alles aus, schließt mich aus.

Wenn du irgendwann dazu bereit bist, lass dir von mir ein Stück heile Welt zeigen.

Deine Mama.

An einem Satz hielt ich mich am allermeisten fest, ein Satz, der auch in meinem Zimmer an der Wand hing.

Während ich in diesem Krankenhaus wartete, dachte ich daran, dass ich vielleicht jetzt bereit war.

Wenn du irgendwann dazu bereit bist, lass dir von mir ein Stück heile Welt zeigen.

»Setz dich hier rein«, riss mich Siwon aus meinen Gedanken und ich starrte ihn und den Rollstuhl an.

Ich schüttelte den Kopf und stand auf. »Niemals.«

»Auf jeden Fall«, sagte er und sah mich streng an. Es sah süß aus. Wieder schüttelte ich den Kopf. »Mir geht's gut. Gehen wir.«

Er packte meinen unverbundenen Arm, zwang mich in den Rollstuhl und ich schnappte wütend nach Luft. Aber da fuhr er schon los, drückte mir unterdessen Zettel in die Hand und sagte etwas, aber ich verstand es nicht. Draußen schob er mich einen geräumten Weg entlang zur Straße, wo bereits ein Taxi wartete.

Ich fand es süß, dass er trotz der Situation und trotz des Sturmblicks organisiert war.

»Steig ein«, sagte Siwon. Kalt wie die Luft.

»Was ist los?« Ich stand auf und kam ihm näher, doch er wich zurück. Ich zog die linke Braue hoch, er die rechte.

»Nichts«, erwiderte er.

Ich stieg hinten in das Taxi, er lud zusammen mit dem Fahrer den Stuhl in den Kofferraum und gab dann die Adresse an, bevor er zu mir in das Auto stieg.

Nichts. Natürlich. Immer war nichts, wenn doch alles war.

Die Fahrt über sagte Siwon kein Wort, sah nach draußen und weg von mir. Aber ich sah ihn an. Seine blasse Haut, die Ringe unter seinen Augen, die trockenen Lippen. Er trug noch immer, was er schon gestern Nacht getragen hatte. Jeans und einen hellen Strickpullover mit Kragen. Ich mochte diese Dinger an ihm. Er hatte außerdem eine Tasche bei sich, als wollte er länger bleiben.

Was hat er hier gewollt?

Mein Blick flackerte, als das Taxi bergab fuhr und dann scharf links abbog. Mein Innerstes fing sich langsam an, sich zu drehen.

Weil ich dich vermisst habe.

»Siwon?«, murmelte ich.

Er sah nicht zu mir, ballte die Hände zu Fäusten.

Mit der Linken umfasste ich seine geballte Faust. Angst schrie in meinem Kopf. Aber ich hörte auf mein Herz.

Mach es andersherum.

Also machte ich es andersherum, hörte auf Linya und wusste, es würde mich zerreißen. Weil Liebe verdammt traurig war. Aber die schönen Momente würden vielleicht mein Leben ein wenig fixen.

»Tut mir leid«, flüsterte ich ihm zu. Der Fahrer war mir egal, die Welt war mir egal, ich lauschte nur meinen Herzschlägen. »Tut mir leid, Siwon.«

»Was denn?«

Sein Blick traf nicht auf meinen. Er starrte noch immer in die Stadt und zu den Tropfen, die an der Scheibe herunterrannen.

Keine Ahnung. »Dass ich grau bin.«

Ich sah jetzt selbst nach draußen, nahm meine Hand aber nicht von seiner. Irgendwann öffnete er seine Faust und unsere Finger verschlangen sich.

Fühlte sich gut an.

Ich schluckte den Gefühlsturm hinunter und ertrug die Wellen, die wieder und wieder überschwappten. Sah dem Winter zu, wie er mit fünfzig km/h an mir vorbeizog und betrachtete die kahlen Bäume und die schweren Wolken über uns.

Er drückte meine Hand.

»Grau. Das bist du gar nicht, Chiron.«

»Und was dann?«

»Mal so, mal so. Du könntest vermutlich jede Farbe auf der Welt sein, wenn du willst.«

Kapitel 35

Ich glaube, die Welt wird schwarz

Siwan

Ich konnte nichts gegen die Wut in mir tun. Die ich auf ihn hatte. Weil er so unendlich hart zu sich selbst war und mich erst wegstieß. Mich dann zu sich zog, mich ansah, als wollte er mit mir ertrinken, nur um seinen Blick dann kalt wie den Winter werden zu lassen.

Ich war wütend, weil ich darauf reagierte. Chiron und alles, was ihn ausmachte, erkunden wollte. Bei ihm bleiben wollte. Mich in ihn verlieben wollte.

Und das tat so verdammt weh, weil ich geglaubt hatte, wir würden funktionieren. Geglaubt hatte, der Schmerz wäre vergänglich. Aber jetzt war ich hier und überhaupt nichts war vergänglich.

So viel Hoffnung ich gestern durch Ahri bekommen hatte, wie sicher ich mir auch gewesen war. Uns jetzt zu sehen, nahm mir all diese Hoffnung. Weil wir gebrochen waren und unsere Einzelteile wohl nicht zusammenpassten.

Ich war auch wütend, weil ich trotz allem, trotz all dieser Gedanken des Aufgebens, für ihn kämpfen wollte. Für uns. Ich wollte die Gefühle nicht loslassen, die in meinem Herzen für ihn brodelten, und das war eine einzige Verwirrung.

Vor seinem Wohnhaus stieg ich aus dem Taxi, löste unsere Hände und holte den Rollstuhl aus dem Kofferraum. Bezahlte den Fahrer und nickte Chiron zu, er solle sich hinsetzen. Diesmal tat er es, ohne zu widersprechen. Einfach so setzte er sich und ließ sich von mir ins Haus und zu dem langsamen Aufzug schieben. Meine Tasche hielt er auf seinem Schoß, als wäre das alles okay für ihn. Stirnrunzelnd drückte ich auf den Knopf und wartete, bis das Gefährt bei uns im Erdgeschoss angekommen war. Wir zwängten uns mit dem Krankenfahrstuhl in die Kabine. Ich stand hinter ihm, so nah, er musste meinen Atem im Nacken spüren.

Es dauerte. Die Fahrt nach oben dauerte wie immer zu lang. Plötzlich legte er den Kopf nach hinten, gegen meinen Bauch und schloss die Augen.

»Chiron?«, fragte ich alarmiert.

Er grinste. »Ich glaube, die Welt wird schwarz.«

»Wie … wie meinst du das?«, fragte ich und wollte vor ihn treten, aber der Aufzug war zu schmal. Ich legte eine Hand an seine Stirn. Normale Temperatur.

»Wie ich das meine?« Sein Grinsen wurde breiter, als wäre irgendwas lustig an dieser Situation. »Ich kippe hier und jetzt um.« Und weg war er.

»Chiron?!«, rief ich und legte zwei Finger an seinen Hals. Ohnmächtig, er war nur bewusstlos! Ich hielt seinen Kopf gerade und versuchte, ruhig zu atmen. Der Arzt hatte gesagt, dass es vorkommen könne und ich mir keine Sorgen machen solle, es sei denn, er käme nach einigen Sekunden nicht wieder zu sich. Gerade als der Aufzug oben ankam, blinzelte Chiron und starrte dann vor sich hin. »Alles okay so weit?«

»Brauche ein Bett«, nuschelte er.

Vorsichtig schob ich den Rollstuhl aus der Kabine, achtete gleichzeitig darauf, dass meine Tasche nicht herunterfiel. Aus der dritten Wohnung in diesem Gang kam die junge Mutter und blieb erschrocken stehen, als sie uns sah. Wie wir nur wirken mussten.

Ein Mann in Gips und mit blauen Flecken und fast bewusstlos.

Ein zweiter Mann völlig ungewaschen und sorgenvoll und verzweifelt.

Ich grüßte sie nicht, hatte keinen Nerv und keine Zeit dazu.

»Kann ich Ihnen helfen?«, fragte die Frau in meinem Rücken und ich drehte meinen Kopf. Sie lächelte und ich nickte kraftlos.

»Ja, bitte«, sagte ich und zerrte die Schlüsselkarte aus meiner hinteren Jeanstasche. Gab sie ihr und die Frau öffnete für uns die Tür. Hielt sie offen, bis ich Chiron hereingefahren hatte und gab mir dann die Karte zurück.

»Brauchen Sie noch etwas? Soll ich einen Krankenwagen rufen?«, bot sie an und ich schnaubte schwach.

»Nein, da kommen wir gerade her. Aus dem Krankenhaus.«

Sie zog die Augenbrauen nach oben. »Oh.«

»Ja, also danke für Ihre Hilfe«, sagte ich und sie nickte mit einer kleinen Verbeugung. Sie ging und ich trat mit dem Fuß die Tür zu, stellte meine Reisetasche von seinem Schoß auf dem Boden ab und fuhr ihn in den hinteren Gang zu seinem Zimmer. Chiron sagte kein Wort, bis ich seine Tür öffnen wollte. »Da ist kein Platz.«

Ohne es zu hinterfragen, drehte ich seufzend um und fuhr ihn in mein altes Zimmer. Nichts hatte sich verändert. Ich stellte den Rollstuhl genau neben das Bett und sobald sein Kopf die Matratze berührte, schien er einzuschlafen.

»Warum wolltest du nur so früh entlassen werden?«, murmelte ich. Jetzt lag er hier völlig ausgeknockt und mein abgebrochenes Medizinstudium würde nicht hilfreich sein, um ihn im Falle des Falles zu retten.

Im Flur holte ich aus der Kommode einen Bettbezug und bezog meine alte Decke, breitete sie über ihm aus und legte ein Kissen unter seinen Kopf. Dann setzte ich mich an die Bettkante und betrachtete ihn. Lim Chiron mit der breiten, aber schön geschnittenen Nase. Den schmalen Augen, hohen Wangenknochen und scharf gezogenen Züge. Wie schön es ausgesehen hatte, wenn er gelacht hatte. Denn dann bekam er kleine Fältchen um die Augen und seine Lippen bogen sich weich nach oben. Ich

starrte seinen Mund an und Erinnerungen durchfluteten mich.
Nie wieder.
Ich hörte sein Keuchen und seine Warnung, schloss die Augen und rieb mir über die Brust. Er wollte mich nicht. Uns nicht.
Keine Gefühle oder irgendwas davon. Wenn ich ihn noch mal küsste, würde er vermutlich das Gleiche sagen.
Nie wieder. Nie wieder. Nie wieder.
Vielleicht hatte er recht und wir funktionierten einfach nicht. Einer von uns würde immer enttäuscht, gefühlskalt oder gefühlvoll sein. Aber wir kamen nicht auf den gleichen Nenner.
»An was denkst du?«
Mein Blick schoss zu ihm. Er sah zu mir auf, mit müden Augen und einem halben Lächeln auf den Lippen.
»Warum lächelst du?«, fragte ich verwirrt und starrte dieses Lächeln an, über das ich gerade eben noch nachgedacht hatte. Weiche Lippen bogen sich nach oben, wie in meiner Vorstellung.
»Ich liege in deinem Bett und du sitzt hier und starrst mich an und ich lächle einfach deswegen.«
Verdammt.
»Okay«, sagte ich und bekam keine Luft mehr. »Ich geh in die Küche und mache ... Tee oder so. Keine Ahnung, also bis nachher. Ruh dich aus und schlaf noch eine Runde. Dir geht es wohl noch nicht so gut, wenn du was brauchst, ruf mich ...« Ich stolperte nach draußen auf den Gang und lehnte mich an die geschlossene Tür. Was er in mir auslöste ... Ich hatte keine Ahnung, wie ich damit umgehen sollte.
Also floh ich, wenn er weich wurde. War wütend, wenn er offener war.
Konnte meine Gefühle nicht ein- oder zuordnen.
Im Wohnzimmer blieb ich wie angewurzelt stehen. Drehte mich einmal im Kreis. Als wir hereingekommen waren, hatte ich nur auf ihn geachtet, nicht auf die Einrichtung. Jetzt kniff ich die Augen zusammen, schüttelte den Kopf.
»Das ... ich ... was zur Hölle?«, flüsterte ich in den Raum. Von der Decke neben der Kommode hing eine Pflanze. Neben den

zwei Sofas stand eine Monstera. Am Eingang zur Küche und neben dem Esstisch nochmal zwei Pflanzen. Groß und grüngelb, die eine etwas dunkler.

Und neben der Couch stand eine bemalte Leinwand. Langsam ging ich darauf zu, blieb stehen und hob zittrig meine rechte Hand. Ich strich über seine Kunst. Behutsam fuhr ich seine Pinselstriche nach, sog das Lilaschwarz auf.

Eine dunkle Tänzerin, gefangen in einem violetten Schleier. In der linken Ecke am Bildrand stand *LimC*. Er malte also tatsächlich. Er malte. *Malte.*

Eine Träne rann mir plötzlich über die Wange und ich lächelte das Bild an, weil es echt war. Voller Schmerz und Glück und es erzählte von der Wirklichkeit. Jemand streifte mein Bein und ich sprang erschrocken zurück, nur um einen grauen Kater um mich schleichen zu sehen. Mit meinem Tränengesicht kniete ich mich zu ihm und streichelte sein weiches Fell. Er schnurrte.

»Hey, Orange«, murmelte ich und er wollte meine Finger fangen. Ich setzte mich auf den Boden, lehnte mich an die Couch und nahm den Kater auf meinen Schoß, während ich mich im Wohnzimmer umsah. Chiron hatte sich ein Zuhause geschaffen, wie ich mich wohlgefühlt hätte, so wie ich es hatte einrichten wollen.

Er hatte mir nichts davon erzählt. Weder von seinen Einkäufen noch von den Umgestaltungen. Und auch nicht, dass er solche Bilder malen konnte. Als ich dort auf dem Boden saß, wusste ich nicht mehr, wohin ich wollte.

Raus hier. Oder bleiben.

Einfach weg, endlich abschließen. Oder bei ihm sein, weil ich deswegen gekommen war.

Es gab keine Ordnung mehr, alles drunter und drüber und übereinander – keine Ahnung. Also blieb ich eine ganze Zeit lang auf dem Boden sitzen, atmete tief ein und aus, versuchte mein Herz zu sortieren.

Mit dem Kater im Arm stand ich nach einer gefühlten Ewigkeit auf, ging nach hinten und blieb vor meinem alten Zimmer stehen. Atmete tief durch.

Ich sollte nicht weglaufen. Sondern ihn fragen, was als Nächstes kam. Was er dachte. Wie wir weitermachen könnten. Vielleicht war offen Reden jetzt die einzige Möglichkeit – auch wenn das unglaublich schwerfiel. Ich öffnete die Tür.

»Hast du geweint?«, kam es prompt und ich starrte zu ihm hinüber. Er saß aufrecht im Bett, den Kopf an die Wand gelehnt und beobachtete mich. Das Lächeln war verschwunden.

»Ja«, sagte ich.

»Bist du traurig?«

»Ich habe dein Bild gesehen.«

Er hob erstaunt die Augenbrauen, oder vielleicht war er auch verwirrt. Ich konnte es nicht zuordnen. Orange sprang von meinem Arm und tapste zu Chiron, wollte auf das Bett springen, kam aber nicht weit. Er beugte sich vor und half dem Kater, kraulte ihn und zog ihn an seine Brust.

»Na, hast du mich vermisst?«, fragte er sein Haustier und zog die Nase kraus, als der Kater sein Gesicht abschlecken wollte.

»Willst du da einfach so an der Tür stehenbleiben?«, wandte sich Chiron an mich und ich schüttelte den Kopf. Es schien, als würde ihm das alles nichts ausmachen. Dass ich hier war. Und ihm half. Dass wir uns lange nicht gesehen hatten. Er erzählte nicht, was gestern Nacht vorgefallen war.

Was verdammt in ihm los war!?

»Ich sehe die Fragen in deinem Blick«, seufzte er und sah mich unter dunklen Wimpern an. Ich verschränkte die Arme vor meiner Brust und lehnte mich zurück an die geschlossene Tür.

»Erzählst du mir jetzt, was vorgefallen ist?«, fragte ich.

Chiron betrachtete den Gips um seinen Arm, biss sich auf die Lippe und sie platzte erneut auf. Wie oft seit vorgestern Nacht?

Ich ging zum Schreibtisch und nahm ein Taschentuch, kam ans Bett und drückte es ihm in die Hand. Er wischte sich das Blut ab und ich blieb auf der Bettkante sitzen. Wartete einfach.

»Dai«, fing er an und wandte noch immer den Blick ab. »Dai ist wütend auf mich. Weil ich nicht so bin, wie er mich gerne hätte. Und ich keine Lust mehr auf ihn und seine Spielchen habe.«

Jetzt sah er mir direkt in meinen mitfühlenden Blick. »Ich habe mich nicht gewehrt, als sie mich niederschlugen. Das ist passiert, ganz einfach.«

»Wer sie?«, wollte ich mit bemüht leiser Stimme wissen.

»Dai und seine Freunde. Sie haben mich zufällig bei meinem Spaziergang erwischt. Waren streitlustig und hatten was intus.« Er zuckte die Schultern. »Es war meine Schuld, ich habe ihn wieder kontaktiert, nachdem … nachdem du gegangen warst.«

Diesmal blickte ich auf seinen gebrochenen Arm. Er war niedergeschlagen worden? Und hatte sich nicht gewehrt?

»Chiron, ich …«

»Sag nicht, dass es dir leidtut. Oder so was.«

»Wer ist Dai?«, fragte ich also.

»Mein Ex.«

Wir fixierten uns und ich atmete einmal zu viel, verschluckte mich und hustete. »Du … du hattest eine Beziehung?«

»Ja.«

»Wie lange ist es her?«

»Fast schon ein Jahr.«

»Okay.« Okay, weil ich nichts anderes zu sagen wusste. Okay, weil es das einfach war.

»Und wo ist dieser Dai jetzt?«

»Warum?«

»Der kann dich nicht zusammenschlagen und dann einfach verschwinden.«

Chiron zog seine linke Augenbraue hoch, sogar Orange legte den Kopf schief und glotzte mich an. Als würde er jedes Wort verstehen.

»Und was willst du unternehmen?«

»Ich rede mit ihm«, sagte ich.

Chiron schüttelte den Kopf. »Wirst du nicht.«

»Natürlich. Er muss für die Krankenhauskosten aufkommen

und …«

»Die Krankenversicherung übernimmt das. Siwon, wir können froh sein, wenn Dai einfach verschwindet.«

Ich sprang auf und lief im Zimmer auf und ab. »Sie haben dich skrupellos verprügelt?«, stieß ich hervor und blinzelte ihm entgegen. Sein blauer Fleck auf dem Wangenknochen leuchtete plötzlich noch deutlicher und ich tigerte weiter.

»Es geht mir gut«, murmelte er.

»Nein! Nein, Lim Chiron. Du liegst mit einem Gips im Bett und warst vor einer halben Stunde bewusstlos! Dir geht es nicht gut. Und ich will den Verantwortlichen dafür sprechen«, rief ich und warf meine Arme in einer verzweifelten Geste in die Luft. Ich hasste, wie die Menschen um mich herum leiden mussten. Wollte helfen, irgendwas tun, um wieder dieses leichte Gefühl zu spüren.

»Warum bist du hier, Siwon?«

»Das hast du mich schon gefragt.«

»Ja. Aber nur weil du mich vermisst hast, ist kein …«

»Das ist ein verdammt guter Grund!«, unterbrach ich ihn und wir schluckten beide in die folgende Stille.

Orange miaute.

»Was ist los?«, fragte Chiron. Und verdammt, ich hatte ihn noch nie so sanft gehört. Nie. Aber jetzt waren seine Worte weich und besorgt.

»Was soll schon los sein?«, erwiderte ich bissig. Fühlte mich deshalb schlecht und setzte mich unruhig auf die Schreibtischplatte.

»Du bist rastlos und wütend und ich will wissen, was los ist. Wovor hast du Angst, Seon Siwon?«

Ich biss mir auf die Innenseite meiner Wange und atmete einmal tief ein und aus. Verschränkte wieder die Arme.

»Ist egal, ruh dich aus. Ich geh einkaufen«, murmelte ich und sah in noch einmal an.

Erzähl mir dein Herz, Siwon.
Wovor hast du Angst, Siwon?
Warum bist du hier, Siwon?

Mit wackeligen Schritten ging ich zu der geschlossenen Zimmertür und wollte gehen, aber ich spürte seinen Blick im Rücken. Drehte mich noch einmal um. »Es ist zu viel, okay? Das alles hier.« Ich lächelte gequält und mein Herz lief über. »Das Leben … ist manchmal zu viel.«

»Ich weiß«, entgegnete er. Und es schien, als wisse er es tatsächlich.

»Bleib hier, Siwon.«

»Was?«

»Bleibst du hier? Wir können einen Film sehen oder so was.«

Ich drehte mich wieder zu ihm. »Du sollst wegen deiner Gehirnerschütterung nicht fernsehen.«

Er verzog murrend das Gesicht. »Dann erzähl mir irgendwas.«

»Chiron, ich weiß nicht. Lass mich gehen und meine Gedanken ordnen. Ich brauche frische Luft.«

»Verstehe.«

Es war, als störte es ihn, dass ich rausgehen und nicht bei ihm bleiben wollte. Dennoch öffnete ich die Zimmertür und verschwand in die Wohnung, zum Eingangsbereich und floh die Treppen nach unten in den Winter. Floh, schon wieder. Vielleicht befanden wir uns in einer Wiederholungsschleife und immer, wenn ich eine Zeit bei ihm gewesen war, kam der Drang, zu fliehen.

Weil fliehen so viel einfacher als bleiben war.

Dachte ich zumindest.

Kapitel 36

Trostmomente

Chiron

Nach einer Stunde stand ich auf und ignorierte den Rollstuhl neben dem Bett. Ging mit wackeligen Schritten in die Küche, schüttete Orange etwas Futter in seine Schale und sah dem Kleinen beim Kauen zu. Es war leise in der Wohnung. Draußen wanderte die schwache Wintersonne dem Horizont zu und warf letzte Lichtstrahlen durch die Fenster, was mein Bild zum Leuchten brachte. Ich goss die Pflanzen, setzte mich auf die Couch, weil Gehen mich anstrengte.

Ich löschte Dai und seine Nummer aus meinem Leben. Verdrängte die Schlägerei, die Fäuste, die mich niedergeschlagen hatten. Ich wollte es bereuen, mich nicht gewehrt zu haben, aber Gewalt war keine Lösung für mich. Gewalt löste Angst aus und ich würde nicht damit antworten, nicht jemanden niederprügeln, nur weil dieser Jemand meinte, mich verletzen zu müssen. Ich hatte es über mich ergehen lassen und ich trug den Schaden davon. Es war noch immer besser, als zurückzuschlagen.

Irgendwann ging ich ganz aus der Wohnung, nahm den Aufzug nach unten und versuchte, mich aufrecht zu halten. Vermutlich würde ich wieder umkippen oder mich übergeben. Mein Körper protestierte gegen die Anstrengung, aber ich ging weiter auf die Wohnhaustüren zu. Wollte frische Luft atmen und nach Siwon sehen.

Was, wenn er nicht zurückkam?

Der Abend war eisig, kalter Wind peitschte durch die Stadt und Regenperlen prickelten mir im Gesicht. Ich zog den Kopf ein und meine Winterjacke fester um mich, aber mein verbundener Arm hinderte mich daran, die Jacke ganz zu schließen. Verloren im Sturm der Welt, so fühlte ich mich jetzt.

Ich wollte Ausschau nach Siwon halten, aber der Schneeregen wurde stärker und wilder und ich konnte nicht weiter als einen Meter sehen. Dämmerung drückte mich beinahe nieder.

Mein Arm brannte und pochte, meine Wange fühlte sich offen an, meine Lippe geschwollen. Auch die Prellungen an meinen Rippen und dem Unterleib fingen an, zu protestieren.

Verdammt!

Er war nicht hier in der Nähe, also musste ich rein und mich aufwärmen. Der Arzt hatte mir geraten, Kälte zu meiden. Und hier stand ich mitten im Winter.

Haha.

Ich drehte mich um, schirmte mit meiner freien Hand meine Augen ab und schleppte mich zurück in Richtung Wohnhaus.

»Bist du verrückt geworden?!«, brüllte jemand hinter mir und ich zuckte zusammen. Siwon stellte sich vor mich, sah mit schneenassen Wimpern zu mir auf, sein Blick voller Wut. Oder Sorge? »Was zur Hölle machst du hier?«, rief er und starrte mich entgeistert an.

»Ich wollte Luft schnappen.«

»Dann mach ein beschissenes Fenster auf! Es stürmt, Mann.«

»Das merke ich«, gab ich knurrend zurück und wollte an ihm vorbei, aber er ging nicht zur Seite. Ich stand jetzt direkt vor ihm, sah auf ihn hinunter, direkt in seinen wilden Blick. »Ich wollte gerade reingehen.«

»Verdammt, Chiron! Du wurdest verprügelt! Warum hörst du nicht auf den Arzt und auf mich?« Seine Stimme überschlug sich und ich wollte ihn umarmen, aber ich tat es nicht. Ich hatte seit langer Zeit keine Umarmungen mehr verteilt oder bekommen.

Ich wusste ja gar nicht mehr, wie das ging.

»Gehen wir jetzt rein«, sagte ich und biss die Zähne zusammen, damit sie nicht vor Kälte zittern konnten.

Er nickte, bewegte sich aber kein Stück. Wenn ich noch einen Schritt nach vorne ginge, würden wir uns berühren. Und …

»Darf ich dich küssen?«, fragte er heiser.

Einatmen.

Ausatmen.

Mein Herz setzte aus.

»W … Was?«

Sein Blick war so intensiv, dass ich schlucken musste und allen Schmerz, mitsamt der Übelkeit, vergaß.

»Du hast gesagt nie wieder, also frage ich, weil …«

Ich beugte mich vor und gab ihm, was er wollte. Vielleicht gab ich es auch mir selbst. Und sobald seine Lippen meine berührten, war mein Kopf stummgeschalten und mein Herz schlug immer lauter.

Siwon war vorsichtig, während ich wild war.

Er strich behutsam über meine Unterlippe, vermutlich weil er wusste, wie verletzt sie war. Er drängte sich nicht fest an mich, ließ Platz für meinen gebrochenen Arm. Er legte seine Hand an meine rechte Wange, weil er sonst den blauen Fleck an der linken treffen würde.

Und ich?

Ich legte meine Hand fest in seinen Nacken, ich knabberte an seinen Lippen, ließ unsere Zungen tanzen. Ich kam ihm nah und näher und mein Arm pochte, aber mein Herz pochte schneller. Der Sturm riss uns mit, die Schneeflocken wirbelten, während Siwon und ich uns bedingungslos ausgeliefert waren. Es wurde warm, je länger er Druck auf meine Lippen ausübte und ich wollte mehr von ihm. Mehr von allem. Mehr ...

Mir wurde schwindelig.

Siwon lehnte sich wenige Zentimeter zurück.

»Chiron?«, hauchte er und ich legte meine Stirn an seine.

»Alles okay?«, fragte er weiter und seine Finger fuhren leicht an meiner Wange entlang.

Kopfdrehen, Herzwirbeln, Magenkreisel. Es war keine gute Kombination und als der Wind an unseren Mänteln riss, machte ich mich eilig von Siwon los. Er sah mich schockiert an, traurig und verletzt. Obwohl ich ihn noch einmal küssen wollte, zog ich mich zurück. Humpelte zum Straßenrand und übergab mich in einen kahlen Busch. Würgte und würgte und stöhnte auf, als der Schmerz in meine Seite fuhr. Wie unzählige Nadeln, klein und umso schmerzhafter.

»Scheiße, Chiron!«

Siwon hielt mich am Rücken aufrecht, damit mein Körper nicht einfach hier auf der Straße zusammensackte. Irgendwann beruhigte sich mein Magen, ich richtete mich auf und sah ihn an. Seine Brauen waren zusammengezogen, seine Lippen rot und etwas geschwollen, seine Wangen rosa.

Auch wenn ich mich elend fühlte, auch wenn ich mich einfach hinlegen wollte, auch wenn diese Situation absurd war, lachte ich plötzlich. Erst leise, dann lauter. Aus der Brust heraus.

Ich lachte einfach.

Ich lachte frei.

Ich lachte.

Wir gingen zurück zum Haus und während der Sturm weiter wütete, stimmte Siwon in mein Lachen ein. »Warum hast du nicht früher gesagt, dass dir schlecht ist?«, fragte er mich kopfschüttelnd, dabei stützte er meinen Arm ein wenig beim Gehen. Augenblicklich blieb ich stehen und sah ihn an.

»Dann hätte ich dich nicht küssen können.«

»Dann hättest du dich nicht übergeben!«

Ich grinste und er grinste zurück.

»Natürlich. Ich hätte mich so oder so übergegeben.« Er hielt die Eingangstür für mich auf und ich ging nah an ihm vorbei. »Der Kuss hat sich also gelohnt.«

Darauf erwiderte er nichts.

Im Aufzug lehnten wir uns gegenüber an die Metallwände und sahen uns an, dann schloss ich die Augen und versuchte, die Verletzungen zu ignorieren.

»Siwon?«

»Mhm?«, machte er und ich blinzelte mit einem Auge.

»Wir sind wie Wellen. Mal hoch, mal nicht da. Wir schwappen über und sind zu viel, kommen und gehen. Immer und immer wieder.«

»Das habe ich auch schon mal gedacht. Ehrlich.«

Mein Mund verzog sich und ich hörte ihn aufatmen. Wir kamen oben an und er ging vor mir zur Wohnungstür, hielt auch diese für mich auf. »Ich werde mich schlafen legen«, brummte ich und meine Lider wurden schwer.

»Alles klar. Ich bin …«

»Geh nicht wieder raus. Bitte.« Ich drehte mich zu ihm und sein Blick traf mich schwer. »Ich fühle mich besser. Wenn du da bist.«

Er nickte, schien kein Wort mehr herauszubringen. Nickte ein weiteres Mal und dann noch mal.

Ich schleppte mich nach hinten, diesmal in mein eigenes Zimmer und sobald ich auf der Matratze lag, fiel ich in dunkle Träume.

Wieder schubsten sie mich, bis ich auf der Straße aufschlug. Sie traten mir in die Seite. Dai lallte: »Sei kein Feigling!« Und seine Freunde lachten. Einer streckte mir die Hand entgegen, damit ich aufstehen konnte, und half mir wieder auf die Beine. Sobald ich stand, stießen sie mich wieder zu Boden.

»Sei kein Feigling!«, echoten die Stimmen. Ich wimmerte und sie lachten noch lauter.

Als ich dachte, sie würden mich endlich in Ruhe lassen, packte einer von ihnen meinen rechten Arm. Bog ihn nach hinten, ich brüllte vor Schmerz, Tränen schossen mir in die Augen.

»Du dachtest, du könntest Dai einfach so abspeisen? Hältst dich für was Besseres, hm?« Sein Alkoholatem traf mich scharf und ich röchelte.

»Ich bin nicht feige«, brachte ich hervor. »Wer prügelt hier zu fünft auf eine Person ein?« Ein schnalzendes Klacken meines Armes war ihre Antwort. Schreiend brach ich zusammen, riss die Augen auf und fand mich auf der Couch im dunklen Wohnzimmer wieder. Keuchend setzte ich mich auf, eine Schweißperle lief mir die Schläfe hinunter.

»Fuck«, murmelte ich und rieb mir mit der linken Hand über mein pochendes Herz. Der Schreck saß mir so tief in den Gliedern, dass ich heftig zusammenzuckte, als Siwon ins Zimmer trat.

»Alles okay?«, wollte er wissen und kam zu mir.

»Hab ich dich geweckt?«

Mein Blick fiel auf die Uhr an der Wand, es war kurz nach drei Uhr morgens.

»Ich lag wach und du hast geschrien. Albtraum?« Seine Stimme war ganz sanft und legte sich wie eine beruhigende Decke über mein zitterndes Innenleben. Über die Erinnerungen, über die Vergangenheit.

»Hab von der Schlägerei geträumt, nichts Schlimmes.« Ich wich seinem Blick aus, legte den Kopf in den Nacken.

»Wieso liegst du überhaupt hier im Wohnzimmer?«

Ich hörte es rascheln, dann setzte er sich neben mich.

»Ich konnte nicht schlafen und mein Zimmer war mir zu stickig, also habe ich mich hier hingelegt.«

Wir blieben eine Zeit lang still und hörten einander nur beim Atmen zu.

»Ist es wirklich nicht schlimm?«, fragte er dann leise.

Und ich sagte ehrlich: »Eigentlich schon.«

Siwon griff nach der Decke, die auf der zweiten Couch lag und breitete sie über uns aus, dann lehnte er seinen Kopf an meine

Schulter. Einfach so. Ich dachte an Umarmungen und Trostmomente, an Menschen, die sich nach Zuhause anfühlten.

»Kann ich es dir irgendwie erträglicher machen?«

»Es ist erträglicher, wenn du da bist.«

Also blieben wir zusammen auf der Couch sitzen und schliefen irgendwann nebeneinander ein. Ich passte meine Atemzüge seinen an, tief und beruhigend. Vielleicht konnte ich mit ihm die Vergangenheit hinter mir lassen, weil er sich ein bisschen nach Zukunft anfühlte.

Kapitel 37

Blaubeeren

Siwon

Das Café war voll an diesem Vormittag, aber die meisten Tische blieben leer. Die Menschen kamen morgens, um sich Kaffee und Gebäck mit auf den Weg mitzunehmen. Die meisten verließen das *Zeitvergessen* dann mit einem kleinen Lächeln. Ich genoss den Geruch von gerösteten Kaffeebohnen und sah auf meine drei Jjin Bbang hinunter. Eine Art Dampfnudel, die mit süßer Adzukibohnenpaste gefüllt war, Miga machte die besten davon. Aber die hier waren auch gar nicht übel, beschloss ich, als ich einen großen Bissen davon nahm.

Ich saß weiter hinten und sah durch die großen Fenster nach draußen in die Gasse, beobachtete Menschen und war froh, hier im Warmen zu sitzen und nicht da draußen im Dezember.

Mein Handy vibrierte und ich warf einen Blick auf die Nachricht.

Daydream-Ahri: Sollen wir wirklich nicht früher nach Hause kommen? Geht es euch gut? Sei bitte ehrlich, Siwon!

Gestern Abend, nachdem Chiron wieder eingeschlafen war, hatte ich meine Schwester angerufen und ihr alles erzählt. Auch Taemin war besorgt gewesen und sie wollten früher als geplant nach Hause kommen, aber ich hatte sie davon abhalten können. In drei Tagen, am Wochenende, wären sie ohnehin wieder hier.

Ich rief meine Schwester an.

»Ja, Siwon?«

»Hey. Ihr müsst wirklich nicht früher kommen, Chiron geht es okay! Ich bin ja da«, beschwichtigte ich sie weiter.

»Taemin macht sich wirklich große Sorgen«, erzählte Ahri. »Und ich auch, kannst du dich wirklich um alles kümmern? Wenn du Hilfe brauchst, sag Bescheid, ja?«

»Ahri, wirklich. Drei Tage hin oder her, genießt noch die Zeit bei Miga und Mama!« Ich nahm das Handy von der rechten in die linke Hand und mein Blick schweifte im Café umher.

»Wie geht es dir bei ihm?« Sie atmete laut aus und es rauschte durch den Hörer. »Und zuck jetzt nicht mit den Schultern!«, sagte sie schnell. Ich grinste ein bisschen.

»Es geht schon«, murmelte ich. »Es ist … es ist nicht einfach. Weil wir noch nicht wirklich über uns geredet haben.«

Ahri gab einen zustimmenden Laut von sich, vielleicht verstand sie mich tatsächlich.

»Aber er hat mich nicht rausgeworfen, schon mal ein Fortschritt!«, lachte ich. Auch wenn es nicht lustig war.

»Ja«, erwiderte sie. »Ja, wahrscheinlich.«

»Was ist los?«, fragte ich sofort angesichts ihrer zweifelnden Stimme.

»Ich weiß, ich habe dich quasi überredet, zu ihm zu fahren«, sagte meine Drillingsschwester leise. »Aber jetzt frage ich mich, ob ich zu voreilig war. Und das Leben doch niemals wie ein Film ist. Was, wenn ihr euch wieder verletzt, du … Du fängst doch gerade erst neu an. Und ich will nicht schuld sein, dass du wieder alles verlierst. Manchmal sagt man Dinge aus einem Impuls und später stellt sich heraus, es war gar nicht so richtig. Ich mache mir Sorgen deswegen.«

Es war komisch, sie das sagen zuhören, wo sie in der Weihnachtsnacht doch noch so optimistisch gewesen war.

»Dann ist das so«, erklärte ich. »Wenn ich nicht bei ihm bin, ist es auch nicht besser. Dann denke ich an ihn und stelle mir vor, was hätte sein können. Hier erfahre ich es und wenn es mich verletzt …«, ich machte eine Pause und atmete auf. »Wenn es mich wieder verletzt, dann gehe ich endgültig.«

»Okay«, erwiderte sie leise.

»Und du bist nicht schuld, niemals, Ahri. Letztendlich entscheide ich immer selbst. Also mach dir deswegen keinen Kopf. Ich denke, es war gut, dass du mir in der Weihnachtsnacht so viel Mut gemacht hast.«

»Wirklich?«

»Ja, wirklich.«

»Wir müssen wohl lernen, dass zweite Chancen manchmal wichtiger sind«, sagte sie jetzt. Und das wollte ich niemals vergessen.

»Schreib mir, wenn du jemanden zum Reden brauchst.«

»Du auch, Ahri. Ich bin da für dich, egal was.«

»Tatsächlich ist da eine Sache.« Meine Schwester atmete tief ein. »Taemin schottet sich ab und wir kommen dadurch in Streitereien. Es ist wegen der Freundschaft zu Chiron. Taemin fühlt sich hilflos und nicht mehr gebraucht. Es setzt ihm zu, also vielleicht kannst du …«

»Ich werde mit Chiron darüber sprechen.«

»Du bist der Beste. Also dann«, verabschiedete sie sich.

»Ahri?«

»Ja?«

»Nimm ihn in den Arm. Sag Taemin, er wird gebraucht.«

»Danke, Siwon. Danke.«

Sie legte auf und ich trank meinen Chai Latte weiter, beobachtete ein junges Mädchen, das einen übergroßen Schal trug und sich an ihrem heißen Kaffeebecher wärmte. Der Schnee wirbelte um sie herum und als ihre Freundin zu ihr stieß, fingen sie eifrig an, sich etwas zu erzählen und frei zu lachen. Ich sah ihnen hinter her, wie sie die Gasse entlang gingen.

»Glücklich?«, riss mich Mai aus den Gedanken und ich sah sie überrascht an. Sie schüttelte den Schnee von ihrer Mütze und lachte mit roten Wangen, zog ihre Winterjacke aus und setzte sich zu mir an den Tisch.

»Du bist«, ich sah auf mein Handy. »Eine halbe Stunde zu spät.«

»Ja, sorry. Morgenmuffel.«

Mai zog die Nase kraus und stahl sich ein Gebäck von mir, biss herzhaft hinein und strahlte mich an. »Du siehst glücklich aus«, meinte ich und zog die Brauen nach oben.

»Du bist wieder hier«, nuschelte sie zwischen zwei Bissen.

»Und der wirkliche Grund?«

Mai sah empört zu mir und zog dann einen Schmollmund. »Das ist der wirkliche Grund!« Sie legte das halbe Jjin Bbang zurück auf meinen Teller. »Es freut mich einfach, mit dir zu frühstücken. Und Zeit zu verbringen, einfach mal was unternehmen.« Sie zog den rechten Mundwinkel zur Seite. »Wir versinken in Trauer und Zweifeln, Training und allem, was eben so war. Es ist schön, jetzt hier zu sitzen und zu plaudern.«

»Du hast recht«, gab ich zu. »Es macht mich auch glücklich.«

Und das tat es wirklich. Ich nahm ihr angebissenes Stück und stopfte es mir in den Mund, sodass sie laut lachte. Dann bestellte sie selbst noch eine Katersuppe, Hotteoks und einen großen Dalgona-Kaffee, weil sie meinen Chai nicht mal probieren wollte.

»Hast du einen Kater?«

»Nein. Aber Katersuppe schmeckt ohne Alkoholreste im Körper viel besser.«

Jetzt lachte ich. »Irgendwie wahr.«

»Was hast du heute noch vor?«

»Chiron bemuttern, damit seine Verletzungen nicht noch schlimmer werden und …« Ich sah sie schief an.

»Und was?«, fragte sie sofort.

»Und an die *Art and Movement University* gehen.«

»Nein!« Mai klatschte in die Hände. »Wow! Wow, Siwon! Du tust es wirklich?« Ich hatte ihr davon erzählt, als ich noch bei Miga gewesen war.

»Nur mal vorbeischauen, ein Gespräch heißt nicht gleich, dass ich es tue!«

»Doch«, sagte sie leise. »Doch!« Ihre Augen waren so groß, dass ich lächeln musste. Und plötzlich schwammen Tränen in ihren.

»Was ... was ist los, Mai?«

»Hast du noch nie etwas von Freudentränen gehört?«

»So toll ist das auch nicht.«

»Natürlich! Mach dich nicht klein, Siwon! Stell dir vor, du wirst genommen. Dann studierst du nächstes Jahr. Studierst deine Leidenschaft. Endlich, endlich, endlich!«

Sie streckte ihren kleinen Finger in meine Richtung. Ich verhakte meinen mit ihrem. »Ich möchte über alles auf dem Laufenden gehalten werden.« Mai grinste.

»Loser-Ehrenwort.«

Wir frühstückten, genossen die Wärme und die wohlige Stimmung des Cafés. Irgendwann kam Eun-Mi auf uns zu, winkte zaghaft.

»Hi«, sagte sie und unsere Blicke trafen sich. »Hab euch hier sitzen sehen und dachte, ich sag mal hallo.«

»Hey«, lächelte Mai und stand auf, um ihre Freundin zu drücken. Ich winkte ebenfalls. »Hi.«

»Na dann«, murmelte Eun-Mi und zeigte mit dem Daumen in Richtung der hinteren Treppe, die zu ihrer Wohnung führte.

»Willst du dich setzen?«, platzte es aus mir heraus und alle Blicke richteten sich auf mich. Ich zog eine Grimasse.

»Es ist noch Platz und ich habe hier noch einen Jjin Bbang, der nicht mehr in meinen Magen passt – also, wenn du willst ...«

Überraschen huschte über ihr Gesicht und dann setzte sie sich zu uns an den Tisch, ein ehrliches Lächeln schlich sich in ihre sonst so ernsten Züge. »Gerne«, antwortete sie, sichtlich erleichtert.

»Warum heule ich immer, wenn du mutig bist, Siwon?«, fragte Mai und wischte sich über ihre Augen. Sie lachte unter Tränen.

»Weißt du, es gibt zwei Menschen auf der Welt, für deren Glück ich dankbar bin. Deins und Eun-Mis. Und euch jetzt hier zu sehen …«

Eun-Mi legte eine Hand auf Mais und drückte sie einmal.

»Hör schon auf«, murmelte Eun-Mi mit roten Wangen. »Außerdem solltest du aus diesen zwei drei machen.«

»Was?«

»Sei auch für dein Glück dankbar.«

»Da muss ich Eun-Mi recht geben«, schaltete ich mich in das Gespräch ein.

Mai schüttelte den Kopf. »Ihr macht mich fertig.«

Wir sahen uns an und die Luft flimmerte voller Freude. Ich schob Eun-Mi meine letzte Dampfnudel zu und sie nahm das Gebäck dankbar an.

Vergangenheit war schmerzhaft und man vergaß sie nicht.

Aber die Zukunft war wichtiger.

Chiron

Das Leben war beschissen, nachdem man verprügelt worden war. Anziehen funktionierte nicht wirklich. Mein linker Arm war überfordert, weil er plötzlich alles allein machen musste. Die blauen Flecken an meiner Leiste und den Rippen erschwerten mir das Atmen.

Mürrisch lag ich auf der Couch und sah Filme auf dem Fernseher, weil der Arzt mir nichts verbieten konnte und er nicht hier war, um mich davon abzuhalten. Siwon auch nicht. Ich war ein freier Mann und konnte tun und lassen, was ich wollte.

Außerdem schien Orange auch zu gefallen, was wir uns ansahen. Rapunzel war eben für jeden was.

»Was meinst du, hm?«, fragte ich mein neues Haustier. Der Kater sah mich von unten mit Kugelaugen an und schnupperte an meinem Gips. »Meinst du, ich finde auch mal einen Flynn?« Der Kater hielt inne.

Ich lachte. »Ja, Orange. Auch ich wünsche mir einen Prinzen.«

Er fing an, meine verbundene Hand abzuschlecken, und ich ließ den Kopf nach hinten an die Sofalehne fallen.

»Weißt du«, fuhr ich das Gespräch mit meinem Kater fort und kraulte ihn dabei hinter den Ohren. »Weißt du, es gibt eine Sache, die ich an Prinzen äußerst nervig finde.« Ich hob den Kopf an und betrachtete Flynn Rider und Pferd Maximus, wie sie mit Pfanne und Schwert gegeneinander kämpften.

»Die Prinzen lassen immer so verflucht lange auf sich warten! Letzte Sekunde. Was meinst du?«, fragte ich Orange. »In letzter Sekunde, reicht das?«

Der Kater schleckte gemächlich weiter und interessierte sich wenig für meine Selbstgespräche.

Die Eingangstür piepte. »Tut mir leid, dass ich so lange gebraucht habe! Ist alles gut bei dir?«

Ich drehte mich auf der Couch zur Seite und starrte die Eingangstür an. Siwon hielt in der Bewegung, seinen Schal und den Mantel auszuziehen, inne.

»Ist was? Hab ich … hab ich was im Gesicht?« Er fing an, durch seine Haare zu fahren und unsicher auf und ab zu sehen.

»Nein«, sagte ich und schluckte. »Alles … alles gut.«

»Glaubst du an Schicksal?«, fragte ich dann.

Siwon nahm zwei volle Einkaufstüten in die Hand und ging damit in die Küche. »Ja. Vermutlich schon. Keine Ahnung. Hab nie drüber nachgedacht. Warum?«

»Weil ich …« Schnell schüttelte ich den Kopf und sah wieder zum Bildschirm. »Ach, egal.«

Hinter mir raschelte es, als Lebensmittel in Schränke gestellt wurden. Plötzlich stand er neben dem Sofa, kam um mich herum und ging vor mir in die Hocke.

»Ist nicht egal«, murmelte er und sah auf meine Hand, die mit dem Kater spielte. »Mir ist nicht egal, was du denkst.«

In diesem Moment schlug mein Herz schneller als je zuvor wegen Siwon. Es überschlug sich, als ich Luft holte und ihn ansah.

»Naja, du hast ausgesprochen, was ich gedacht habe, als du reinkamst. Und ich musste an Schicksal denken und … ja.«

Ich sah ebenfalls nach unten zu Orange. Konnte ihm nicht entgegensehen. Es war ein neues Gefühl. Nervös, flatternder Blick, kurze Atmung.

»Was hast du gedacht?«

Ich presste die Lippen zusammen und lachte dann ironisch. »Dass Prinzen immer so lange auf sich warten lassen.«

Als er nichts sagte, hob ich meinen Kopf und begegnete seinem fassungslosen Blick. Braun getränkt in Überraschung und einem Schuss Erstaunen.

»Was?«, fragte ich leise.

Er zuckte die Schultern, hockte noch immer vor mir und sah mich nur an. Wie er da saß, so nah. Ich wollte mehr solcher Momente mit ihm.

»Was?«, fragte ich noch einmal.

»Wusste nicht, dass du dir einen Prinzen wünschst«, flüsterte er und zog eine Grimasse.

Und ich schaltete meinen Kopf aus.

Schwarz aus. Grau aus. Dunkel aus.

Orange an.

»Was ist mit dir, Seon Siwon?«

Unsere Blicke zogen sich an, wir vermischten die Farben unserer Iriden und ließen einander nicht mehr los.

»Ich bin wohl kaum ein Prinz.« Er atmete schnell und durch meinen Bauch schossen Blitze. »Eher ein Loser.«

Ich lehnte mich zu ihm und er krallte seine Hände in meine Knie, hielt sich in der Hocke an mir fest. »Welcher Prinz ist nicht auch ein Loser?«, raunte ich.

Meine Sicht verschwamm, weil er so nah war. Ich wollte meine Augen schließen und einfach mit ihm fallen und fliegen und frei sein.

»Keine Ahnung«, antwortete er und küsste mich.

Ich kam ihm entgegen, aber er löste sich von mir. Schüttelte den Kopf. »Chiron, wir müssen reden, wir ... wir können nicht immer die Gespräche verdrängen, indem wir uns küssen und uns darin verlieren.«

Mein Kopf fiel an seine Stirn, wie schon gestern im Sturm. Ich lächelte zaghaft. »Ich weiß. Und das nervt.«

»Kann ich dir eine Frage stellen?«

»Ja«, antworte ich. Siwon löste seine Hände von meinen Knien und umschloss meine linke Hand, fuhr mit dem Daumen über jede Knöchelkuppe. Eine nach der anderen.

»Willst du das hier? Willst du ... Willst du es versuchen?«

Sein Blick verlor sich hinter mir, seine Wangen färbten sich rot und er schluckte. Aber er ließ mich nicht los.

»Wenn du nein sagst, werde ich gehen. Du ... Du hast gesagt, wir funktionieren zusammen nicht.« Er räusperte sich, lachte traurig auf unsere Hände hinunter. »Wenn du es noch einmal sagst, wird es mir wehtun und ich will das verhindern.«

Ich starrte ihn an. Den Mann, der mir in den letzten Monaten nicht mehr aus den Gedanken gegangen war. Jemand, der meine Gefühle und Erinnerungen weckte und bei dem es mir plötzlich egal war, wie sehr ich mich verstecken wollte. Bei ihm wollte ich da sein. Es war komisch, verwirrend, vor allem neu. Es überforderte mich.

»Du gehst mir nicht mehr aus dem Kopf, Lim Chiron«, gestand er und sah mich wieder an. Seine Augen schimmerten. »Wenn ich bleibe, will ich wissen, wie es dir geht. Ich will deine Geschichte hören, ich will dich aufrichtig. Wenn dir das zu viel ist oder du nicht bereit bist, gehe ich. Und das ist okay. Nur … nur sag es mir ehrlich.«

Wenn du irgendwann dazu bereit bist, lass dir von mir ein Stück heile Welt zeigen.

»Siwon ich …«

Die Worte blieben mir im Hals stecken, während mein Herz sich weiter überschlug und überschlug und sich den Wellen in mir anschloss.

Ich schloss die Augen.

Bleiben. Gehen. Bleiben. Gehen. Bleiben.

»Vielleicht funktionieren wir nicht als Freunde«, murmelte ich und sein Griff um meine Hand wurde schlaff. Ich verstärkte ihn wieder und öffnete dann meine Augen, um endlich mutig zu sein. »Aber vielleicht funktionieren wir so.« Ich entzog ihm meine Hand und legte sie an seine Wange, lehnte mich zu ihm und strich mit den Lippen über seine.

»Was heißt vielleicht, Chiron?«, wisperte er gegen meinen Mund und es prickelte, überall, wo er mich berührte.

»Dass ich verdammte Angst habe. Aber vielleicht auch Hoffnung und das habe ich viel zu lange nicht gespürt.«

Er sah zu mir auf, atmete gegen meinen eigenen Atem, als fehlten ihm die Worte. Also nahm ich wieder seine Hand und stand langsam auf. Meine Verletzungen protestieren, doch es war mir egal. Ich zog ihn mit nach oben. Orange sprang von der Couch und raste aus meinem Blickfeld.

»Wenn du mich aufrichtig willst, dann zeige ich dir mein Zimmer.«

Siwon hob verblüfft die Augenbrauen. »Okay.«

Ich zog ihn hinter mir in den Gang und zu meiner geschlossenen Tür. Bevor ich sie öffnen konnte, hielt er mich zurück. »Chiron?«

»Ja?«

»Ich glaube, ich fühl gerade zu viel. Ich weiß nicht, ob ich bereit bin und ich ...« Er holte Luft. »Ich habe vergessen, zu atmen.«

Er ging mir direkt ins Herz. Seine Art, seine Stimme, sein verzweifeltes Lächeln, seine Hand, die meine hielt, um nicht zu stolpern. Ich sah ihn an und dann grinste ich albern. Frech und schief.

»Ich vergesse immer, zu atmen, wenn du meine Hand hältst, Seon Siwon. Gewöhnen wir uns daran.«

Und dann öffnete ich meine Zimmertür für ihn.

Während er seine Finger behutsam über mein Chaos wandern ließ, so als wäre es besonders, beobachtete ich ihn nur. Auf dem Schreibtisch lagen alte Alben und Siwon betrachtete sie mit gerunzelter Stirn. Er strich mit den Fingerkuppen über die Außenklappe und sah dann fragend zu mir.

»Schau ruhig hinein«, sagte ich und er klappte es auf. Er wollte meine Ehrlichkeit, dann würde er alles ansehen müssen. Meine Vergangenheit, meine Gegenwart und wenn er blieb, auch meine Zukunft. Ob er blieb, wusste ich nicht. Siwon wollte es, aber er wusste nicht, wie kaputt ich war. Er würde es mit mir nicht leichthaben und weglaufen wäre wohl viel einfacher für ihn.

Ein Lächeln breitete sich auf seinem Gesicht aus und ich beugte mich auf der Bettkante nach vorne, um hinüber zum Schreibtisch sehen zu können. Ein Kinderfoto klebte auf der ersten Seite. Ich, in einer überfüllten Wasserwanne in unserem Garten. Meine Mutter hatte immer ein paar Zeilen unter die Bilder geschrieben, als Stütze für die Erinnerung.

»Chiron, zwei Jahre alt. Er liebt das Wasser. Plantscht am Meer und kichert dabei, als gäbe es nichts Schöneres. Vielleicht wird er später einmal Schwimmer«, las Siwon vor und sah zu mir.

In seinen Augen lag plötzlich so viel Wärme, dass meine Brust eng wurde. »Liebst du es noch immer?«, fragte er.

»Das Wasser?«

»Mhm.«

»Vermutlich. Weiß nicht, ich war ewig nicht am Meer.«

»Vermisst du es?«

»Ja.«

Er sagte nichts mehr und blätterte weiter. Ich beobachtete jede seiner Regungen, es verwirrte mich, doch wurde niemals langweilig. Er richtete seine verrutschte Brille gerade und ich biss mir auf die Lippe. Ein Lächeln zuckte über seine Züge, was ein Flattern in meinem Magen auslöste. Als er fast alles durchgeblättert hatte, fragte er: »Ist das dein Vater? Du strahlst ihn auf jedem Bild an.«

Das tat weh.

»Ja. Mein Vater … er … ich …« Mein Gesicht verzog sich und ich räusperte mich. »Ich spreche nicht oft über ihn.«

Siwon klappte das Album zu und kam zu mir, stellte sich vor mich und sah zu mir herunter. Sein Lächeln verschwand, aber die warmen Augen blieben. Nur dass sich ein wenig Traurigkeit hineingeschlichen hatte.

»Mein Vater ist auch nicht mein Held. Obwohl ich es mir immer gewünscht habe, weißt du?«, fing er an und er erzählte mir so offen von sich. Ich wollte nie aufhören, ihm zuzuhören.

»Ich habe es mir gewünscht, manchmal so sehr. Und als ich gemerkt habe, dass er nicht für mich da ist, war ich enttäuscht. Mein Vater sitzt in Seoul und ist Chef einer Klink, er wollte für mich das Gleiche.« Siwon schluckte. »Aber ich bin kein Arzt. Ich hasse Blut und Menschen, die leiden. Die ganzen medizinischen Begriffe fallen wieder aus meinem Kopf, nachdem ich versucht habe, sie zu lernen. Mein Vater erschuf mir einen Weg, den ich nie gehen wollte. Auch wenn er jetzt eingesehen hat, dass ich meine eigenen Träume habe, tut es weh.«

Ich stand auf, stellte mich direkt vor ihn und zog Siwon in meine Arme. Er zitterte leicht, also schlang ich meinen unverletzten Arm um seine Taille und legte mein Kinn auf seine Schulter.

»Er hat sich irgendwann nicht mehr gemeldet«, flüsterte er an meinem Schlüsselbein und ich spürte seine zitternden Lippen auf meiner Haut. »Er hat sich nicht gemeldet. Nicht nach Sunnies Tod. Auch nicht, nachdem meine Mutter ihm von meinem Studienabbruch erzählt hat. *Ich* musste *ihn* anrufen. Wir sind ihm nicht mehr wichtig.«

An diesem Abend merkte ich, wie tief der Schmerz noch in Siwon wohnte. Der Schmerz des Todes. Der Schmerz seiner Familie und all die Traurigkeit der letzten Jahre. Ich wollte sie ihm nehmen. Alles davon. Aber ich konnte nur dastehen und ihm eine halbe Umarmung schenken.

»Ich will ihn anschreien und ihm alles vorwerfen, Chiron. Aber wenn ich ihn anrufe, dann vermisse ich ihn nur.«

Er schlang jetzt auch die Arme um mich, hielt sich an mir fest. Ich wusste nicht, wie sehr ich Umarmungen vermisst hatte. Wie sehr wir Menschen Umarmungen brauchten, weil man sich für diesen Moment aus dem Leben klinken konnte und die andere Person alles aufrecht hielt.

»Mein Vater ist auch nicht mehr bei mir«, murmelte ich und grub meine Finger in sein Shirt. »Aus einem anderen Grund. Aber ich wünschte … ich wünschte, ich könnte noch einmal mit ihm reden. Ihm alles sagen. Du kannst das, Siwon«, wisperte ich. »Du hast die Chance dazu.« Ich glaubte, er nickte und atmete einmal tief aus.

»Was sind wir nur für Männer?«, murmelte ich. »Auch Taemin hat seinen Vater auf die ein oder andere Weise verloren.«

Ich lachte ironisch. »Da haben sich wohl die Richtigen gefunden.«

Siwon hob den Kopf und sah mir so tief entgegen, dass seine Augen glitzerten. »Freunde sind auch Familie, oder? Man verliert die einen und findet neue. So ist das Leben doch.«

»Ja. Irgendwie.«

Er lehnte sich etwas zurück, um mich besser ansehen zu können.

»Weißt du noch, als ich dich gefragt habe, was für dich das Schönste auf der Welt ist?«

»Weiß ich noch.«

»Hast du ... Hast du Lust, es mit mir zu suchen?«, schlug er leise vor und es brannte in meinen Augen. Einfach, weil er so unendlich viel in mir auslöste. Weil jetzt alle Gefühle der letzten Monate aufeinandertrafen.

»Ja, Siwon.« Ich legte meine Hand an seine Wange und strich mit dem Daumen unsichtbare Tränen fort. »Finden wir unsere eigenen Blaubeeren. Unser Schönstes auf der Erde.«

»Warum jetzt?«, brach es aus ihm hervor und er lehnte seine Wange in meine Hand. »Warum funktioniert es jetzt mit uns? Warum nicht vor zwei Monaten?«

Ich zuckte die Schultern – wie er.

»Weil ich zu viel Angst hatte. Vor meinen ehrlichen Gefühlen.«

»Und jetzt?«

»Jetzt habe ich noch immer Angst. Aber auch Hoffnung.«

Er nahm mein Gesicht zärtlich zwischen seine Hände und zog mich zu sich. »Angst und Hoffnung ergibt Mut, Chiron.«

Und daran hielt ich fest.

Kapitel 38

Aus der Realität fliehen

Chiron

»Erzählst du mir deine Geheimnisse?«, flüsterte Siwon in dieser Nacht. Wir lagen im Wohnzimmer auf dem Teppich, berührten uns nicht. Aber waren uns dennoch ganz nah.

»Mein Ex-Freund Dai hat mit mir geschlafen, als du bei deiner Oma warst. Seit dem Unfall habe ich den Kontakt endgültig beendet. Er hat mein Herz vor Monaten gebrochen, weil er mich ständig Feigling genannt hat. Er hat meine Kunst beleidigt und wegen ihm habe ich meine Bilder vor der Welt versteckt. Ich kann nicht Autofahren. Und habe Angst vor Mäusen. Eigentlich habe ich vor ganz vielem Angst. Wenn Geheimnisse etwas wert wären, dann wäre mein Herz wohl ziemlich teuer. Und ... und mein Vater ist im Militär erschossen worden.«

Ich holte tief Luft, weil ich nach diesem Redeschwall nichts mehr in mir hatte. Angespannt wartete ich auf seine Reaktion. Was, wenn ich doch zu gebrochen für ihn war?

»Wie bist du mit der Trauer umgegangen?«, fragte Siwon nach einiger Zeit. Mit ihm fühlte es sich richtig an, über mich zu reden. Das tat es nicht mit vielen Menschen, aber er schien mich zu verstehen. Ich hatte gedacht, wir würden nicht funktionieren, in dieser Nacht verstand ich, wie sehr wir uns eigentlich brauchten. Und auch helfen konnten.

»Ich habe mich in meinem Zimmer eingeschlossen, habe endlos viele Filme gesehen, damit ich aus der Realität fliehen konnte. An Schlaf war kaum zu denken, die Schule habe ich irgendwie hinter mich gebracht.« Ich räusperte mich.

Wir lagen noch immer nebeneinander, sahen uns weiterhin nicht an.

»Meine Mutter wollte oft über seinen Tod sprechen. Mit mir zusammen trauern und als ich achtzehn wurde und die Schule beendet hatte, bin ich geflohen. Habe in Daegu in einem winzigen Zimmer gelebt, hatte kaum etwas. Also, ich habe seinen Tod einfach verdrängt.«

»Ich bin nicht auf die Beerdigung von Sun gegangen. Und ich habe Ahri in der Trauerphase im Stich gelassen. Auch wenn ich eingesehen habe, dass sie nicht mehr zurückkommen wird, hört die Trauer in mir nicht auf, Chiron. Aber alle sagen doch, mit der Zeit wird es besser.«

»Es wird nicht besser«, flüsterte ich. »Wir gewöhnen uns nur an den Schmerz.«

»Vermisst du deinen Vater sehr?« Die Frage stach in meine Seele. Meine Augen begannen zu brennen, also kniff ich sie fester zusammen.

»Ja. Und dann hasse ich, dass ich mich kaum erinnere.«

»Ich habe Angst, auch Sun irgendwann zu vergessen.«

Daraufhin sagten wir nichts mehr. Trauerten beide stumm und doch zusammen. Nach einiger Zeit raschelte es neben mir, dann erklang leise Musik aus seinem Handy. *Pinwheel* von *Seventeen* spielte und ich dachte wieder an früher.

»Das Lied habe ich in Dauerschleife gehört, als ich ihn am meisten vermisst habe.«

»Soll ich was anderes anmachen?«

»Nein, ist schon okay.«

Wieder schwiegen wir und mein Herz fühlte sich schwer an.

Also sagte ich noch mehr, weil es dann womöglich leichter werden würde. »Vielleicht müssen wir ab und zu trauern und an sie denken, damit wir die beiden nicht so schnell vergessen.«

»Klingt nach einem Plan.«

Und seit dieser Nacht legten wir uns immer wieder auf den Boden, sahen nach oben, dachten an die Verstorbenen und fühlten den Schmerz des anderen. Und das erste Mal seit Jahren kam ich mir nicht einsam vor.

Du hast mit deinem Kaktusleben meine Schutzblase zerstochen, Siwon.

Kapitel 39

Hat es gestimmt?

Siwan

Am nächsten Abend saß ich im Badezimmer und starrte die Kacheln an, verfluchte mein brennendes Herz und die Erinnerungen, die mich heimsuchten.

Chiron setzte sich zu mir, lehnte sich an meine Seite und schien meinen Atemzügen zu lauschen. Er wusste, dass ich einen schlechten Tag hatte.

»Soul oder Geheimnisse?«, fragte er.

Ich atmete tief ein und aus, bekam die Bilder des modrigen Hotels nicht aus dem Kopf, also entschied ich mich, endlich zu reden.

»Als Sun-Nyu gestorben ist, habe ich mit ihr telefoniert«, würgte ich hervor. Mir wurde schlecht. »Sie erzählte mir irgendwas und dann knallte etwas. Es knirschte und kratzte und dann war sie weg.«

Ich schloss die Augen und durchlebte diesen Septembertag

wieder und wieder. Meistens verdrängte ich es, konnte mich manchmal gar nicht mehr erinnern. Aber es gab Tage, da kam es hoch und ich musste den Schmerz durchleben, mich erinnern.

»Sie hat nicht geschrien oder irgendwas gesagt, da war nur dieser Knall und dann nichts mehr.«

Ich zog meine Nase hoch und wischte mir unter meinen geschlossenen Augen entlang. Man konnte auch mit geschlossenen Augen weinen. Zu oft hatte ich im Leben geweint, um das zu wissen.

»Ich bin von meiner Ex weggelaufen und ich habe in einem Loch gelebt. Ein altes Hotel, das einen betrog und wo keine guten Menschen waren.« Ich lachte auf, weil ich mich wertlos fühlte, wenn ich daran dachte. Naiv und dreckig und nutzlos. »Zwei Kerle haben mich zusammengeschlagen, als ich ihnen keine Zigaretten geben wollte. Dabei hatte ich überhaupt keine. Und dann saß ich da in einer nassen Gasse neben dem Hotel, mit blutender Lippe und blauen Flecken.«

Ich hatte nichts gespürt außer den Schmerzen in meinem Inneren. »Ein alter Mann hat mich gefunden und er sagte mir, ich solle laufen. Weg von diesem Ort. Er versicherte, er sehe meine Zukunft. Weißt du, was er gesagt hat, Chiron?«

»Was?«, flüsterte er.

»Dass ich mich verlieben würde und eine bunte Zukunft hätte, dass ich aus diesem schwarzen Loch fliehen sollte. An dem Abend habe ich meine Sachen gepackt und bin zu Ahri gegangen. Wenn dieser Mann nicht gewesen wäre, dann wäre ich wohl auch nicht mehr wirklich.«

Chirons Blick ließ mich nicht los, seine Hand fand meine und er hielt mich ganz fest. »Wie schaffst du es, jeden Tag mit diesen Erinnerungen zu leben?«

»Ich gebe nur vor es zu schaffen«, sagte ich. »Dann stelle ich mir meine zwei Herzhälften vor. Die eine zerbrochen für immer. Und die andere lebt die Zukunft. Und dann funktioniert es irgendwie.«

»Wie war sie so? Deine Schwester.«

»Sie war leicht und frei. Hat gelächelt. Hat sich die Haare blond gefärbt, weil ihr Braun zu dunkel war. Sun-Nyu wollte lieben. Die Welt, Menschen, sich selbst. Sie war wohl einfach zu gut für diese Erde.«

»Sie war nicht zu gut«, antwortete er. »Sie war genau richtig.«

Für mich genau richtig werden, das ist mein Ziel im Leben.

»Chiron?«

»Ja?«

»Danke. Du weißt nicht, wie viel mir das gerade bedeutet.«

Wir saßen schweigend nebeneinander und hingen unseren Gedanken hinterher. Plötzlich knisterte es und Chiron zog eine Karamell-Ahorn-Mais-Keks-Packung hervor. »Soul und Mais-Cracker?«

Im Bad saßen wir also und ich probierte seinen Lieblingssnack zum ersten Mal. Fand sie eklig, aber konnte gleichzeitig nicht aufhören, weiter zu essen. Fühlte diesen Moment mit Chiron. Ich dachte an die Blaubeeren, die wir finden wollten, und sah ihn an.

Was, wenn das Schönste auf der Erde Blaubeergefühle sind?

»Hat es gestimmt? Was der alte Mann gesagt hat?«, fragte er in der Mitte des Films.

»Was denn?«

»Dass du dich verlieben würdest.«

Der Film lief, aber wir spielten unsere ganz eigenen Szenen ab, als ich mich ihm entgegen lehnte. »Womöglich.«

Kapitel 40

Romantisch hier

Siwon

Drei Tage war es her, seit er mir sein Zimmer gezeigt hatte. Drei Tage, in denen wir uns näher und näher gekommen waren. Drei Tage, in denen sich mein Herz verlieben wollte und ich Angst hatte.

Aber ich nichts dagegen unternahm.

Ich wälzte mich in meinem Bett umher, versuchte noch mal einzuschlafen, aber der Tag brach herein und verscheuchte meinen Schlaf. Chiron war bereits auf den Beinen, ich hatte ihn schon im Bad duschen gehört und jetzt brummte die Kaffeemaschine in der Küche. Wir schliefen nicht zusammen in einem Bett. Der einzige Grund dafür war unsere Selbstbeherrschung. Die wir krampfhaft versuchten aufrecht zu erhalten. Und es ging ihm noch nicht richtig gut, also schlief ich in meinem Zimmer und er gegenüber. Wir wollten und konnten nichts überstürzen. Auch wenn ich jede Nacht kurz davor war, einfach zu ihm zu gehen.

Meine Tür wurde aufgestoßen, ich blinzelte und tastete nach

meiner Brille auf dem Nachtkästchen.

»Siwon?«, fragte er gehetzt.

»Hm?«, brummte ich und er kam zu mir ans Bett. Er kniete sich auf den Boden und sah mich an, noch immer war sein Gesicht verschwommen.

»Siehst du meine Brille irgendwo?«, murmelte ich und er gab sie mir. »Was ist? Warum bist du so gehetzt ...«

»Warum bist du so verflucht süß, wenn du gerade aufgewacht bist?«, unterbrach er mich und ich setzte verwirrt die Brille auf. Seine Haare waren noch nass und dunkler als sonst, sein Blick gestochen scharf und er biss sich auf die Lippen. Die Wunde dort verheilte langsam, aber weil er sie immer wieder zum Aufreißen brachte, würde das wohl noch dauern.

»Bist du hier reingestürmt, um mir das zu sagen?«, fragte ich belustigt und setzte mich im Bett auf. Die Decke rutschte an mir herunter und erinnerte uns beide daran, dass ich ohne Shirt schlief. Chiron griff hastig nach der Decke und verdeckte meinen Oberkörper. »Ich kann mich so nicht konzentrieren! Und es ist wichtig«, erklärte er und ich zog meine Augenbraue nach oben.

»Wie geht es deinem Arm?«, fragte ich ihn und sah auf den Gips.

»Gut«, erwiderte er nur und setzte sich dann zu mir an die Bettkante. »Du hast einen Führerschein, ja?«

»Ja.«

»Taemins Schwester kommt heute und muss vom Bahnhof abgeholt werden. Und ich kann nicht fahren.«

Meine Augenbraue wanderte noch weiter nach oben und ich rieb mir unter der Brille über meine müden Augen. »Warum holt Taemin sie nicht ab?«, fragte ich verwirrt.

»Weil er nicht weiß, dass sie kommt. Es ist eine Überraschung.«

»Aha«, machte ich und Chiron sah mich abwartend an.

Ich sah fragend zurück.

Erst nach kurzer Zeit klickte es. »Ach so! Taemin kommt heute mit Ahri nach Hause und wir überraschen ihn mit seiner Schwester? Und ich soll sie abholen?«

»Richtig.«

»Es ist … Also«, ich zog den Kopf ein wenig ein, »ich habe kein Auto mehr. Ich habe es bei Eun-Mi zurückgelassen. Wegen Sunnies Unfall setze ich mich nicht mehr so oft hinters Lenkrad.«

Sein Blick wechselte rasch von Erwartung in volles Verständnis.

»Dann …«, murmelte er und schien zu überlegen. »Ich kann ihr ein Taxi organisieren.«

»Sie hat einen Herzfehler und ich würde sie gerne direkt abholen. Ich habe es ihrer Mutter versprochen«, erzählte er.

»Sie hat einen Herzfehler?« Ich schluckte. »Wie schlimm ist es?« Chiron lächelte schwach. »Sie steht auf der Transplantationsliste, aber die Hoffnung auf ein neues Herz ist gering. Wenn sie keines in den nächsten zwei Jahren bekommt, wird es knapp.«

Wie viel Mitleid man für Menschen empfinden konnte, die man nicht kannte. Wie viel Kraft man ihnen wünschte.

»Wir können ein Taxi nehmen und sie so vom Bahnhof abholen.«

»Danke, Siwon.«

»Natürlich«, erwiderte ich und suchte nach seiner Hand.

Er beugte sich zu mir und küsste mich.

»Guten Morgen, übrigens«, sagte er und lehnte sich so weit über mich, dass ich nach hinten an die Bettlehne fiel und die Bettdecke nach unten rutschte. Als Chiron mit seinen Fingern über meinen Bauch strich und mich dabei ansah, als würde er ertrinken, explodierte in meinem Magen ein Wellensturm.

»Chiron«, keuchte ich und in seinen Augen spiegelten sich meine Blitze. »Heute Nacht schläfst du nicht hier«, raunte er und stützte sich auf mir ab, um sich wieder aufzurichten. »Ich hasse unsere Idee von getrennten Betten.«

»Aber dein Arm …«

»Mein Arm hasst diese Idee auch«, erwiderte er augenblicklich und grinste mich frech an. Dann ging er zu meiner Zimmertür.

»Ich habe Kaffee und Tee gemacht«, rief er und verschwand auf den Flur. »Und Linya kommt um elf. Also beeil dich lieber.«

Stöhnend schloss ich die Augen und genoss noch wenige Sekunden das Kribbeln auf meinen Lippen, meinem Bauch und in meinem Unterleib.
Was, wenn ich doch irgendwo ankommen kann?

Chiron

»Vor zwei Tagen war ich an der Uni«, erzählte Siwon, während er aus dem Taxifenster sah. Ich betrachtete ihn von der Seite und wartete, bis er weitererzählte.

»Ich hatte ein Gespräch. Und … ich könnte im nächsten Herbst anfangen.« Er drehte den Kopf, unsere Blicke begegneten sich. »Ich habe eine Mappe angefertigt und mich vorgestellt, ihnen erzählt, warum ich Design studieren will. Und sie haben …«, sein Mundwinkel zuckte, »… sie haben es gut gefunden.«

»Warum erzählst du das es erst jetzt?«, fragte ich interessiert.

Er verzog sein Lächeln. »Weil ich nicht daran geglaubt habe. An meine Kunst und an das alles. Ich dachte, sie rufen an und machen das Gespräch rückgängig oder es …«

»Es ist wirklich passiert«, unterbrach ich ihn und suchte mit der Hand nach seiner. »Es ist passiert. Und du wirst an dieser Universität Mode studieren.« Ich freute mich für ihn und mein Herz schlug schneller bei dem Gedanken, dass er endlich bekam, was er sich wünschte. Es war ein komisches Gefühl. Ich hatte so selten für andere Menschen Glück empfunden. »Es passiert«, sagte ich noch einmal und Siwons Lächeln war nun breit und voll.

»Was ist mit dir? Wirst du wieder Künstler für die Welt sein?«

»Keine Ahnung. Mal sehen. Wer weiß schon, ob die Menschen meine Bilder wollen.«

»Ich will sie.« Er lehnte sich zu mir und als das Taxi rechts abbog, war er mir noch näher. »Ich will deine Kunst. Alle Farben, Chiron. *Alle Farben.*«

Was ich als Nächstes sagte, wurde mir erst bewusst, nachdem die Worte über meine Lippen gepurzelt waren.

»Du hast sie schon.«

»Mischen wir die Farben zusammen neu, okay?«

»Du bist so widerlich kitschig und ich mag das auch noch.«

Er zwinkerte und stieg aus dem Taxi, dankte dem Fahrer und erklärte, dass wir gleich zurückkommen würden und wieder nach Hause mussten. Ich stieg ebenfalls aus und betrachtete den Bahnhof. All die Menschen in ihrem Lebensfluss, manche schwammen schnell, andere langsam. Einige gingen unter und die Nächsten retteten sich gegenseitig. Wir liefen Schulter an Schulter zum Eingang der Halle. Ich wollte seine Hand ergreifen. Wie der Mann vor uns die seiner Freundin. Er streichelte ihre Fingerknöchel und sie lachte ihm entgegen, als er etwas sagte. Ich wollte das bei Siwon sein.

Mit ihm sein.

Aber wir verschränkten unsere Finger nicht miteinander, weil die Menschen reden würden. Sie würden befremdliche Blicke werfen und zu flüstern beginnen. Ein paar würden uns vielleicht zulächeln. Oder gar nichts sagen, uns nicht wahrnehmen. Aber die anderen, diejenigen, die redeten, waren schon genug. Also gingen wir einfach Schulter an Schulter in das Gebäude.

»Weißt du, wie sie aussieht?«, fragte Siwon und wir blieben neben einer Essensbude stehen. Ich sah mich um.

»Nein, aber wir werden sie schon finden.«

»Du weißt nicht, wie sie aussieht?«

»Ich glaube sie hat Locken. Taemin hat ein Bild von ihr in seiner Wohnung, aber O Gott, frag mich nicht nach Details.«

Ich starrte missmutig in die Menge und bereute, Linya nicht nach einem Bild gefragt zu haben.

»Hey? Bist du Chiron? Ich hoffe wirklich sehr, denn du bist hier der Einzige mit Gips und grauen Haaren.«

Ich drehte mich zur Seite und starrte goldbraunen Augen entgegen.

»Und einem bösen Gesichtsausdruck«, fügte sie hinzu. Das Mädchen vor mir verzog die Brauen und mimte meinen Gesichtsausdruck nach.

Ich tat überrascht. »Verzeihung? Wer soll ich sein?«

Linya stand der Schock ins Gesicht geschrieben. Sie schlug sich eine zierliche Hand vor den Mund. »Entschuldigen Sie! Es tut mir unglaublich leid! Ich ... ich ...«

»Hi, Linya«, sagte Siwon und warf mir einen vorwurfsvollen Blick zu. Die Kleine sah mich mit roten Wangen an. »Chiron meint, er wäre lustig. Schön, dass du hier bist«, fuhr Siwon fort und streckte Linya seine Hand entgegen. Sie nahm sie perplex entgegen.

»Hi«, antwortete sie mit hoher Stimme. »Ich ... Also du weißt wohl schon, wer ich bin. Und du bist?«, fragte sie und Siwon holte Luft. Ich stellte mich neben ihn. Und ich sagte es einfach. Sagte, was ich schon immer einmal in der Öffentlichkeit sagen wollte. Ganz ehrlich.

»Seon Siwon, Linya. Linya, Siwon.« Meine Hand deutete zwischen den beiden hin und her. »Er ist mein Freund«, fügte ich noch hinzu und grinste Siwon von der Seite an.
Er schluckte und drehte seinen Kopf mit leuchteten Wangen zu mir. »Ach, bin ich das?«, fragte er spitz.

Scheinheilig sah ich ihn an. Wusste gar nicht, dass ich diesen Gesichtsausdruck besaß. »Bist du.«

Linya räusperte sich und wippte auf den Fußballen. »Also schön. Dann habt ihr das gerade an diesem Bahnhof beschlossen?«

Ich musterte ihre rotbraunen Locken, die großen Augen, die grüne Daunenjacke und den Koffer, den sie mit einer Hand umschlossen hielt.

»Romantisch hier«, kommentierte sie. »Wünschte, meine Liebesgeschichte würde auch an einem Bahnhof anfangen. Klingt spannend, wenn man es erzählt.« Ihre Augen schienen zu leuchten. Ich schüttelte den Kopf.

»Was auch immer«, meinte ich und wollte ihren Koffer nehmen, aber Siwon kam mir zuvor.

»Lass uns zur Wohnung fahren.«

Linya klatschte in die Hände und ließ sich ihren Koffer von Siwon ziehen.

»Wie geht es mit dem Herz?«, fragte ich auf dem Weg zum Taxi. Linya streckte ihr Gesicht dem Himmel entgegen, heute strahlte er blau. Es ließ den Schnee zu unseren Füßen strahlen, glitzern und warf Sonnenstrahlen auf die Erde.

»Es schlägt schnell«, erwiderte sie und sah uns beide an. »Und wenn es schnell schlägt, erinnert es mich daran, dass ich noch immer funktioniere.«

Siwon und ich starrten dieses siebzehnjährige Mädchen an, das mit so viel Lebenshoffnung sprach. Als hätte sie diesen Planten schon längst verstanden.

»Kaputte Herzen schlagen trotzdem für uns. Und deswegen freue ich mich jetzt auf dieses Wochenende. Und alles hier.«

Die schwache Sonne warf ihre Strahlen auf Linya nieder.

Und ihr Lächeln hielt stark dagegen.

Kapitel 41

Bereust du uns?

Chiron

»Hey!«, rief ich und stieß mich von der Wand ab. Taemin und Ahri sahen mich überrascht an und stiegen mit ihren Koffern aus dem Aufzug.

»Hey, Mann«, begrüßte Taemin mich und lächelte schmal. Die komische Stimmung zwischen uns hielt an, weil wir nicht viel redeten. Wussten nicht, wie wir unsere Gefühle beschreiben sollten und wie wir uns wieder zusammenraffen konnten. Vielleicht würde ich Linya später danach fragen.

»Fährst du runter?«, fragte Taemin. »Oder warum wartest du hier?«

Ich grinste. »Ich habe auf euch gewartet.«

Beide legten sie die Köpfe schief und sahen mich misstrauisch an. »Wie geht's dir?«, fragte Ahri und sah zu meinem rechten Arm, der nach wie vor in einem Gips steckte und pochte, wann immer ich ihn bewegte. »Gibt Schlimmeres«, murmelte ich.

»Was ist passiert? Siwon hat uns nicht alles erzählt …« Mein bester Freund musterte mich sorgenvoll und ich schüttelte den Kopf. »Ich erzähle es dir später.«

Über sein Gesicht huschte Traurigkeit, aber er wischte sie mit einem Lächeln fort. »Siwon und ich dachten, wir könnten heute etwas unternehmen. Alle zusammen!«, sagte ich, während wir zu Taemins Wohnungstür liefen.

Mein Herz raste.

Als er die Schlüsselkarte durch den Scanner zog und die Tür aufschwang, begann ich, Überraschungen zu mögen. Schnell schob ich mich an Ahri und Taemin vorbei, um ihre Gesichter von vorne sehen zu können. Sie wollten ihre Koffer in den Flur schieben, aber hielten inne, als Linya und Siwon aus dem Wohnbereich kamen und mit Konfettis um sich warfen.

»Überraschung«, riefen die beiden.

Taemins Gesichtsausdruck wechselte von Schock, zu Verwirrung, zu Erkenntnis, zu Trauer, zu Freude. Da war alles dabei.

Linya kam auf ihn zu. »Na? Ist es gelungen?«
Er zog sie in eine Umarmung, die fester nicht hätte sein können, und vergrub seinen Kopf in ihrem Haar.

»Linya?«, flüsterte er und schob sie von sich. »Bist du … Stehst du gerade wirklich in meiner Wohnung?«

»Ich bin ein Geist«, gab sie in einem ironischen Ton von sich und verdrehte die Augen wie ein Zombie. Siwon lachte und stellte sich neben mich. Taemin nahm seine kleine Schwester noch drei Mal in den Arm, bevor er sie Ahri überließ. Die zwei Frauen lächelten einander an, als würden sie sich nicht zum ersten Mal sehen, sondern als wären sie gute Freunde. Taemin wischte sich über die Augen.

»Eine kleine Vorwarnung wäre nett gewesen«, schniefte er und ich schüttelte den Kopf. »Das ist nicht der Sinn von Überraschungen, Taemin«, erwiderte ich und klopfte ihm auf den Rücken. Wir gingen in die Küche, in der Abendessen wartete. Auf seinem Küchentresen stand köstliches Essen. Siwon und Linya hatten sich wirklich ins Zeug gelegt, während ich auf der Couch gelegen und nichts getan hatte.

»Wie lange habt ihr das geplant?«, wollte Ahri wissen, als sie sich auf einen der Barhocker setzte.

»Schon seit ein paar Wochen. Chiron war leicht zu überreden«, antwortete Linya.

»Da würde ich wiedersprechen wollen«, scherzte Taemin. Wir wussten beide, dass ein wenig Wahrheit dahintersteckte.

»Du stellst es einfach nicht richtig an.«

»Oh, dafür gibt es einen Plan?«, fragte er seine Schwester und lächelte unter Tränen. Sie nickte.

»Sicher. Es gibt immer einen Plan, aber du musst ihn selbst erschaffen. Ich helfe dir nicht dabei, deinen besten Freund zu verstehen.«

Taemin schnaubte und wuschelte Linya durch ihre Locken, sie sah ihn böse an. Ich setzte mich neben Siwon an den Tresen und stieß ihn leicht mit der Schulter an, während die anderen drei herumalberten.

»Alles okay?«, fragte ich ihn und sah in seinen ernsten Gesichtsausdruck. Er versuchte, zu lächeln, aber es gelang ihm nicht wirklich. »Sie erinnert mich an meine Schwester. Das ist alles«, murmelte er und knetete seine Finger. Ich wusste, dass er nicht von Ahri sprach. Die Trauer in seinen braunen Augen verriet ihn. Ohne nachzudenken, nahm ich seine Hand in meine und drückte einmal.

»Darf ich sie kennenlernen?«, fragte ich ihn.

»Sunnie?«

»Erzähl mir mehr von ihr. Ich würde sie … würde sie gerne kennenlernen.«

Siwon sah mich sprachlos an. Als hätte er alles von mir erwartet, nur nicht das.

»Die Menschen wünschen mir alles Gute. Sagen, dass es ihnen leidtut. Aber noch nie wollte sie jemand *kennenlernen*.«

Bevor ich darauf antworten konnte, lehnte sich Ahri ein Stück zu uns und lächelte. »Hab noch gar nicht richtig hallo gesagt!«

Sie schob die Hand über den Tisch und Siwon ließ meine los, um die seiner Schwester zu drücken. »Ihr seht glücklich aus«, stelle Ahri fest und sah zwischen uns hin und her. Wir zuckten beide mit den Schultern und sie lachte auf.

»Wohnt ihr jetzt wieder zusammen?«, fragte sie und ich nickte automatisch.

»Ja.« Siwon nahm wieder meine Hand.

»Hört sich gut an.«

Ahri nahm sich ein Stück Sushi und tunkte es in Sojasoße. »Mama richtet schöne Grüße aus«, sagte sie kauend. Linya und Taemin kamen an den Tisch zurück und setzten sich zu uns. »Und Miga will Chiron kennenlernen. Sie hat Angst, dass du ihn vor ihr versteckst«, schmunzelte Ahri.

Seine Familie will mich kennenlernen.

Das machte komische Dinge mit mir und meinem verbissenen Lächeln. Siwon sah mich an. »Früher oder später. Aber erstmal verstecke ich ihn vor der Welt, um ihn ganz für mich zu haben.«

Taemin zog seine Brauen hoch, die Mädels sahen uns mit hoffnungsvollen Blicken an. »Hab ich da auch noch ein Wort mitzureden?«, fragte ich ihn und er schüttelte den Kopf.

»Nope.«

Dann stürzten wir uns auf die Leckereien und unterhielten uns, als säßen wir nicht zum ersten Mal beisammen. Taemin sagte wieder und wieder, wie dankbar er für Linya war und sah dabei auch mich an. Siwon hielt meine Hand, wann immer ich nicht mit ihr essen musste, und wenn wir uns ansahen, kribbelte mein Körper. Auf das Wasser folgte Soju. Nur Linya und ich blieben leer aus, weil sie zu jung war und sich Alkohol nicht sonderlich gut mit meinem Schmerzmittel vertrug.

Wir setzten uns auf Taemins Couch, während die anderen am Küchentresen mit glühenden Wangen lachten und sich mit leuchtenden Augen nachschenkten. Der große Wohnraum hielt unsere Worte und das Lachen gefangen, legte sich wie eine wohlige Decke um uns. Ich fühlte mich entspannt. So entspannt wie lange nicht mehr.

Linya legte sich quer über das ganze Sofa und ich saß in dem Sessel gegenüber.

»Es sticht ein bisschen«, murmelte sie, als sie sich über die Brust rieb. »Ich fühle mich hier unglaublich wohl. Aber es ist auch anstrengend.«

Sie sah schräg zu mir herüber. »Ich wünschte, für solche Momente wäre es einfach ganz normal.«

Wir lauschten den anderen bei ihrem Trinkspiel. Taemin saß nur noch halb auf seinem Hocker, während Siwon seinen Kopf schon mit beiden Händen stützen musste. Ahri sah noch ziemlich fit aus und drehte eine leere Soju-Flasche.

»Wahrheit oder Wahrheit?«, rief sie.

»Wahrheit«, antwortete Siwon.

»Was war deine letzte Lüge?« Ahri saß mit dem Rücken zu mir, aber ich konnte mir ihren herausfordernden Blick deutlich vorstellen. Siwon schnaubte. »Ich hasse deine Fragen, Daydream.« Er überlegte. »Wie soll ich mich in diesem Nebel an die letzte Lüge erinnern?«, fragte er und sein Blick schweifte zu mir. Verlor sich und dann zuckten seine Pupillen umher. »Meine letzte Lüge war, dass ich mich verlieben könnte«, murmelte er und mein Herz blieb stehen. Ich schluckte. Linya hob den Kopf und sah zu den dreien an den Tisch hinüber.

»Wie meinst du das?«, nuschelte Taemin und alle starrten Siwon an. Ich wollte raus hier. Alkohol machte ihn ehrlich und mein Herz vibrierte. Wenn er jetzt sagte, dass die letzten Tage eine Lüge gewesen waren, würde es zerspringen. Also musste ich raus, bevor es über seine Lippen stolperte. Ich stand auf. Weil ich immer floh, wenn es schwierig wurde. Es erinnerte mich an früher, als ich nach Daegu geflohen war.

»Na ja, ich mein ... ich mein halt ... also«, er stotterte und schüttelte den Kopf, doch ich lief weiter durch den Raum zum Eingang. »Ich meine, ich könnte mich nicht verlieben. Glaub, das bin ich nämlich schon.«

Mitten im Raum blieb ich stehen und starrte ihn an. Siwon schlug sich die Hand vor den Mund. Er bekam Schluckauf und das fanden die anderen drei besonders lustig.

»Ist ein schönes Gefühl, oder?«, fragte Taemin und Siwon nickte lächelnd.

»Mhm«, gab er von sich und sein verträumter Blick streifte

meinen. Er riss die Augen auf.

»Chiron?«, rief er entgeistert. »Bist du …? Hast du das gehört?«

Ich ging zu meinem Sessel zurück und ließ mich fallen. Der Kerl machte mich fertig. Saß in meinem Herzen, sah mich betrunken, verträumt an und stellte Fragen, die mich lächeln ließen.

»Allerdings«, sagte ich.

»Er hat es gehört«, jammerte Siwon und die anderen versuchten, ihn zu beruhigen. Nach kurzer Zeit spielten sie weiter.

»Wahrheit oder Wahrheit, Taemin?«

»Warum spielt man nicht Wahrheit oder Lüge?«

»Das macht keinen Sinn. Also?«

»Ähm … Wahrheit!«

»Welches Wort fällt dir jetzt in diesem Moment als Erstes ein?«

»Lass mich überlegen.«

»Taemin, du sollst nicht überlegen, spontan …«

»Was ist mit dir?«, lenkte Linya meine Aufmerksamkeit auf sich.

»Was meinst du?«

»Auch schon verliebt?«

Ich wusste nichts zu sagen und zuckte mit den Schultern. »Gibt's da etwa einen bestimmten Moment, in dem man sagt: Jetzt bin ich verliebt! Oder wie?«

Linya sah wieder an die Zimmerdecke. »Keine Ahnung, Chiron. Hab mich noch nie verliebt, also kann ich es dir nicht sagen.«

Sie verzog ein bisschen das Gesicht.

»Fühlt sich schwerelos an«, flüsterte ich. »Du fühlst dich leicht und dein Herz macht komische Dinge. Als würde es purzeln. Und du siehst diese andere Person an und willst alles über sie erfahren. So ungefähr.«

»Vielleicht kann sich mein kaputtes Herz gar nicht verlieben«, sagte sie mit zitternder Stimme. Ich legte den Kopf nach hinten in den Sessel.

»Mein Herz ist auch nicht mehr so vollständig. Aus einem anderen Grund wie deines. Aber glaub mir, auch kaputte Herzen können sich verlieben. Nicht auf einmal. Aber Stück für Stück, ein gebrochenes Teil nach dem anderen. Halte daran fest.«

»Hat dir schon mal jemand gesagt, wie gut du im Mut machen bist?«

»Noch niemand.«

»Bist du. Jetzt fühl ich mich schon besser. Und …«

Aus der Küche hörte man ein Scheppern und wir sahen alarmiert zu den dreien an den Küchentresen. Die Soju-Flasche lag zerbrochen auf dem Boden und die drei lachten, als wäre es das Witzigste überhaupt. Mit einem Seufzen ging ich hinüber.

»So, Kinder, das war's für heute. Zeit, ins Bett zu gehen!«

Sie sahen mich an, wie man wohl den größten Spielverderber der Welt ansah. Taemin zog sogar einen Schmollmund und ich verdrehte die Augen. Ich nahm Ahri und Taemin an den Händen und zog sie in den hinteren Flur und schob sie ins Badezimmer.

»Putzt Zähne und schlaft euren Rausch aus.«

»Warum so bööööse?«, lallte Ahri. Es brachte mich zum Lachen.

»Chiron?«, kam es von Taemin.

»Ja?«

»Danke. Für heute. Und für eigentlich immer.«

Ich könnte nur nicken, meinte damit aber viel. So viel.

Dir auch. Dir auch danke, Taemin.

»Also«, sagte ich und winkte. »Bis morgen!«

»Ich hasse dich«, rief mir Taemin hinterher und ich schüttelte belustigt den Kopf.

»Dito, Taemin!« Wir sagten es nach wie vor.

Ich hasse dich, für ich liebe dich.

Es war eine Sache, die wohl immer so bleiben würde, auch wenn wir mittlerweile auch aussprechen könnten, dass wir einander liebhatten. Ich hasse dich, war eine Gewohnheit, die uns daran erinnerte, dass wir einander hatten. Nicht allein sein mussten, wenn wir reden wollten. Einander zuhören konnten, wenn man etwas loswerden wollte. Vielleicht vergaß ich hin und wieder, dass er immer für mich da war. Egal, für was. Und vielleicht musste ich ihm in nächster Zeit zeigen, dass auch ich immer für ihn da sein würde.

»Ihr könnt rübergehen. Ich komme hier klar. Sobald Ruhe ein

gekehrt ist, werden meine Augen zu fallen«, sagte Linya und nickte in Richtung Wohnungstür.

»Bist du sicher? Du kannst auch … du kannst auch bei uns schlafen. Falls irgendwas ist. Taemin und Ahri sind nicht wirklich hilfreich im Moment.«

»Alles okay. Es wird nichts sein«, sagte sie und ich willigte ein. »Gute Nacht!«

Ich nahm Siwon aus der Küche und zog ihn hinter mir zur Wohnungstür, raus auf den Gang und zu unserer eigenen Wohnung. »Ich kann selbst gehen«, klagte er und stolperte über seine eigenen Füße.

»Das sehe ich.«

Wieder lächelte er so albern verträumt. »Hat da jemand schlechte Laune?«

Mein Arm tat ziemlich weh, außerdem hätte ich gerne mitgespielt und dennoch schwang das Glück in mir. Es war eine seltsame Kombination, als könnte ich mich nicht für eine Stimmung entscheiden. »Nein, nur ein bisschen Armpochen«, murmelte ich und schloss unsere Tür auf.

Er stolperte hinter mir in den Flur.

»Leg dich hin, Chiron. Du musst dich nicht um mich kümmern!« Siwon kämpfte um seine deutliche Aussprache. Amüsiert betrachtete ich ihn. Er trug einen braunen Wollpullover und eine graue Jogginghose von mir. Seine Haare standen wirr von seinem Kopf ab und die Brille war an der einen Seite beschlagen. Wie niedlich er vor mir stand, auf den Fußballen wippte und mir zu nuschelte, ich müsse mich nicht um ihn kümmern.

»Komm schon, Siwon. Lass uns ins Bett gehen.«

Ich ging in Richtung meines Zimmers und er folgte mir mit schweren Schritten. »Mir ist ein bisschen schlecht«, murmelte er.

Scharf sah ich ihn an. »Musst du dich übergeben?«

»Nein. Glaub nicht. Aber ich muss mich hinlegen.« Ich deutete auf mein Bett und er taumelte über zwei Mappen auf dem Boden, um dann bäuchlings auf meiner Bettdecke zu landen.

Aus dem Badezimmer holte ich ein großes Wasserglas und

reichte es ihm. Er trank mit gierigen Schlucken und ich zog mich um. Mit dem Gips dauerte das eine halbe Ewigkeit. Siwon beobachtete mich vom Bett aus.

»Gehst du trainieren?«, fragte er und starrte auf meinen Oberkörper, während ich mit einer Hand versuchte, meine Jogginghose anzuziehen. »Früher. Aber jetzt nicht mehr. Fitness macht keinen Spaß«, erwiderte ich und versuchte seinen glühenden Blick zu ignorieren.

»Sieh mich nicht so an, Siwon.«

»Hm, wie denn?«

»Als wäre es schön, mich zu beobachten.«

»Ist es aber«, murmelte er.

Ich kam auf ihn zu, mit Jogginghose und ohne Shirt, blieb vor dem Bett stehen. »Wahrheit oder Wahrheit?«, flüsterte er.

»Wahrheit.«

»Bereust du uns?«

Ich kniete mich auf das Bett und beugte mich über ihn, stützte mich mit einer Hand neben seinem liegenden Kopf ab.

»Nein.«

Er bekam wieder Schluckauf. Seine Hände fanden meine Bauchmuskeln, strichen flatternd über sie. Sie spannten sich automatisch an.

»Du hast gelogen«, nuschelte er und sah zu mir auf.

»Was?«

»Du gehst auf jeden Fall trainieren.« Ich lachte und strich ihm eine dunkle Locke nach hinten. Sein Alkoholatem streifte meinen und ich schob mich von ihm herunter. Er zog einen Schmollmund.

»Schlafen wir«, sagte ich mit größter Selbstbeherrschung und er schlüpfte mit seinen Klamotten unter meine Bettdecke. Ich löschte das Licht und schob mich neben ihn unter die Decke, immer bedacht auf den Gips an meinem Arm. Wir sahen uns durch die Dunkelheit an, eine ganze Zeit.

»Chiron?«

»Ja?«

»Ich will dir wirklich viel sagen. Was in meinem Herzen los ist. Mit dir. Und mir. Und der Welt. Aber ich schaffe es nicht. Ich ... Ich kann es nicht in Worte fassen.« Er sagte das verwaschen, vielleicht bildete ich mir seine Stimme auch nur ein. Aber dann sprach er noch weiter: »Vielleicht sind Gefühle nicht fürs laut Aussprechen gedacht. Sondern nur zum Fühlen.«

Ich konnte nichts sagen, ihn bloß anstarren.

»Ist das okay für den Moment?«

»W ... Was genau?«

»Dass ich dich einfach nur fühle?«

Vielleicht empfanden wir gerade ähnlich, weil auch ich für nichts aus meinem Herzen die Worte fand. Fand auch meine Stimme nicht, um ihm zu antworten. Fand kaum etwas in mir, obwohl da wirklich viel tobte.

»Okay oder nicht okay?«, wisperte er jetzt. Dabei blinzelte er, kämpfte gegen den Schlaf an und ich beobachtete, wie sich langsam seine Wimpern auf seine Wangen legten.

Und er sah meine Tränen nicht, die gefühlswellenartig von meinem Kinn auf das Kissen tropften.

Und er wusste nicht, wie sehr mein Herz in dieser Nacht offen lag, ohne einen Schutzwall um die polternden Schläge.

Und ich wollte nicht entkommen.

»Okay, Seon Siwon.«

»Okay, Lim Chiron.« Dann wurden seine Atemzüge schwerer und gleichmäßiger. Durch das Fenster schien der Mond und ließ seine Haut ein wenig leuchten, er kam mir wahrhaftig vor. Als ich selbst fast eingeschlafen war, spürte ich noch Siwons Hand, die nach mir tastete. Er legte sie an meine Brust und kroch näher zu mir. Er brabbelte etwas, während er tief einatmete.

Ich berührte mit meinen Lippen seine Stirn und legte dann mein Kinn auf seinem Kopf ab. Sein Atem streifte mein Schlüsselbein, wieder murmelte er im Schlaf.

»Siwon ...«, flüsterte ich in die Dunkelheit. »Du bist nicht der Einzige, der sich verliebt hat.«

Run boy run ...

Das Lied wiederholte sich so oft in meinem Kopf, weil ich nie etwas anderes als weglaufen getan hatte. Da lagen wir ganz dicht nebeneinander und meine inneren Scherben fühlten sich für einen winzigen Moment nicht mehr so zersplittert an.

Fuck, dann fangt mich halt.

Kapitel 42

Künstlerfinger

Siwon

Mein Kopf ruhte auf seinem Bauch und ich sah nach oben an die weiße Zimmerdecke. Chirons Finger fuhren wieder und wieder durch meine Haare und entwirrten die vom Schlaf zerzausten Strähnen. Er erzählte von seiner Kunst und ich lauschte seinen leisen Worten, sie verdrängten meine Kopfschmerzen und den gestrigen Rausch.

»Es fing mit Kohle an, ich spielte an unserem Ofen herum und meine Mutter war verzweifelt, weil ich alles Schwarz befleckte. Aber mein Vater … Er setzte sich zu mir auf den Boden mit einem Papier und gab mir ein Stück Ofenkohle. Zeigte mir, wie man damit malte. Ich war vier oder fünf und danach hörte ich nie wieder damit auf.«

Chiron machte eine kleine Pause und ich lauschte seinem Schweigen, bis er wieder anfing von sich zu erzählen. »Ich zeichnete meine Mutter. Ein ums andere Mal, so lernte ich Menschen zu zeichnen. Mein Vater brachte mir Farben mit. Aquarellfarben, Acrylfarben, Kreide, Ölfarben, Wasserfarben. Und ich malte mit jeder, wollte alle verschiedensten Techniken ausprobieren.«

»Was sind deine liebsten Farben?«

»Ölfarben. Van Gogh malte mit ihnen. Mag sein, dass die Menschen ihn für verrückt hielten. Aber für mich ist er ein unglaublicher Künstler. Als die Trauer zu groß war, habe ich sein Bild *Caféterrasse am Abend* gesehen und es heilte mich. Es beruhigt mich, seine Bilder anzusehen, einfach eine lange Zeit seine Kunst zu betrachten.«

»Wenn er noch leben würde und du ihm begegnest, was würdest du ihm sagen?«, fragte ich und schloss die Augen. Ich spürte seine Atmung, sein Bauch bewegte sich auf und ab und ich genoss dieses Gefühl. Irgendwie.

»Er sagte einmal: *Ich möchte die Menschen mit meiner Kunst berühren. Ich möchte, dass sie sagen: Er fühlt tief.*« Chirons Finger hielten inne, lagen jetzt still an meinem Kopf. »Ich würde ihm sagen, dass ich es sehe. In jedem seiner Bilder. Ich sehe seine Trauer in dem Dorf unter seiner *Sternennacht*. Sein Chaos in seinem *Iris*-Gemälde. Sehe, wie tief er gefühlt haben muss, wenn ich *blühender Pfirsichbaum* betrachte. All das, würde ich ihm sagen.«

»Chiron?«, hauchte ich. »Du solltest den Menschen deine Kunst zeigen. Ich weiß, du malst nicht für andere, aber du ...«

»Früher habe ich sie verkauft«, stieß er hervor und vergrub seine Hand in meinen Haarsträhnen. »Ich habe Bilder gemalt, um sie zu verkaufen. Und dann hat Dai alles zerstört. Er hat meine Gemälde verspottet und Dinge gesagt, die ich nicht mehr vergessen konnte. Also habe ich meine Kunst und mich vor der Welt versteckt und deswegen brauchte ich einen Mitbewohner. Weil ich kein Geld mehr bekam.«

Langsam setzte ich mich aufrecht hin und sah zu ihm herunter. »Und deswegen gibst du auf?«

Er holte Luft, vielleicht um zu widersprechen, aber ich war schneller.

»Dai hat keine Ahnung. Er weiß nicht, wie tief du fühlst. Er benutzt seine Faust, anstatt zu reden. Dieser Mann sollte nicht der Grund dafür sein, dass du vor den Menschen deine Farben versteckst.«

»Ich weiß«, erwiderte er und seine Stimme brach. »Ich weiß, ich weiß«, murmelte Chiron, immer wieder. Und als in seinen Augen Tränen schwammen, zog ich ihn zu mir und nahm seinen Kopf zwischen meine Handflächen. »Diese tanzende Frau in unserem Wohnzimmer ist das beste Beispiel. Sie weint und lacht. Sie springt, ist frei, hüllt sich in Schatten und jagt lila Träumen hinterher.«

Tränen rannen ihm über die Wangen und ich fing sie mit meinen Daumen auf. »Deine Kunst ist alles auf einmal, Chiron.«

»Warum sagst du das?«, fragte er mit zitternder Unterlippe.

»Weil du mir wichtig bist, Lim Chiron.«

Er vergrub sein Gesicht an meinem Hals und weitere Tränen fanden den Weg in diese Welt. Ich hielt ihn, blieb bei ihm.

»Darf ich dich malen?«, raunte er an meinen Hals und es vibrierte.

Er will mich malen. Mich. Malen.

Ich lehnte mich zurück und sah ihm tief in die Augen, wischte seine letzten Salzperlen von den Wangen und lächelte ihm vorsichtig zu. »Malst du mich in Immergrün?«

Chiron nickte und nickte, drückte seine Lippen auf meine und warf uns nach hinten um. Hüfte auf Hüfte und Atem mit Atem vermischt, gruben sich meine Finger in seine Seiten. Er stöhnte, weil ich seine Prellungen berührte und dann, weil ich mein Becken anhob. Langsam schob ich den Bund seiner Jogginghose von seinen Hüften, weiter nach unten, bis er sie wegstrampelte. Ich war nervös und lachte unsicher. Seine Wangen glühten, genau wie mein Herz. Wir drehten uns, verhedderten uns, wir lagen nackt und verletzlich voreinander. Es fühlte sich seltsam an, fühlte sich gleichzeitig frei an. Ziemlich viel auf einmal. Er rieb sich an mir und als Chiron mit langen Künstlerfingern meinen Bauch bemalte, entlud sich mein Herz vollends. Er fuhr mich nach. Meinen ganzen Körper. Mit der Zunge, den Lippen, seinen Händen und seinem Graublick. Ich lag unter ihm, warf den Kopf in den Nacken, spielte mit seinen Haarsträhnen.

»Siwon«, stieß er hervor und drückte seine Lippen an mein Kinn, küsste sich meinen Hals hinunter und sah mit glänzenden Augen zu mir auf. »Wir sollten jetzt damit aufhören und zu den anderen zum Frühstück gehen.«

»Ja. Sollten wir«, ächzte ich.

Wir sahen uns an. Kämpften. Verloren. Stießen wieder zusammen, konnten uns nicht über Wasser halten. Wir waren an diesem Morgen echt und wahrhaftig. Schamlos und fühlten uns vielleicht zum ersten Mal richtig zusammen. Ich setzte mich auf ihn, umfasste seine Härte, wollte alles an ihm erkunden. Mich mit ihm in Bewegungen verlieren, in Hitze und schnellen Herzschlägen. Bis man nicht mehr wusste, wo oben und unten war. Langsam fuhr ich mit meiner Hand auf und ab und als er mich ebenfalls berührte, schwirrten in meinem Bauch Tausende Schmetterlinge. Die, von denen alle immer sprachen.

»Chiron?«

»Hmm?« Unsere Bewegungen wurden schneller, intensiver. Wir drehten uns, suchten uns.

»Keine Ahnung«, stöhnte ich, wie so oft. Und weil ich nichts mehr in meinem Kopf hatte, außer seinen Namen. Er lachte und küsste mich glühend. Ein Feuerkuss an einem Wintermorgen, die Welt weiß und ich voll mit seiner Farbe. Seine Härte in meiner Hand, an meinem Körper, sein Kuss in meinem Herzen. Ich ganz elektrisiert und wir viel zu viel. Und ich wollte trotzdem mehr.

»Seon Siwon …«

Er signierte mein Herz schon wieder. Sein Name war überall.

Lim Chiron …

Chiron

In Taemins Wohnzimmer tigerte ich vor der Couch auf und ab und blieb dann stehen, um ihn ansehen zu können. Er saß an seinem Küchentresen auf dem Barhocker und musterte mich aus zusammengekniffenen Augen.

»Tut mir leid, Taemin. Für alle vergangenen Wochen, in denen ich nicht geredet habe. Ich denke, ohne dich wäre ich ziemlich verloren. Ja, das denke ich wirklich.«

Er sah mich weiter an, stumm und reglos.

»Sagst du nichts?«, fragte ich irgendwann und er blinzelte.

»Ich …«, er brach ab. »Keine Ahnung. Ich habe mit so einer direkten Entschuldigung nicht gerechnet.«

»Ich habe unsere gemeinsamen Nachmittage vermisst. Das Herumalbern und Kinderserien schauen. Mein Verhalten in den letzten Wochen war nicht fair. Aber ich habe es durch den ganzen Trubel in meinem Kopf zu spät gemerkt. Zu spät wahrhaben wollen, dass ich dich immer mehr verliere.«

Taemin nickte, er hatte die Augenbrauen zusammengezogen. Dann: »Erzählst du mir jetzt von Dai? Warum er dich so kaputt gemacht hat?«

Und mir blieb nichts anderes übrig, als ihm alles zu erzählen. Er bot mir diesen Moment als Chance und ich ergriff sie.

»Dai ist kompliziert. Ja, Menschen sind immer kompliziert. Aber er wusste und weiß nicht, was er will. Das ist okay, ich weiß es auch noch nicht. Aber … aber Dai hat mich erniedrigt, um sich selbst okay zu fühlen. Er hat mit Worten auf mich eingeschlagen, erst sanft. Am Anfang habe ich es kaum wahrgenommen. Irgendwann wurde es boshaft und dann steckte ich schon zu tief in der Beziehung, um unversehrt rauszugehen.«

Deine Kunst, die zeigst du allen, ja? Aber unsere Beziehung nicht? Das ist armselig, Chiron.

»Er hat früher gesagt, ich solle mich nicht vor der Welt verstecken. Als er vor Kurzem hier war, hat er gesagt, ich solle nicht so viel von mir preisgeben. Und das ist es. Er weiß nicht, wer er ist, was er will, oder wohin er will. Er hat keine Ahnung, wie man Beziehungen führt. Als er da war, da habe ich gemerkt, wie gebrochen Dai ist. Und dass seine zerbrochenen Teile nicht mit meinen zusammenpassen. Vielleicht war diese Erkenntnis nicht einmal etwas Schlechtes.«

Mein bester Freund hörte mir nur zu, sagte nicht viel, sein Gesichtsausdruck war verständnisvoll.

»Wie ist es mit Siwon?«

»Bei ihm habe ich das Gefühl, dass unsere gebrochenen Teile zusammenpassen.« Ich sagte das so leise, auch wenn diese Wahrheit laut in mir hallte.

Taemin stand auf, kam zu mir und schlang dann seine Arme um mich. »Mach das nie wieder«, brummte er. »Verschwinde nie wieder hinter deinen gefühlskalten Mauern, ohne mich mitzunehmen. Und deine Ehrlichkeit ist bei mir sicher. Also erzähl mir davon, wenn dich etwas beschäftigt.«

»Danke, dass du nicht gegangen bist. Sondern noch da bist.«

Er ließ mich los und hob seine Augenbrauen. »Als wäre ich so leicht zu vergraulen.« Wir lachten zögerlich.

»Und du, Taemin? Was war in deinem Kopf los, die letzten Wochen?«

An diesem Tag fingen wir wieder an, uns alles zu erzählen und das bog uns gerade. Ja, wirklich.

Am Nachmittag saß ich in unserem Wohnzimmer, beobachtete die Pflanzen, goss sie und spielte mit Orange. Mein Laptop lag auf meinem Schoß und ich starrte auf meine alte Website.

HanSo: Ein tanzendes Mädchen. Meine Tochter tanzt selbst und ich brauche ein Geburtstagsgeschenk, Ihre Kunst würde perfekt passen.

Mit zitternden Fingern tippte ich:

Antwort an @HanSo: Entschuldigen Sie die späte Antwort. Der Geburtstag Ihrer Tochter ist wohl schon vorbei, aber ich hätte hier ein Bild. Melden Sie sich gerne bei Interesse.

Darunter setzte ich einen Preis und das Bild der schwarzlila, tanzenden Frau. Ich schluckte panisch, als ich die Nachricht verschickte und der User sie sofort ansah.

Schnell klappte ich den Laptop zu und starrte aus dem Fenster. Die letzten Dezembertage brachen herein. Wie schnell die Zeit an uns vorbeiflog, als wollte sie uns davonlaufen und nur wenige kamen im richtigen Tempo hinterher.

Taemin, Ahri und Linya waren in die Stadt gefahren und abends würden Siwon und ich nachkommen, um mit ihnen ins Kino zu gehen. Als wir heute Morgen viel zu spät zum Frühstück gekommen waren, verstrubelt und mit einem Grinsen auf den Lippen, waren sie schon auf dem Weg zu den Aufzügen gewesen und hatten uns das Aufräumen und Abspülen in Taemins Wohnung hinterlassen.

Ich: Mir ist langweilig. Wann kommst du wieder?

Seon Siwon: Du kannst dein Zimmer aufräumen.

Ich: Du bist nervig.

Seon Siwon: Weiß ich. Du magst mich trotzdem.

Ich: Hmpf.

Seon Siwon: Wir können auch in die Wohnung kommen. Mai würde dich gerne kennenlernen.

Ich: Okay. Klingt immerhin spannender, als mit Orange zu reden.

Ich stand auf, um nicht doch noch einmal meinen Computer zu öffnen. Setzte mich an den Esstisch und betrachtete die Fahrkarte, die dort ausgedruckt lag. Siwon wusste nichts davon. Aber ich glaubte, diesen Schritt allein gehen zu müssen, ohne ihn, ohne irgendwen. Nur ich und dieser Schritt, um mein Leben wieder auf die Beine zu stellen. Ich nahm mir ein Papier und einen Kugelschreiber und schrieb einen Brief. Schrieb alles, was ich Siwon sagen wollte und musste. Damit er nicht das Gefühl hatte, ich verließ ihn schon wieder. Meine Hand zitterte während des Schreibens, aber ich setzte den Stift nicht ab.

Schrieb alle Worte aus mir raus.

Als die Wohnungstür piepte, legte ich den Brief zusammen mit der Fahrkarte in einen Umschlag und versteckte ihn in einer Küchenschublade. Drehte mich zum Eingang und verzog keine Miene.

»Willst du kochen?«, war das Erste, das Siwon sagte und sah hinter mich in die Küche. Er trug Braun. Braune Hose, hellbraunes Oberteil, seinen beigefarbenen Mantel und Lederboots, an denen Schneereste des Winters hingen. Und hinter ich ihm lugte eine kleine Frau hervor. Sie winkte. Lange, geflochtene Zöpfe schwangen hin und her.

»Hi!« Sie trat neben Siwon. »Ich bin Rhee Mai. Siwons Freundin und Kollegin und so. Hi«, sagte sie noch mal und grinste mich an. Ich zog eine Braue nach oben und nickte ihr zu.

»Lim Chiron«, erwiderte ich.

»Er muss noch lernen, wie man neue Menschen kennenlernt. Mach dir keinen Kopf«, sagte Siwon und grinste mir frech zu.

Rhee Mai zuckte mit den Schultern. »Man kann nicht alles können«, sagte sie und zog ihre orangefarbene Winterjacke auf. Ich mochte ihren Farbgeschmack sofort.

»Kann ich die hier aufhängen?«, wollte sie wissen und zeigte auf unseren Jackenständer.

»Ja«, sagten Siwon und ich aus einem Munde. Danach war es still.

»O mein Gott«, rief die Frau plötzlich und kniete sich auf den Boden. Orange, unser kleines Fellknäuel lief mit tapsenden Schritten auf die Besucherin zu und ließ sich von Mai streicheln. »Ist sie süß!«

»Ein Er«, korrigierte Siwon und kam zu mir in die Küche. »Sein Name ist Orange«, rief er zu seiner Freundin und sah mich dann liebevoll an. Ich war diesen Gesichtsausdruck noch nicht gewohnt, würde mich wohl nie daran gewöhnen. Und ich hoffte dennoch, dass er niemals damit aufhörte.

»Hier, für dich.« Siwon hielt mir einen Kaffeebecher entgegen und ich schloss meine freie Hand um das warme Gefäß.

»Du hast mir Kaffee mitgebracht? Du weißt, dass ich eine Kaffeemaschine habe und …«

»Trink ihn einfach, Chiron«, unterbrach er mich.

»Eure Wohnung ist der Wahnsinn«, staunte Mai und kam zu uns an den Küchenblock. »Die Pflanzen und diese Bilder! Woher habt ihr die?«

Siwon nickte vom Waschbecken aus zu mir. »Der Künstler steht direkt vor dir, Mai.« Die Frau sah mich mit großen Augen an. Ehrfurcht schwamm darin.

»Du malst das?«

»Mhm«, murmelte ich und trank schnell etwas von meinem Getränk. Mai trug einen schwarzen Jeansrock und darüber einen Oversize-Pullover in Türkis. Es passte zu ihrem rotbraunen Haar und den braunen Augen. Und sie merkte, dass mir dieses Thema gerade nicht passte. Also wechselte sie es, ohne mit der Wimper zu zucken.

Da beschloss ich, sie zu mögen.

»Also, du wolltest kochen?«, fragte sie und rieb sich über den Bauch. »Ich wäre dabei.«

Siwon nickte. »Ja, ich auch.«

»Jemand Lust auf Tteokbokki mit Ei?«, warf ich in den Raum und mir lief das Wasser im Mund zusammen, wenn ich an die

Reiskuchen in Chilisoße dachte. Auch Siwon und Mai waren einverstanden.

»Gut, ich werde kurz zu Pumas Laden gehen und Tteokbokki holen. Ihr könnt schon ohne mich anfangen mit der Soße.«

»Ich kann das auch übernehmen, wenn du mit deinem Arm nicht raus in die Kälte willst«, bot Siwon an.

Schnell schüttelte ich den Kopf. »Ich wollte sowieso noch mit Puma reden, bis gleich also.«

Ich zog mir meinen grauen Mantel über, griff nach meinem Geldbeutel und winkte, bevor ich aus der Wohnung verschwand.

Und ich hoffte, Siwon würde die Schublade mit dem Brief und der Fahrkarte nicht öffnen.

»Du fährst also?«, fragte Puma und ich nickte.

»Dann ist es richtig so. Siwon wird verstehen, warum du ihm nichts gesagt hast. Er wird es verstehen«, versicherte sie und ich starrte nach draußen in weißgraues Schneegestöber.

»Was, wenn nicht?«, sprach ich meine größte Sorge aus.

»Was, wenn er wütend ist und es nicht versteht?«

»Wenn du ihm wichtig bist, wird er das. Dann wird er auf dich warten. So lange, du brauchst.«

Puma drückte meine Schulter.

Wie ein Ertrinkender klammerte ich mich an ihrer Stimme fest. An Worte, die mich zu heilen versuchten, und mich gleichzeitig zerrissen.

Weil Wahrheit wehtat.

»Es gibt so Lebensmomente, da ist alles schief und verkehrt. Aber es gibt auch Momente, da sind wir gerade und richtig. Und ihr beide werdet das auch sein.«

Vielleicht ertrank ich gerade wirklich in meinen Gefühlen, trotz ihrer Stimme.

»Was, wenn ich niemals gerade bin?«

»Dann gib ihm dein krummes Herz.«

»Wie kann ich …«

»Gib ihm alles, Chiron. Alle Scherben und Farben und deine Art, deine Gedanken.«

Puma drückte wieder meine Schulter, ich starrte in den Schneeregen. Kalt, nass und wild. Ich wollte ihr sagen, dass er schon alles hatte. Dass ich ihm einfach *alles* geben würde, wenn er mich tief ansah und dann lächelte.

Aber ich brachte es nicht über die Lippen.

»Wie viel Prozent macht er von deinen Herzschlägen aus?«

»Achtundachtzig Prozent«, flüsterte ich.

Und mein Herz zersprang wieder und wieder. Immer dann, wenn die Wünsche mehr Kraft und Hoffnung hatten als die Angst.

Puma drückte noch einmal meine Schulter.

88%. Was, wenn es nicht reichte?

Dann musst du hundert daraus machen.

Ich bezahlte die Tteokbokki und machte mich wieder auf den Heimweg. Zweifel wuchsen in mir, seit ich dieses Ticket gebucht hatte. Aber Pumas Worte gaben mir Sicherheit.

»Gute Reise«, rief sie mir hinterher. Ihre alte Stimme hüllte meine Zweifel ein und vertrieb die Schatten. »Erzähl mir, wie die heile Welt ist, wenn du zurück bist.«

Versprochen, Puma.

Kapitel 43

Nur verschwinde niemals ganz

Siwon

Die Stimmung war ausgelassen, als wir aus dem Kino traten und mit lauten Stimmen über den Film diskutierten. Die kalte Abendluft strich über unsere erhitzten Wangen. Wir schleckten an unseren Fingern, an denen noch Popcornreste klebten und sahen zu den Sternen. Linya hielt sich ein Gerät vor den Mund und saß auf einer Bank, etwas abseits. Ich setzte mich zu ihr.

»Alles okay?«

»Mhm. Mein Herz braucht nur ein wenig mehr Sauerstoff.«

Ich blieb bei ihr, während die anderen herumalberten. Taemin war noch drinnen auf der Toilette. Währenddessen lachte und scherzte Ahri mit Mai und einem Jungen namens Xeonjun. Die beiden waren spontan mitgekommen. Chiron stand an die Hauswand gelehnt und beobachtete mich. Ein Flattern zog durch meinen Körper.

Sein Blick war unruhig und ich sah seine Nervosität. Ich wusste, er wollte sie vor mir verstecken, hielt Worte zurück.

»Linya? Kann ich dir eine Frage stellen?«

»Natürlich«, antwortete sie und nahm dabei ihr Beatmungsgerät von Nase und Mund. Ihr Blick schweifte zu Chiron, dann wieder zu mir zurück. »Über ihn?«

»Irgendwas beunruhigt ihn und ich weiß, dass es mit mir zu tun hat. Ich weiß nicht, ob ich abwarten oder es ansprechen soll?« Ich fummelte an meinen Fingernägeln herum und sah Linya dann fragend an. Die Siebzehnjährige lächelte schmal.

»Lass es ihn selbst sagen. Wenn du ihm wichtig bist, wird er damit zu dir kommen.« Sie nickte mir zuversichtlich zu. »Vertrau ein bisschen auf euch. Vertrau auf ihn.«

Chiron stieß sich von der Wand ab und kam auf uns zu.

»Kommt ihr?«, fragte er, als Taemin aus dem Gebäude trat. Chiron streckte mir die Hand entgegen und ich ergriff sie. »Danke, Linya«, flüsterte ich ihr zu und lehnte mich dann an Chiron, als wir zu den anderen gingen und als Gruppe den Kinovorplatz verließen.

»Wie wäre es, wenn wir noch zum Seomun-Nachtmarkt gehen?«, rief Mai in die Runde und Ahri klatschte in die Hände. »O ja, etwas essen und ein bisschen bummeln«, sagte sie und eine Dampfwolke bildete sich vor ihren rosaroten Lippen. Xeonjun stimmte ebenfalls zu. Seine Herbstfarbenhaare flatterten ihm dabei um die Schläfen und sein Lächeln wirkte ziemlich aufrichtig.

»Ich werde schon nach Hause gehen. Mein Arm macht nicht mehr mit«, sagte Chiron und ich sah ihn besorgt an. Er schenkte mir ein Lächeln. Ein halbes, ehrliches. Ein halbes, falsches.

»Brauchst du mich?«

Er schüttelte den Kopf. »Alles gut! Geh mit den anderen.«

Ich biss mir auf die Unterlippe und er winkte, als wir in Richtung Ampeln gingen. Als es Grün wurde, packte mich jemand am Arm und drehte mich um. Graue Augen sahen auf mich nieder.

»Das war gelogen«, flüsterte Chiron. »Ich brauche dich.« Und dann küsste er mich in aller Öffentlichkeit. Während die Ampel Autos zum Stehen brachte, während unsere Freunde über Grün gingen und die Welt sich weiterdrehte. Die Menschen in den vordersten Autos sahen uns verirrt an. Ein Mann am Straßenrand schimpfte. Aber ich war okay damit. Solange Chiron nicht damit aufhörte. Meine Knie wurden weich, als er an meiner Unterlippe knabberte und meinen Kopf leicht nach hinten neigte. Mich küsste und küsste und küsste und alles, was er hatte, in diesen Strudel steckte. Dann lehnte er sich zurück. »Ich brauche dich. Aber nach Hause schaffe ich es gerade noch ohne dich.«

Er grinste schief.

Und ging.

Und sah sich noch einmal um.

Und ließ mein Herz vibrieren.

Und er war nicht da, als ich später am Abend nach Hause kam.

Chiron

Bevor wir ins Kino traten, zog ich Taemin beiseite und sah ihn ernst an. Daraufhin zog er die Brauen nach oben.

»Was ist?«, zischte er.

»Warum flüsterst du?«

Er stockte in seinen Bewegungen. »Keine Ahnung. Du hast mich so geheimnisvoll von den anderen weggezogen.«

Ich sah ihn seltsam an und er sah seltsam zurück und es erinnerte mich daran, warum er mein bester Freund war.

»Wie auch immer«, murmelte ich. »Ich werde heute Abend nach Ulsan fahren. Und Siwon weiß nichts davon.«

»Warum nicht?«

»Weil ich diesen Schritt allein gehen muss.«

»Dann sag ihm das so, Chiron. Er wird es dich allein machen lassen.«

Ja, vermutlich.

»Ich habe einen Brief geschrieben und … und kannst du mir berichten, wie es ihm geht?«

Taemins Augen wurden groß. »Du fährst also einfach und sagst kein Wort? Gott, Chiron!«

Er fluchte leise, fuhr sich durch seine dunklen Haare und musterte mich zweifelnd. Dann: »Okay. Okay, ja. Ich bin für euch da. Weil ich mir euer Glück wünsche! Also, wann kommst du wieder? Wenigstens das kann ich Siwon dann sagen.«

»Weiß ich noch nicht«, sagte ich leise.

Taemin warf lachend die Hände in die Luft. »Alles klar. Du wirst es schon wissen.«

Er war nicht begeistert von der Situation und das war okay, aber in seinem Blick sah ich dennoch die Ernsthaftigkeit. Er würde mir helfen. Ich nickte und wollte wieder zu den anderen gehen, aber er hielt mich zurück.

»Auch wenn du einfach so fährst, ich finde es mutig. Du wirst dich danach sicher besser fühlen.«

Und ich umarmte ihn. Mit meinem unverletzten Arm drückte ich ihn einmal fest.

»Nur verschwinde niemals ganz«, sagte er.

»Versprochen.«

Später, als die anderen noch zum Nachtmarkt gingen, verabschiedete ich mich von der Gruppe. Schenkte Siwon mein *Alles* und sagte ihm, dass ich ihn brauchte. Und ich hoffte, es würde reichen.

Hoffte, er würde an diesen drei Worten festhalten.

Ich brauche dich.

Drittes Bild
Farbe
Januarsonne

Kapitel 44

Du hast mich überlaufen lassen

Siwon

Alles, was ich nicht laut sagen kann:

Hier ist mein erster Liebesbrief. Und ich habe verdammt nochmal keine Ahnung, wie man so was schreibt. Wenn du das liest, bin ich bei meiner Mutter in Ulsan. Vielleicht am Meer und sehe auf die Wellen. Sie werden mich an dich erinnern und ich werde uns vermissen, aber ich musste diesen Schritt gehen. Ich habe dir letztens von meinem Vater erzählt, weißt du noch?

Er war mein Rennfahrerheld. Wenn ich bei ihm war, fühlte ich mich stark und schnell, als könnte ich die Welt gewinnen. Er brachte mir bei, wie man fällt und danach aufsteht. Zeigte mir Farben und Pinsel und liebte mich. Er liebte mich, Siwon.

Als er seine zwei Jahre Wehrpflicht hinter sich hatte, ist er freiwillig weiter zum Militär gegangen. Er sagte, nur noch ein paar Jahre. Dann käme er zurück zu uns. Das Militär hat ihn eingeholt und dann war er für immer fort, keine Leiche, keine letzten Worte. Einfach gar nichts. Als er nicht mehr von seinem Dienst zurückkam und wir ein Schreiben mit der Todesnachricht bekamen, brach mein Leben zusammen.

Ich war dreizehn, Siwon. Vor zehn Jahren war er plötzlich nicht mehr bei mir und ich habe angefangen, mir die besten Verstecke zu suchen. Im Badezimmer. In Filmen. In der Musik.

Das beste Versteck war mein Herz. Weil man da alles einsperren kann, und die Menschen finden es nicht. Sie graben nicht so tief, suchen nur in den Worten, aber nicht in den Blicken.

Ich bin nach Ulsan gefahren, weil ich nie abgeschlossen habe. Vielleicht schaffe ich es hier. Und ich habe dir nichts gesagt, weil ich sonst geblieben wäre.

Weißt du? Das Herz des Menschen ist ein unglaublich gutes Versteck, aber irgendwann ist es voll und dann läuft alles über.

Puma hat mich gefragt, wie viel du von meinen Herzschlägen ausmachst. Meine Antwort war 88%. Wenn ich mich hier verabschiedet habe und bereit bin zurückzukommen, dann mache ich hundert daraus.

PS: Du hast mich überlaufen lassen.
Lin Chiron.

Zwischen seiner Kunst, inmitten seines Zimmers, saß ich und schrieb ihm eine Antwort. Dachte an ihn und zählte jeden Herzschlag, den er ausmachte.

> Ich: 88 ist zweimal unendlich. Vielleicht reicht das schon, Chiron. Wir müssen keine hundert sein, für jeden von uns eine Acht, für jeden unendlich. Das reicht.

Die Tage verstrichen und mit ihnen vermisste ich Lim Chiron mehr und mehr. Ich war rastlos, mir fehlte seine graue Art, sein seltenes Lächeln, sein tiefer Blick. Ahri fragte mich jeden Abend, ob alles okay war und ich log: *Ja, alles gut.*

Dabei saß ich auf der Couch und drückte mein Gesicht gegen Oranges Fell, um nicht zu weinen. Ich wusste nicht, wann er zurückkommen würde, und manchmal flackerte der Gedanke auf, dass er nie wieder zurückkommen könnte.

Nach einer Woche verdrängte ich ihn durch die Arbeit im *Rock 'n' Roll*. Wir bereiteten die Tribüne der Halle vor und die Techniker bemühten sich um Musik, Ton und Scheinwerfer. Als am frühen Nachmittag die Zuschauer durch die Türen schwärmten, versuchte ich Mai zu beruhigen.

»Ich kann nicht. Ich kann nicht, Siwon. *Ich kann nicht.*«

Ich nahm sie fest in den Arm, schloss sie in mein Herz und drückte ihr Mut zu. Sie gab ächzende Geräusche von sich.

»Deine Umarmungen haben sich deutlich verstärkt. Vielleicht bin ich doch etwas zerbrechlich«, sagte Mai, als ich sie losließ.

»Du hast eine harte Schale, ganz bestimmt.« Dann schob ich sie durch die Doppeltüren der Skatehalle in die Menschenmenge und zu ihrer Bahn, auf der sie vortanzen würde. Sie drehte sich noch einmal zu mir um, lächelte mich breit und aufrichtig an.

»Danke, du Loser. Für alles«, formte sie mit den Lippen und ich schüttelte den Kopf, damit sie nicht so unendlich kitschig war. Außerdem hatte ich ihr viel mehr zu danken. Nam tauchte neben mir auf und klopfte mir auf die Schultern.

»Du hast uns gefehlt«, sagte er nur und ging dann weiter, um die Show zu eröffnen. Ich setzte mich auf einen reservierten Platz in der ersten Reihe, Eun-Mi wartete dort.

»Hast du sie schon auf Rollschuhen tanzen sehen?«, fragte ich und sie schüttelte den Kopf. »Nein, noch nicht.« Ihre Augen fixierten die Fahrbahn. Ich lehnte mich etwas nach vorne und sah über die Balustrade. »Es ist wunderschön«, erzählte ich. Und das war es auch. Wie Mai und die anderen Teilnehmer tanzten, war atemberaubend. Ich versank in verschwommenen Formen, verlor mich in Sprüngen, Drehungen, Wirbeln und glitzernden Anzügen. Die Menschen applaudierten und jubelten, wiegten sich zur Musik und sahen mit Kugelaugen zu Mai, der tanzenden Winterkönigin.

Ich entschloss mich, nach Seoul zu fahren, als Mai in die Arme ihres Vaters fiel und er ihr zum fünften Platz gratulierte. Ein tiefes Bedürfnis, endlich mit meinem eigenen Vater zu reden, überkam mich und drückte schwer auf meine Brust. Ich dachte an Chiron und seinen Vater. Er war dort, um sich zu verabschieden.

Ich musste mich nicht verabschieden, musste nur mit ihm reden und ihn vielleicht wieder in mein Leben lassen.

Mai strahlte über beide Wangen, der fünfte Platz reichte nicht für den Gewinn, aber ihr Mut, vor anderen Menschen zu laufen, war wohl viel besser als der Preis.

Abends brachte ich Orange zu Taemin, packte ein paar Sachen in meinen Wackelkoffer und wollte gerade mit dem Aufzug nach unten fahren, als ein hochgewachsener Kerl vor unsere Wohnungstür auftauchte. Er sah übel zugerichtet aus, mit blauen Flecken im Gesicht und geschwollenem Auge. Er nickte mir zu.

»Ist Lim Chiron ausgezogen?«

Eine Gänsehaut breitete sich auf meinem Körper aus, sofort stellte ich mir die schlimmsten Szenarien vor.

»Wer sind Sie?«, fragte ich bemüht um einen höflichen Ton. Unauffällig hielt ich mich an meinem wackelnden Koffer fest, um etwas in der Hand zu haben. Der Kerl zuckte mit der linken Schulter. »Hab mit Chiron noch was zu regeln. Wir sind letztens aneinandergeraten. Also? Wohnt er noch hier?«

Ich zuckte zusammen.

Dai und seine Freunde. Sie haben mich zufällig bei meinem Spaziergang erwischt. Waren streitlustig und hatten was intus.

»Dai?«, presste ich hervor. Übelkeit machte sich in mir breit und der Kerl hob überrascht die Augenbrauen.

»Du kennst mich?«, fragte er und ich hätte mich am liebsten auf ihn gestürzt. Aber ich blieb zitternd stehen, schluckte die Wut hinunter.

»Bist du gekommen, um ihm noch einmal den Arm zu brechen? Ihn wieder zu erniedrigen? Mit fünf Leuten auf einen loszugehen? Das wird nämlich kein zweites Mal passieren. Also verschwinde und halte dich von dieser Wohnung fern!«

Ich nickte in Richtung Treppenhaus. Ich wollte, dass er einfach verschwand, ehe mein Geduldsfaden riss. Wenn ich mir auch nur eine Sekunde vorstellte, wie dieser Kerl auf Chiron eingeschlagen hatte, wollte ich mich übergeben.

»Scheiße, entspann dich mal. Wollte mich bei ihm entschuldigen.«

»Er ist nicht da.«

»Kannst du ihm ausrichten, dass es mir echt leidtut?«

»Das ist alles? Du verprügelst ihn und ein *es tut mir leid* soll das wiedergut machen? Dein Ernst?«

Er sah mich bittend an. »Das soll es nicht wiedergutmachen. Nur zeigen, dass ich es bereue.«

Mein Kopf begann zu pochen und ich atmete laut aus. »Ich richte es ihm aus«, sagte ich einfach, damit er endlich verschwand. Er deutete eine Verbeugung an, versuchte zu lächeln, aber durch die blauen Flecken sah es mehr gruselig als dankbar aus. Dann drehte er sich um und wollte gehen, hielt dann noch einmal inne.

»Er ist wahrscheinlich gar nicht so feige, wie ich immer gesagt habe.«

Nein, er ist einer der stärksten Menschen, die ich kennengelernt habe. Aber du hast nie so tief geschaut, um das zu sehen.

Wir gingen beide unserer Wege. Ich fuhr mit dem Zug nach Seoul, auf der zweistündigen Fahrt gab ich meiner inneren Stimme nach und erzählte Chiron von der Begegnung mit Dai. Er sagte, er sei froh, weil er diesen Menschen jetzt für immer aus seinem Leben streichen könne. Und plötzlich vermisste ich ihn so sehr, dass ich mir über mein pochendes Herz rieb. Irgendwann gab ich auch meinem inneren Ringen nach und schrieb meine ehrlichsten Worte für ihn.

Ich: Lim Chiron? Ich habe mich wirklich in dich verliebt. Nicht nur mit betrunkenen Gedanken. Und ich vermisse dich, echt stark.

Chiron

»Es ist hässlich und doch so wunderschön«, hauchte meine Mutter und sah auf mein gemaltes Bild. Ich ließ den Pinsel sinken und starrte auf mein Werk. Eine Frau, die sich ihr Gesicht mit den Händen zerriss. In Dunkelblau, Gelb und Schwarz.

»Hat es eine Bedeutung?«

Ich sah meine Mutter an, in ihr schmales Gesicht. In ihre hellen Augen, die meinen so sehr glichen. Sie trug ein Filzkleid und Pantoffeln und wärmte ihre Hände an einer Teetasse.

»Für ein Mädchen da draußen hat es wohl eine Bedeutung. Ich kenne sie nicht, nur ihr Anliegen.« Ich betrachtete die dunkelgelben Schreie der Frau, sie rief ihren Schmerz heraus und schloss die Hände um ihre Brust, hielt die Wahrheit beisammen.

»Sie bat mich, ein Bild von einer Frau inmitten eines Schmerzensstrudels zu malen.«

Meine Mutter sah mich erstaunt an. »Dieses Bild trifft es wirklich gut«, murmelte sie. »Wie laufen die Verkäufe?«

»Gut«, erwiderte ich. »Langsam kommen mehr und mehr.«

Meine Website war wieder offen und für alle zugänglich und ich gab den Menschen, was sie sich wünschten. Zu jeder Leinwand, die ich verschickte, schrieb ich eine Karte.

Zu dieser: *Schrei deine Wahrheit in die Welt und es wird besser werden. Hatte sie nicht im Herzen gefangen — auch wenn es ein guter Platz für Wahrheiten scheint. — LinC*

»So das war's für heute. Mein Handgelenk schmerzt«, sagte ich seufzend und stand von meinem Hocker auf. Das Wohnzimmer war lichtdurchflutet, die Januarsonne kitzelte die Staubflocken in der Luft und glitzerte uns entgegen.

»Ich habe Kuchen gebacken.« Mama nickte in Richtung der Küche und ich lächelte sie an. »Danke.«

Sie hatte nicht gelogen und mir tatsächlich ein wenig heile Welt gezeigt. Indem sie mich in den Arm genommen hatte und mich daran erinnerte, dass hier ein Zuhause für mich war. Auch wenn mein Vater nicht mehr da war. Sie war noch da. Und sie liebte mich. Sie liebte mich, genau wie er.

Vor ein paar Tagen an seinem Grab, hatte ich zwei Veilchen abgelegt. Violett für seine Lieblingsfarbe, blühend für das Leben und zwei für uns zusammen. Ich hatte gesagt: *Danke für jede Rennbahnstrecke, die du mit mir gefahren bist.*

Und dann hatte ich ihm meine Tränen geschenkt und mich vor seinen Grabplatz gesetzt, den wir uns selbst angelegt hatten. Weil er aus dem Militär weder mit dem Körper zurückgekommen war noch mit seiner Seele. Das hatte ich zumindest gedacht, aber meine Mutter erzählte etwas anderes. Seine Seele sei bei uns. Am Meer zwischen Wind und Wellen, in der Musik, die ich laut, so laut im Wohnzimmer hörte. Da sitze er zwischen den Tönen und dem Bass und lausche uns. Sie sagte, er sei auch in meinen Veilchen, inmitten seiner Lieblingsfarbe und wenn ich ihn vermisse, könne ich immer und überall mit ihm reden.

Es war über eine Woche her, seit ich Siwon verlassen und versprochen hatte, zurückzukommen.

88 ist zweimal unendlich. Vielleicht reicht das schon, Chiron.

Taemin hatte gestern angerufen und mir gesagt, dass Siwon unruhig war und es hasste, auf mich zu warten. Also würde ich bald meine Sachen packen und nach Daegu zurückkehren. Mein Arzt war ebenfalls außer sich gewesen, als ich zu keinem der Kontrolltermine gekommen war. Aber auch ohne ihn heilte mein Arm gut. Der Gips konnte bald gegen eine Schiene ersetzt werden und dann könnte ich endlich wieder mit rechts malen.

Jetzt sah ich auf meinen leuchtenden Handybildschirm.

Mein Herz explodierte.

Seon Siwon: Lim Chiron? Ich habe mich wirklich in dich verliebt. Nicht nur mit betrunkenen Gedanken. Und ich vermisse dich, echt stark.

So stark und viel hatte ich noch nie auf einmal gefühlt für einen Menschen. Ich hielt mich an Pumas Worten fest, dass auch wir irgendwann gerade sein konnten.
Mein Leben ist in Schieflage und er liebt mich trotzdem.
Fuck. Fuck. Fuck. Fuck. Fuck.
Munn sang an diesem Nachmittag laut *You're Home Now*, so ehrlich. Er versteckte in seinen Lyrics unzählige von meine Gedanken. Seine Stimme vermischte sich mit meiner blauen Farbe, als ich Siwon malte.

Ich: Wenn ich zurückkomme, sage ich es dir ins Gesicht. Dass ich dich vermisse. Dich vermisse, dich so sehr vermisse. Weil ich mich vermutlich, irgendwie, auch in dich verliebt habe.
Fuck, Siwon. Wir sind so schief.

Siwan

Das Haus meines Vaters war riesig. Unsere Stimmen hallten im Wohnzimmer nach. Der Raum war beinahe leer und wir so voll. Er sah mich mit glänzenden Augen an, tief und ehrlich und ich hatte ihn noch nie so gesehen. So vollkommen verloren in seinem Leben, das er selbst gewählt hatte.

Ich sagte: »Ich hätte früher mit dir reden sollen.«

Und er antwortete: »Wir waren wohl beide zu feige. Haben angenommen, der andere ist so unendlich wütend. Dabei haben wir einander nur vermisst, nicht wahr?«

Papa war an diesem Abend wie früher. Gefühlvoll und mutig. Ich sah in ihm all die Dinge, die ich von ihm gelernt hatte, vor allem das Ehrlichsein.

»Tut mir leid, dass ich dir an meinem Geburtstag diese Nachrichten geschrieben habe. Diese Vorwürfe waren nicht fair. Ich meinte es nicht so.«

»Du hättest sie so meinen dürfen. Es war dein Recht. Ich habe euch im Stich gelassen, natürlich bist du wütend auf mich.«

»Bin ich jetzt nicht mehr.«

»Gibt es dafür einen Grund?«

»Du hast gesagt, man kann ein Leben nicht lenken. Und alles passiert aus einem Grund. Vielleicht sind manche Familien nicht dafür bestimmt, für immer zusammenzuhalten.«

Wir saßen daraufhin schweigend da und ertrugen still diesen Hieb. Kneteten unsere Finger und suchten nervös nach einem Gesprächsthema.

»Was ist der Grund? Warum hast du uns verlassen? Gibt es den?«

Meine Worte schienen ihn tief zu treffen und in seine Wunde zu stechen. Das verriet sein Blick. Papa fuhr sich durch seine schwarzen Haare und richtete seine Brille gerade. Er sah mir so verflucht ähnlich.

»Irgendwann wusste ich einfach nicht, wie ich wieder zurückkommen sollte. Manchmal entfernt man sich so weit, dass man kaum einen Weg zurückfindet.«

Und du warst zu feige, die winzige Chance auf diesen Nachhauseweg zu ergreifen.

»Wir hätten dich immer in den Arm genommen, wenn du zurückgekommen wärst, weißt du?« Ich schluckte. »Vor allem Sunnie. Sie hätte dir als Erste verziehen.«

Er senkte den Kopf. »Meinst du, es ist zu spät, um Abschied zu nehmen?«

Noch immer sah er mich nicht an.

»Nein, ist es nicht, Papa. Fahr nach Daegu zu ihr und erzähl ihr von deiner Traurigkeit. Das wird helfen. Denn bestimmt hört sie von irgendwoher zu.«

Als sich unsere Blicke jetzt trafen, standen Tränen in seinen Augen. »Kann ich dich in den Arm nehmen?«, fragte er.

Ich rutschte auf der Couch bis zu ihm und dann verschwand ich in seiner Papa-Umarmung. Das erste Mal seit Ewigkeiten. Wie sich das anfühlte, fast als holte man tief Luft. Ich erwiderte es, nur nicht ganz so fest. So sehr er mich jetzt akzeptierte, ich konnte seine Abwesenheit und die letzten Jahre nicht plötzlich vergessen. Vielleicht irgendwann. Heute fiel nur ein Bruchteil der Vergangenheitslast ab, aber das reichte für ein Stückchen Freiheit.

»Danke für deine Ehrlichkeit, Siwon«, flüsterte er.

Ich übernachtete bei ihm und wir redeten noch mehr. Über Seoul, seine Arbeit, meine Mode. Er wollte die Jeans sehen, die ich bei Oma geschneidert hatte, und ich konnte es nicht glauben, als ich tatsächlich Stolz in seinen Augen erkannte.

Wir spielten Uno, weil wir es früher mit der Familie gespielt hatten. Er gewann jedes Mal. Dann aßen wir Corn Dogs, die er noch übrighatte, der Käse zog Fäden vor unseren lächelnden Mündern. Es war seltsam, weil wir uns in dieser Nacht wie früher so nahestanden. Ich dachte an Chiron und die Nächte vor unserer Beziehung. Wie wir uns Wahrheiten erzählt hatten und nachts gefrühstückt hatten. Vielleicht war ich auch ein Nachtmensch, der in der Dunkelheit so viel besser klar kam und das Leben dann viel leichter nahm.

Ich erzählte Papa nichts von Chiron, denn dazu fühlte ich mich noch nicht bereit. Aber ich nahm es mir fest für unser nächstes Treffen vor.

Stück für Stück, Herzscherbe für Herzscherbe.

Er zeigte mir gegen Mitternacht das Gästezimmer und blieb in der Tür stehen. »Wenn ich nach Daegu komme, würdest du mich zu Sun-Nyu begleiten?«

Wenn sie jetzt gerade auf uns hinunterblickte, dann würde sie bestimmt mit Tränen in den Augen lächeln, dachte ich.

»Das mache ich, Papa. Natürlich.«

Am nächsten Morgen wartete Frühstück auf mich, mein Vater war bereits in die Klinik gefahren. Auf dem Esstisch lag Geld und auf dem Zettel daneben, stand, ich solle es für die Rückfahrt nehmen. Ich drehte das Papier um und schrieb auf die leere Seite: *Danke für gestern. Hab solche Tage mit dir vermisst. Wir sehen uns bald in Daegu. Siwon.*

Dann wollte ich mir online ein Ticket zurück besorgen, hielt aber über dem *Kaufen*-Button inne.

Weil ich mich vermutlich, irgendwie, auch in dich verliebt habe.

»Nicht nach Daegu zurück«, murmelte ich vor mich hin.

Und fühlte mich gerettet in diesem Moment, irrte nicht mehr in mir selbst umher.

Kapitel 45

Siwon-Gefühle

Chiron

Ich schlurfte aus der Küche und blieb stehen, als es an der Haustür klingelte.

»Hast du Besuch?«, rief ich meiner Mutter zu und sie antwortete aus ihrem Büro.

»Ja, die Nachbarin. Sie wollte etwas vorbeibringen.«

Mit einem halben Kuchenstück in der Hand ging ich zur Haustür und zog sie schwungvoll auf. Verschluckte mich an Krümeln und hustete Siwon entgegen.

»Hey, Lim Chiron.« Er hob die Hand und lächelte. »Ich will dir mein Herz ausschütten und ich finde, das ist persönlich ein bisschen schöner als über das Handy. Außerdem …«

»Halt schon den Mund«, flüsterte ich und zog ihn an mich, vergrub mein Gesicht an seiner Schulter und versuchte, die Tränen zurückzuhalten. Das Kuchenstück wurde zwischen uns zerdrückt und verklebte unsere Shirts, aber wir ließen nicht los.

»Ist es nicht Frau Jung?«, fragte Mama und kam in den Hausflur. »Oh«, machte sie, als ich mich von Siwon löste und er mit roten Wangen winkte. Sein Haar war dunkel wie die Nacht, sein Blick braun wie Herbstlaub, sein Lächeln echt wie ein Leben.

»Hallo, Frau Lim. Ich dachte, ich besuche Ihren Sohn«, Siwon zuckte mit den Schultern. »Hab ihn vermisst.«

Ich starrte ihn an.

»Herzlich willkommen, Siwon. Schön, dass Sie hier sind.«

Ich hatte ihr von ihm erzählt, ein bisschen von allem.

»Kommt bald rein, draußen windet es!«, rief sie und fuchtelte mit der Hand. Ich nickte und sah dann wieder zu ihm.

Du bist hier.

Du bist hier!

»Hast es also nicht mehr ausgehalten ohne mich, was?«

Siwon sah zu seinem Koffer mit dem fehlenden Rad. »Ich war bei meinem Vater in Seoul und … Und dann habe ich ein Ticket nach Hause gebucht«, erzählte er. »Und irgendwie bist du dieses Zuhause gerade. Ich weiß, das ist kitschig und alles und sowas gehört in Liebesfilme, aber …«

Er brach ab, als er die Tränen in meinen Augen sah. Ich schluckte und kämpfte mit meinen Emotionen. Verlor, weil ich nicht gegen meine Siwon-Gefühle kämpfen konnte. Sie waren da und sie waren stark und sie waren richtig.

»Was ist?«, flüsterte er leise. Mit kalten Fingern fuhr er unter meinen Augen entlang. »Hab ich was Falsches gesagt?«

Die Sorge in seinem Blick brachte noch mehr Tränen hervor und ich schniefte und dann drückte ich ihn an mich, küsste und verliebte mich noch mal in ihn. Vielleicht tat man das einfach immer wieder.

Ich flüsterte: »Ich hatte so lange keinen Platz. Dachte, die Welt ist nicht für mich gemacht. Und ich hatte Angst, nie wieder einen Platz zum Bleiben zu finden. Einen Platz in der Welt zu haben. Einen Menschen aufrichtig zu lieben.«

Run boy run …

Und er antwortete: »In meinem Herzen ist dieser Platz für dich. Gebrochen, schief, ganz egal.«

Ich rannte nicht davon.

Ich blieb und ließ mich fangen.

Kapitel 46

Für alle Momente, in denen wir okay waren

Siwon

@piecesofthesun: Hi, ihr alle.

Auch wenn es eigentlich eine lange Geschichte ist, erzähle ich sie euch kurz: Meine Drillingsschwester Sun ist vor Monaten bei einem Autounfall gestorben.

Seitdem schreibe ich auf diesem Blog mit euch. Mit diesem Account habe ich manchmal so getan, als wäre Sun noch da, und deswegen war ich nicht ehrlich. Jetzt, da der Frühling hereinbricht und die Sonne wärmer scheint, habe ich den Mut, euch davon zu erzählen.

Ich werde diesen Blog weiterführen, vielleicht nicht mit der gleichen Wortkunst wie Sun-Nyu, oder den ästhetischen Bildern meiner Schwester. Aber mit Ehrlichkeit.

Ich werde euch meine großen Gedanken erzählen, Rezepte vorstellen und Mode zeigen, die ich selbst entworfen habe. Vielleicht wird das hier mein Platz für alles, was ich liebe. @piecesofthesun bleibt bestehen. Und ich denke jeden Tag an meine Schwester, sie geht nicht verloren in dieser Welt, sie schweigt nur einfach und hört uns zu.

Was ist für dich das Schönste auf der Erde?
Siwon.

Orange sprang auf meinen Schoß und ich kraulte ihn hinter den Ohren. Der Kleine wuchs und wuchs und sein graues Fell wurde länger, zwei Monate war es bereits her, seit ich Chiron bei seiner Mutter überrascht hatte. Der Kater nervte die meiste Zeit und den Rest davon war er unendlich süß, sodass er die anstrengenden Phasen wieder wettmachen konnte. Das *Rock'n'Roll* war vollkommen besetzt, seit dem Wettkampf kamen immer mehr Menschen ins Studio, um Unterricht zu nehmen. Nam würde Mai im Herbst als Lehrerin engagieren und mich ließ er auch nicht mehr gehen. Momentan entwarf ich einige Trainingoutfits für die Kleineren der Rollerskateschule. Es verlangte viel Arbeit ab, aber es machte mir Spaß und darauf kam es an, wie ich in den letzten Wochen mehr und mehr feststellte.

Papa war vor drei Wochen nach Daegu gekommen und mit Ahri und mir zu Suns Urne gegangen. Wir hatten dagestanden wie damals mit Mama. Und für wenige Augenblicke hatte es sich so angefühlt, als wäre er wieder voll für uns da. Er hatte uns in den Arm genommen und geflüstert: »Wir sind immer nur eine kleine Raumfahrt voneinander entfernt, okay?« Ahri hatte geweint und ich ein bisschen gelacht und Papa hatte uns noch fester gedrückt.

»Verdammte Scheiße!«, brüllte Chiron gerade und ich zog meine Augenbraue hoch. Seufzend stand ich auf und ging zu ihm in mein altes Zimmer. Wir hatten es zu unserem Kunstzimmer umgestaltet und benutzen seines zum Schlafen. Chiron saß inmitten von Farbe. Blau und Grau waren umgefallen und die flüssigen Farben liefen aus den Kübeln über die ausgelegte Plastikplane.

»Ich hasse das Leben«, brummte er und blieb einfach in der Sauerrei sitzen. »Ich hasse das Leben, ich hasse …«

»Ein schwieriger Auftrag?«, fragte ich und kam in den Raum hinein, es roch nach Ahorn-Cracker und Öl.

»Lass mich in Ruhe«, sagte er und sah mit dunklem Blick zu mir auf. Ich blieb stehen und verschränkte die Arme, sah auf die Leinwand vor mir. Rosa Himmel, blaugraue Fische. Sie schwammen mit Wolken und Bergen und es schien, als würden sie sich in der Luft auflösen.

»Warum stößt du mich noch immer weg, wenn es schwierig wird?«

Er fluchte, nuschelte und warf frustriert den Kopf in den Nacken.

»Vielleicht kann ich helfen, Chiron. Oder ...«

»Was verstehst du an *lass mich in Ruhe* nicht?!«

Unsere Blicke tauschten Blitze aus, ich biss die Zähne zusammen und legte den Kopf schief. »Ist das dein Ernst? Du schreist mich an, obwohl ich dir nur helfen will?«

»Du kannst mir nicht helfen«, sagte er ganz leise. Mein Herz wollte unter seinen Worten brechen, aber ich hielt es zusammen. Ging ein, zwei Schritte auf ihn zu.

»Ich lasse dich in Ruhe, aber nicht in Momenten, in denen du dich selbst verlierst.« Ich ging in die Hocke, direkt vor ihm und hob sein Kinn an. »Jemand hat mal gesagt, ich soll ihn anmalen, wenn er verblasst.«

Ich lächelte ihm schief zu und er blickte wütend zurück. Es gab immer wieder Zeiten, da kämpfte Chiron gegen alles an. Auch gegen mich und unsere Beziehung. Die Welt fühlte sich für ihn manchmal so falsch und schief an, aber diese Streitereien waren es wert, für alle Momente, in denen wir okay waren.

»Geh einfach, Siwon. Ich habe keine Lust zu reden.«

»Ich auch nicht«, sagte ich und tauchte meine Hand in blaue Farbe. »Deswegen werde ich dich jetzt anmalen. Du bist ganz schön blass.« Er riss die Augen auf, zischte: »Wehe, wenn ...«

Und ich schmierte meine glitschige Handfläche voller Blau an seiner Wange ab. »Fick dich, Siwon«, schnaubte er. Es sah aus, als wollte er wütend und einsam bleiben, aber ich wollte uns bunt. Als ich die graue Farbe ins Visier nahm, schüttelte er den Kopf und umfasste mein Handgelenk. »Auf keinen Fall.«

Ich hielt seinem Blick stand, unsere Wellen türmten sich und als

ich mich über ihn beugte, fühlte ich seinen Herzschlag an meinem.
»Ich hasse das Leben auch. Aber weißt du, was ich liebe?«

Chiron küsste mich, bevor ich weitersprechen konnte. »Viel zu kitschig«, raunte er.

Küssen löst auf jeden Fall Weltdrehen aus, beantwortete ich mir meine eigene Frage, die ich mir vor Monaten gestellt hatte. Und dann machten wir eine Farbenschlacht, bis wir voller Farbtönen leuchteten.

Vielleicht gibt es keine gerade Welt und alle sind ganz schief und man muss nur etwas zum Festhalten finden.

Damit man nicht fällt, sondern bleibt.

Chiron

An einem Mittwochvormittag zeigte ich Siwon, Ahri und Taemin das Alive-Aquarium. Während Ahri und Taemin schon nach einer halben Stunde das Unterwasser-Café besser als die Fische fanden, gingen Siwon und ich weiter durch das Gebäude. Mitten in Daegu tauchten wir zusammen in eine Wasserwelt, beobachteten alles Schillernde, Leuchtende, Schlängelnde.

»Als mein Vater gestorben ist, habe ich eine Zeit lang nur Fische gemalt«, erzählte ich ihm leise. Wir standen in einem runden Tunnel, überall um uns herum Wasser. So viele Fische, Schildkröten, Schlangen. Siwons Augen wurden so groß, als er ehrfürchtig den Haien nach sah.

»Hast du die Bilder von damals noch?«

»Mhm.«

»Zeigst du sie mir?«

»Sie sind bei meiner Mutter in meinem alten Zimmer. Wenn wir irgendwann wieder zu ihr fahren, zeige ich sie dir.« Er hielt meine Hand fest, lehnte sich zu mir, zeigte mit dem Finger von einem Tier zum Nächsten. Aber die meiste Zeit sah ich nicht die Tiere an, sondern ihn. In Siwon konnte man irgendwie auch ertrinken.

»Hat dein Vater Fische geliebt?«

»Ja.« Ich antwortete ihm leise, damit die anderen Besucher es nicht mitbekamen. »Er hat mal gesagt, wenn er sich nicht für das Militär entschieden hätte, dann wäre er Taucher geworden.«

Wir gingen weiter durch die Glaskuppeln.

»Cheeeeese!«, rief Ahri plötzlich hinter uns.

Zwei Wochen später hing ein großes Foto in unserem Wohnzimmer über unserer Kommode. Siwon und ich händchenhaltend, mit erschrockenen Gesichtern. Aber an jedem unserer Mundwinkel zupfte ein Lächeln und hinter uns ein Hai, viele kleine Fische und eine endlose Blaugrau-Schattierung.

Epilog

Happy End für alle, echt langweilig

Chiron

Der Kunstkurs, den ich ein Jahr später besuchte, war grauenvoll. Die Schüler zu unkreativ. Der Lehrer nicht offen für alles. Ich ein seltsamer Kerl, der mit allen Farben *alles* malen wollte. Und dann komisch angesehen wurde, wenn ich einen blauen Mann mit einem Karamell-Ahron-Mais-Keks-Kopf malte. Es war nun mal meine Interpretation von: *Genüsslich.*

Der Lehrer verstand es nicht. Und der Typ, der neben mir seine Leinwand stehen hatte, lachte darüber. Sein glänzender Apfel im Sonnenlicht war langweilig. Richtig schön und ganz und rund und *nicht* genüsslich.

Ecken und Kanten und alles durcheinander, das war so viel besser.

Nach dem Kurs ging ich zum Campus, der nicht weit von dem Kunsthaus war, in dem der Kurs angeboten wurde, und wartete auf Siwon. Als er mit müden Augen und verstrubbelten Haaren auf mich zu kam, machte mein Herz einen Sprung. Und es blieb dort in der Luft. Sprang immer höher wegen ihm.

»Hey du«, sagte er geschafft und ließ sich einen Kuss geben. Die Menschen und die Blicke der Welt waren mir egal. Manchmal wurden wir mit einem Kommentar angemacht, dann wollte ich sagen: *Fickt euch. Liebe ist nicht, wie ihr denkt.*

Siwon hielt mich jedes Mal davon ab, auch wenn er derselben Meinung war.

»Scheißtag heute«, sagte er jetzt. »Lass uns nach Hause gehen und ins Bett kriechen. Filme schauen.«

Ich nahm seine Finger zwischen meine und zog ihn den Frühlingsweg entlang. Kirschblütenblätter verfingen sich in unseren Haaren.

Er hatte sich eine neue Brille gekauft und ich vermisste seine Alte. Ich färbte meine Haare nicht mehr und er vermisste mein Grau. Wir stritten mindestens einmal die Woche, aber nicht wegen uns. Sondern wegen der Welt, weil sie es uns an manchem Tagen verdammt schwer machte.

Vor einem halben Jahr hatten wir Ahri mit dem Umzug geholfen. Jetzt wohnte sie bei Taemin und wenn der Tag mies gewesen war, tranken wir uns den Abend zu viert schön. Oder spielten Monopoly. Sahen Filme. Erzählten uns das Leben. Kurz nach dem Umzug waren die beiden nach Seoul gefahren, um mit Linya ihre Herztransplantation durchzustehen.

»Chiron, es gibt ein Herz für Linya. Hast du das verstanden? Sie steht oben auf der Liste. Hörst du mich? Sie bekommt ein fucking neues Herz!«, hatte Taemin gerufen, geweint und war in meinen Armen beinahe zusammengebrochen. Schluchzend vor Erleichterung.

Happy End für alle, echt langweilig, aber für unsere Herzen wie Heilung.

Manchmal waren Mai und Xeonjun abends dabei. An anderen Tagen Eun-Mi und ihr neuer Freund. Ich kam mit den Menschen immer besser klar, auch wenn ich ihnen nicht so viel eröffnete wie Taemin.

Oder Siwon, ihm verriet ich wohl am allermeisten.

»Ich habe mein Schönstes auf der Welt gefunden«, erzählte ich ihm auf dem Heimweg. »Rennbahngefühle.«

Er lächelte schief, sein Blick glitzerte im März.

»Wie fühlt sich das denn an?«

»Als würde einem das Herz platzen.«

Und sein Kaktusleben war womöglich schuld daran.

Und das war wirklich okay.

Ende, Ende

Danksagung

Dieses Winterbuch habe ich im Hochsommer geschrieben und vermutlich ist es deshalb ein Wirrwarr aus Wortzusammenhängen. Aber ich wollte diese Geschichte über das Verlorensein und das Gefundenwerden dennoch schreiben und hier ist sie nun!

Ich bin dankbar für alle Lesenden, die diesem blauen Buch eine Chance geben und sich durch meine Worte wagen.

Danke an das VAJONA-Team und Inhaberin Vanessa, für diesen Platz, den ihr mir und meinen Charakteren gebt. Danke, weil ihr Vertrauen in mein Schreiben habt.

Ich bedanke mich bei dir, Ella, weil all deine Kommentare und Nachrichten mehr als wertvoll für mich sind.

Die Jungs, für dich, so richtig *bäm*.

Johanna, wegen dir glaube ich an tiefe Freundschaft. Danke für alles, wie immer.

An meinen Vater: Danke, für jedes Buch, das du mir vorgelesen und jede Geschichte, die du erzählt hast.

An meine Familie: Wisst ihr, wie sehr ihr mich gerettet habt?

Danke an dich, Alma, du liest meine Rohfassungen und verstehst das anfängliche Durcheinander dennoch.

Yara und Lou, ich fühle mich wegen euch nicht ganz so seltsam.

Ich danke meinen biologischen Eltern, auch wenn wir uns nicht kennen. Vielleicht hätte ich mich ohne euch nicht so sehr hinterfragt.

August 2021, Italiennächte, fremden Menschen, von denen ich

mir Merkmale eingeprägt habe, *Another Love* von *Tom Odell*, *Van Gogh*, Sommer und Wellen danke ich für die Inspiration.

Ich danke meiner Lektorin Emma Wolf, für die Ordnung in meinem Schreibtumult.

Danke an dich, Maike Höppler, weil du mit deiner Kunst meine Vorstellungen real werden lässt!

Allen Autor:innen danke ich für jedes geschriebene Wort, wegen dem ich irgendwann selbst angefangen habe, zu träumen. Und den verwischten Namen im Sand. Ihr habt mich nicht losgelassen und seht, was aus euch geworden ist.

Poesie und Herzschmerz. Die wundervolle Reihe von *Mara Schnellbach* geht weiter!

A beat in YOURSELF (YOURSELF - Reihe 3)

Veröffentlichung: 09. August 2023

Eine Geschichte voll ewiger Liebe, prägendem Verlust und tiefer Vergebung von *Vanessa Schöche*

Meine Hoffnung im Mondschein

Vanessa Schöche
400 Seiten
ISBN 978-3-987180-79-8
VAJONA Verlag

Josias und ich teilten in jener Nacht unsere größten Geheimnisse. Man sollte meinen, dass uns das zu etwas Besonderem gemacht hätte. Doch dann, als wir uns jetzt nach über zehn Jahren wiedersehen, erkennt er mich nicht. Weil er sich scheinbar nicht einmal die Mühe gemacht hat, außerhalb seines Bestseller-Ruhms an mich zu denken. Und wie naiv ich doch war, dass ich in dieser Zeit tagtäglich mindestens einen Gedanken an ihn verschwendete. Denn jetzt stellt sich heraus: Josias war die reinste Zeitverschwendung und all seine Geschichten, die meine Gefühlslage beim Lesen immer wieder ins Wanken brachten, ebenso ... Meine Hoffnung im Mondschein. Das Mädchen vom See. Wie könnte ich Annylou jemals vergessen. Sie ist der Grund, dass ich jeden Tag ein bisschen mehr sterbe. Weil sie aus meinem Leben verschwunden ist und unauffindbar war. Bis heute. Dabei hat mit ihr alles angefangen, was an Bedeutung gewann. Denn manchmal braucht man nur die eine Person, die an einen glaubt. Nur diese eine. Dann ist es egal, dass zig andere es nicht tun. Annylou ist dieses eine Wesen, das an mich glaubte.

Eine Geschichte über schlechtes Timing und die große Liebe von Bestseller-Autorin *Kandi Steiner*

A Love Letter to Whiskey

Kandi Steiner
400 Seiten
ISBN 978-3-987180-49-1
VAJONA Verlag

VERÖFFENTLICHUNG: 16. August 2023

Ein ergreifender und internationaler Bestseller über zwei Liebende, die gegen den Fluch des schlechten Timings kämpfen.

Jamie macht süchtiger, als es Whiskey jemals könnte. Und jetzt stand er auf meiner Türschwelle, genau wie ein Jahr zuvor. Nur gab es diesmal keinen Regen, keine Wut, keine Hochzeitseinladung - es gab nur uns. Aber wir können hier nicht anfangen. Nein, um die Geschichte von Jamie und mir richtig zu erzählen, müssen wir zurückgehen. Zurück zum Anfang. Zurück zum allerersten gemeinsamen Tropfen. Zum allerersten Zusammenprall. Dies ist meine Liebeserklärung an Whiskey. Ich hoffe, er liest sie. Ich hoffe, Jamie liest sie.

Der fesselnde Auftakt einer royalen Geschichte von
Maddie Sage

Imperial – Wildest Dreams

Maddie Sage
488 Seiten
ISBN 978-3-948985-07-3
VAJONA Verlag

»Wem sollen wir in einer Welt voller Intrigen und Machtspielchen noch vertrauen? Lassen wir unsere Gefühle zu, stürzen wir alle um uns herum ins Verderben.«

Nach einer durchzechten Nacht reist Lauren gemeinsam mit ihrer feierwütigen Freundin Jane für ein Jahrespraktikum ins Schloss des Königs von Wittles Cay Island. Und das, obwohl ihr der Abschied von ihrer Familie alles andere als leichtfällt, denn diese ist ihr größter Halt, nachdem ihr Vater vor fast vier Jahren spurlos verschwunden ist.

Am Hof sieht Lauren sich jedoch mit zahlreichen Problemen konfrontiert, allen voran mit Prinz Alexander, dessen Charme sie wider Willen in den Bann zieht. Dabei ist der Königssohn bereits der englischen Prinzessin versprochen worden, die vor nichts zurückschreckt, um ihren Anspruch auf Alexander und den Thron zu sichern. Dennoch kommen sich Lauren und der Prinz immer näher, ohne zu ahnen, in welche Gefahr sie einander dadurch bringen. Bis plötzlich Laurens verschollener Vater auftaucht und sie feststellen muss, dass die Folgen seines Verschwindens weiter reichen, als sie je für möglich gehalten hätte.

Der packende Auftakt der WENN-Reihe
von *Jasmin Z. Summer*

Erinnerst du mich, wenn ich vergessen will?

Jasmin Z. Summer
ca. 450 Seiten
ISBN 978-3-948985-72-1
VAJONA Verlag

**»Sie will die Vergangenheit endlich ruhen lassen.
Doch dann kehrt er zurück und will sie genau daran erinnern.«**

Sieben lange Jahre sind vergangen, seit Holly von ihrer ersten großen Liebe verlassen wurde. Ohne jegliche Erklärung, ohne jeden Grund. Doch mit Connors Rückkehr werden nicht nur all die unbeantworteten Fragen, sondern auch die dunklen Geheimnisse wieder ans Licht gebracht. Fragen, auf die sie schon längst keine Antworten mehr will, und Geheimnisse, die alles verändern könnten. Was, wenn die Gefühle noch da sind, aber das Vertrauen bereits zerstört ist? Und was, wenn eigentlich alles ganz anders war, als es damals zu sein schien?

Die leidenschaftliche **Es braucht**-Reihe von
Jenny Exler ...

Es braucht drei, um dich zu vergessen

Jenny Exler
ca. 420 Seiten
ISBN 978-3-948985-76-9
VAJONA Verlag

»Momente wie diesen wollte ich in ein Marmeladenglas einschließen, es gut verpacken und mitnehmen, um es zu öffnen, wenn ich mich schlecht fühlte.«

New York, der Ort, an dem Träume wahr werden. In meinem Fall: An der Juilliard studieren und Tänzerin werden. Genauso wie meine Mom – vor ihrem Tod. Ich hatte nur mein Ziel im Blick. Jedenfalls bis dieser aufdringliche Schnösel Logan Godrick auftauchte und er mich wortwörtlich aus dem Rhythmus brachte. Für ihn ging es nicht um Perfektion, sondern um Leidenschaft. Logan öffnete mir die Augen, zeigte mir eine Welt abseits von Fleiß und Erfolg. Er half mir, meinen eigenen Rhythmus zu finden. Dieser aufdringliche Schnösel zeigte mir das Leben. Aber was passiert, wenn das Lied, das uns verbindet, mich zum Stolpern bringt? Wenn alles anders ist, als ich immer dachte? Wenn ein falsch gesetzter Schritt all die Lügen aufdeckt und alles zum Einsturz bringt?

Fantasyromane im VAJONA Verlag

Episch. Atemberaubend. Emotionsgeladen.
Der Auftakt einer noch nie dagewesenen Fantasyreihe von *Sandy Brandt*

DAS BRENNEN DER STILLE – Goldenes Schweigen

Sandy Brandt
ca. 450 Seiten
Band 1
ISBN Paperback 978-3-948985-52-3
ISBN Hardcover 978-3-948985-53-0
VAJONA Verlag

»Früher hätte sich die Menschheit durch ihre Lügen fast ausgerottet – die Überlebenden haben geschworen, dass es nie wieder so weit kommt. Heute erscheint jedes gesprochene Wort narbenähnlich auf der Haut. Die Elite herrscht stumm, während die sprechende Bevölkerung als Abschaum gilt.«

Olive und Kyle kommen aus zwei verschiedenen Welten. Die achtzehnjährige Olive lebt in einer Welt, die von absoluter Stille und Reinheit geprägt ist. Selbst unter der stummen Oberschicht gilt sie als Juwel. Kyle dagegen trägt tausende Wörter auf der Haut und ein gefährliches Geheimnis im Herzen.
Als sie gemeinsam entführt werden, sind sie überzeugt, der andere sei der Feind. Sie ahnen nicht, dass dunklere Intrigen gesponnen werden. Olive will ihr Schweigen wahren, um nicht der geglaubten Sünde zu verfallen. Und Kyle weiß, dass es für ihn tödlich enden wird, wenn das stumme Mädchen hinter sein Geheimnis kommt. Beide müssen entscheiden, welchen Preis sie für ihre Freiheit zahlen wollen – und ob sie einander vertrauen können …

Folge uns auf:

Instagram: www.instagram.com/vajona_verlag
Facebook: www.facebook.com/vajona.verlag
Website: www.vajona.de

VAJONA
Geflüster

DER PODCAST